HUMANISMO INTEGRAL E EDUCAÇÃO

PAULO MOACIR GODOY POZZEBON

HUMANISMO INTEGRAL E EDUCAÇÃO

Crítica às Políticas Públicas Educacionais a partir de Jacques Maritain

EDITORA
IDEIAS&
LETRAS

1ª impressão

Editora Ideias & Letras

Avenida São Gabriel, 495
Conjunto 42 - 4º andar
Jardim Paulista – São Paulo/SP
Cep: 01435-001
Televendas: 0800 777 6004
vendas@ideiaseletras.com.br
www.ideiaseletras.com.br

Dados Internacionais de Catalogação na Publicação (CIP) de acordo com o ISBD

P894h Pozzebon, Paulo Moacir Godoy

Humanismo Integral e Educação: Crítica às Políticas Públicas Educacionais a partir de Jacques Maritain / Paulo Moacir Godoy Pozzebon. -
São Paulo : Ideias & Letras, 2023.
320 p. ; 16cm x 23cm.
Inclui bibliografia
ISBN: 978-65-87295-44-2
1. Educação. 2. Humanismo. 3. Maritain. I. Título.

2023-183 CDD 370
CDU 37

Elaborado por Odilio Hilario Moreira Junior - CRB-8/9949

Índices para catálogo sistemático:
1. Educação 370
2. Educação 37

À minha esposa, luz e fortaleza da minha vida,
que apoiou e esperou pacientemente a elaboração deste trabalho.
Aos meus filhos muito amados.

SUMÁRIO

PREFÁCIO
Filosofia para as políticas educacionais

Samuel Mendonça
PUC Campinas/CNPq

O século XXI tem apresentado desafios para o desenvolvimento da pessoa humana, da inteligência e da liberdade. Este livro de Paulo Moacir Godoy Pozzebon investiga essas e outras categorias filosóficas desenvolvidas pelo filósofo francês Jacques Maritain (1882-1973) como base para a proposição de políticas educacionais no Brasil. A necessidade de aprimoramento da educação brasileira é de conhecimento geral, e o incremento dela deve ser feito por meio de políticas públicas. Assim, questiona-se: que tipo de filosofia pode fundamentar a construção de políticas educacionais?

Mesmo a educação não sendo prioridade no Brasil, notam-se, desde a abertura democrática de 1985, esforços na elaboração de políticas educacionais, com destaque para a LDB de 1996 ou mesmo a Lei n. 11.684, de 2008, que estabeleceu as diretrizes da educação nacional na inclusão da Filosofia e da Sociologia como componentes curriculares dos currículos do Ensino Médio. Mas o movimento de avanço e retrocesso de políticas educacionais do Brasil é frequente. Com o advento do Novo Ensino Médio, no contexto da Base Nacional Comum Curricular, por meio da Lei n. 13.415, de 2017, o raro espaço conquistado para a filosofia foi retirado, na perspectiva de uma nova configuração que reúne quatro campos do conhecimento: a Filosofia, a História, a Geografia e a Sociologia. Que conceitos de pessoa humana, de inteligência, de vontade ou de liberdade se apresentam nas políticas educacionais brasileiras? As contribuições filosóficas de Jacques Maritain podem ser potenciais para o incremento de políticas públicas para a educação no Brasil? Repete-se a pergunta fundamental deste prefácio: que tipo de filosofia pode fundamentar a construção de políticas educacionais?

O debate sobre a proposição de políticas educacionais tem sido feito no Brasil no Conselho Nacional de Educação e em diferentes instituições, com destaque para as universidades, mas nem sempre focalizando o que interessa, isto é, os fundamentos que ancoram as concepções educacionais. É nesse sentido que o livro *Humanismo Integral e Educação: Crítica às Políticas Públicas Educacionais a partir de Jacques Maritain* representa uma importante alternativa que pretende oferecer fundamentos sólidos para se pensar o aprimoramento da educação em sentido amplo e das políticas educacionais de forma particular. Como oferecer incremento para as políticas educacionais sem uma rigorosa fundamentação filosófica sobre o homem, a pessoa humana, a vontade ou a liberdade, por exemplo?

Sem o reconhecimento do Estado brasileiro acerca da importância do aprimoramento de políticas educacionais com forte embasamento filosófico, nota-se uma sociedade cada vez mais distante do conhecimento, dos valores que fundam a existência humana e impactam a formação da pessoa e do caráter. Na ausência de formulação de saída para problemas concretos, talvez seja necessário reivindicar dos filósofos a sua contribuição para aprimorar a sociedade e repensar as políticas educacionais. Teria a filosofia algo a dizer sobre questões do mundo? Seria apropriado ao filósofo pensar a condição humana apenas a partir da história da filosofia, deixando de lado os problemas concretos nos quais estamos inseridos? A contribuição filosófica de Paulo Pozzebon para a educação neste livro significa a aposta na acepção de uma concepção de filosofia que está longe de se resolver apenas em especulação. Aliás, no livro, esta concepção filosófica se desenvolve no contexto da concepção de educação liberal que focaliza o fortalecimento da democracia.

Escrever o prefácio de um livro é uma tarefa árdua. Elaborar o prefácio de livro que tem potencial para impactar a educação brasileira é ainda mais difícil. De um lado, se está diante de uma contribuição original e singular que recupera escritos do filósofo francês Jacques Maritain para se pensar o desenvolvimento de políticas educacionais. De outro, trata-se de uma elaboração sofisticada e cuidadosa de Paulo Moacir Godoy Pozzebon, estudioso do pensador francês, que já publicou o livro *Fundamentos do Pensamento Democrático de Jacques Maritain* pela EDUEL em 1998. Esse estudo buscou apresentar o autor no contexto da filosofia política, na afirmação de sua interpretação da democracia. *Humanismo Integral e Educação: Crítica às Políticas Públicas Educacionais a partir de Jacques Maritain* tem potencial para impactar a educação brasileira por duas razões: (i) de um lado, por apresentar um autor que é praticamente desconhecido para o campo da educação em geral e da filosofia da educação de forma particular; (ii) por outro lado, por realizar a construção do arcabouço teórico que fundamenta a educação integral no contexto das políticas educacionais, sobretudo a partir do desenvolvimento do tema da educação liberal que busca o fortalecimento da democracia - questão essa urgente.

Se a filosofia diz respeito a um campo do conhecimento reconhecido pelas agências de fomento CAPES e CNPq, a educação também goza de reconhecimento das referidas agências por contemplar um estatuto epistemológico próprio. As políticas educacionais dizem respeito a dispositivos que materializam ações em torno do aprimoramento da educação. No entanto, é preciso recuar quando o tema é filosofia para as políticas educacionais na direção de explicitar a compreensão de cada um deles.

Este prefácio pretende evidenciar a importância do livro de Paulo Moacir Godoy Pozzebon, que resulta de sua tese de doutoramento em educação defendida no Programa de Pós-Graduação em Educação da

Pontifícia Universidade Católica de Campinas. Trata-se de uma importante contribuição para a filosofia da educação, campo que se organiza na Associação Nacional de Pesquisa e Pós-Graduação em Educação (ANPEd), organização que, ao longo dos últimos anos, tem se debruçado sobre o tema da formação humana. Se o livro examina os conceitos de pessoa humana, inteligência, vontade, liberdade e educação, e os debates em torno da filosofia da educação da ANPEd circunscrevem esses e outros temas, de forma tácita está evidenciada a contribuição do estudo realizado para a filosofia da educação brasileira.

Jacques Maritain é um importante filósofo francês, e seus escritos foram pouco explorados no campo da filosofia da educação no Brasil. Em uma revisão de literatura realizada pelo autor – especificamente no acervo da Biblioteca Digital Brasileira de Teses e Dissertações – encontraram-se apenas 24 registros por meio do descritor "Maritain". Mesmo esses achados não focalizam as políticas educacionais, mas temas circunscritos a outros campos do saber, como são os casos da filosofia da natureza, da arte, da política e do direito. Aqui está o argumento por meio do qual se está diante de um escrito original, autêntico e inédito. Original pela ausência de outros estudos em torno do pensamento de Maritain para o campo educacional com ênfase nas políticas educacionais; autêntico por demonstrar a singularidade da escolha do autor; e inédito por apresentar ao público algo que ainda não havia sido explorado. Esse trabalho se soma aos esforços feitos por diferentes pesquisadores, de diferentes regiões do Brasil, na direção de buscar melhor compreender alternativas para o fortalecimento da formação humana, que se dá por meio de políticas educacionais.

Para além de campos do conhecimento reconhecidos por agências de fomento, tanto a filosofia como a educação são expressões do ser humano. A filosofia contempla um grande leque de autores e perspectivas, mas pode-se argumentar que há algo comum entre eles – e não será diferente no caso de Maritain –, que é o processo de fundamentação do conhecimento na direção de afirmar a possibilidade da verdade. Sim, a filosofia, ao longo da história do pensamento humano, tem apresentado significativas contribuições para a compreensão do homem e do mundo. No caso preciso deste livro, a contribuição não se restringe em buscar compreender aspectos da existência, o que já seria muito relevante. O autor busca, além disso, indicar caminhos promissores para a formulação de políticas educacionais. O livro tem, portanto, caráter propositivo, e não apenas especulativo.

A educação, por seu turno, também engloba uma grande diversidade de autores e teorias. No geral, nota-se um tipo de consenso possível no campo que se refere à necessidade de transformação social por meio de ferramentas que incluem o ensino. É claro que a educação não se limita ao ensino, e não é apenas a instituição escolar o ambiente que a fomenta. Para além da educação escolar, o fenômeno educativo pensado como aspecto que caracteriza o ser humano também se desenvolve em instituições outras, como são os casos das famílias, ONGs, empresas e igrejas, para citar alguns exemplos. Aliás, a família é a instituição com papel prioritário na filosofia de Maritain. A educação está presente como fenômeno humano em cada intervenção entre pessoas. É nesse sentido que pensar uma concepção de educação que englobe noções sofisticadas e fundamentadas como a pessoa humana, a liberdade, a vontade ou a inteligência – como é o caso do presente livro – é urgente e necessário para o aprimoramento das políticas educacionais no Brasil.

Há autores que evidenciam a importância de uma concepção de educação que contemple o desenvolvimento de valores morais, como são os casos de Herbert Spencer (1820-1903), John Dewey (1859-1952) ou Jacques Maritain. De outro lado, há aqueles que focalizam outros tipos de discussões e se esquivam quanto à construção de valores morais, como Arthur Schopenhauer (1788-1860) e Friedrich Nietzsche (1844-1900). Sejam nas contribuições filosóficas que remetem à transcendência, sejam naquelas que tratam da imanência, busca-se fundamentar a educação, seja por meio de valores estabelecidos ou mesmo a partir da construção de novos valores. Fato é que o fenômeno educativo reivindica que se fundamentem os valores da educação a partir de algum tipo de balizamento. No caso de Maritain, sua filosofia pode ser compreendida no contexto do Humanismo e de preceitos da Igreja Católica. Assim, há forte influência de filósofos cristãos no pensamento de Jacques Maritain, como é o caso particular de Tomás de Aquino (1225-1274).

Pode-se afirmar que, desde Platão, em seu conhecido texto *A República*, houve esforço em se compreender que a busca da verdade não ocorre de forma pacífica. Na Alegoria da Caverna, há quem coloque um dos moradores para a direção da luz, de modo a evidenciar a necessidade do outro no processo de humanização. Na educação, sabe-se da importância do professor como aquele que será capaz de retirar as crianças de sua ignorância e guiá-las ao alcance do conhecimento. É por esse motivo que se deve ressaltar a importância deste livro, que buscou pensar categorias que possam ser efetivas na permanente tarefa de reestruturar as políticas educacionais.

Se foi preciso retirar o prisioneiro da Caverna e direcioná-lo para a verdade na Alegoria de Platão, este livro significa o movimento de retirada de pesquisadores, gestores, professores e estudantes de debates rasos, imprecisos e frágeis sobre os rumos da educação para a fundamentação de políticas educacionais a partir de categorias elaboradas e bem fundamentadas, com destaque para a pessoa humana, a liberdade e a vontade. A argumentação do livro conduz o leitor a pensar que, sem a retomada de categorias fundantes da formação humana, o desenvolvimento de políticas educacionais não tem chance de avançar de forma significativa.

O que significa pensar políticas educacionais no Brasil do século XXI a partir de um autor do século XX? Haveria contribuição dos escritos desse autor para a análise e proposição de políticas educacionais? Eis o caminho percorrido por Paulo Pozzebon neste livro, que assume os escritos filosóficos e educacionais de Jacques Maritain como fundamentos para o aprimoramento de políticas educacionais no Brasil. Tendo focalizado as contribuições da filosofia da pessoa humana de Jacques Maritain, Paulo Pozzebon inova no debate em torno de políticas educacionais na medida em que agrega os conceitos de inteligência, de vontade, de liberdade e de educação – fundamentos para o aprimoramento das políticas educacionais.

Ao longo do livro, o leitor terá acesso a um amplo e aprofundado estudo sobre a pessoa humana, compreendida nas suas diferentes dimensões, com o foco na realidade integral da pessoa. O conceito de liberdade interior do ser humano é também central para o pensamento de Maritain e se apresenta no desenvolvimento de diferentes matizes. O livre arbítrio é outra categoria marcante que evidencia vínculo do filósofo com o cristianismo no geral e com o catolicismo de forma particular, referindo-se a um tipo de conduta em que se dá, por meio da vida intelectual, a abertura do sujeito humano ao transcendente. A ideia de inteligência aparece no livro como pano de fundo e focaliza a sua importância no desenvolvimento de potencialidades que buscam a verdade. A vontade, desenvolvida no livro, descreve um tipo de apetite racional que se guia para o bem. A educação defendida aqui, portanto, é compreendida como arte de cooperação para o pleno desenvolvimento da pessoa humana, e a educação integral contempla a base da educação liberal que busca a cidadania democrática.

Terá o leitor a oportunidade de aprender com Jacques Maritain, a partir do rigoroso trabalho feito por Paulo Pozzebon, que a educação pode ser aprimorada se, e somente se, houver esforço na construção de fundamentos sólidos, sofisticados e que ofereçam condições de se pensar a formação humana de forma integral a partir das categorias da pessoa humana, da vontade e da liberdade, para a fundamentação de políticas educacionais.

Dessa forma, a filosofia para as políticas educacionais assume como pressuposto – a partir da construção deste livro de Paulo Pozzebon, que considera o pensamento de Jacques Maritain – a necessidade de afirmação da democracia, que se estabelece a partir da firme convicção racional que a defenda. Assim, pode-se concluir que as categorias que fundamentam as políticas educacionais, em última instância, fortalecem a vida democrática.

INTRODUÇÃO

Quem analisa as discussões recentes a respeito da educação brasileira, na mídia e nos meios acadêmicos, quase sempre se depara com algumas afirmações praticamente unânimes: a situação de grave precariedade da educação pública, a necessidade de que a ação do Estado solucione suas carências e constitua um sistema educacional eficaz e dotado de recursos adequados, e – talvez a afirmação mais importante – a expectativa de que a educação promova a transformação da sociedade brasileira e ocasione a superação de seus problemas. Essas três asserções se entrelaçam no tema capital das discussões educacionais: as políticas públicas da educação brasileira.

Muitas das atuais políticas para a educação brasileira não são antigas nem consolidadas: foram constituídas nas últimas três décadas, ao sabor das inflexões políticas, por força de decisões dos governos nos níveis federal, estadual e municipal, quase sempre sem qualquer preocupação com organicidade e continuidade. Por isso são fundamentalmente instáveis e descontínuas. Tais mudanças são, muitas vezes, implantadas antes que diretrizes anteriores tenham produzido seus efeitos. Desse modo, elas tendem a não produzir as melhorias esperadas.

Políticas públicas educacionais constituem hoje objetos de intenso trabalho analítico e de acalorados debates acadêmicos. Por sua complexidade multifacetária, mas também por sua importância econômica, social e política, tais políticas exigem uma abordagem cuidadosa e meticulosa. As políticas públicas educacionais brasileiras são constituídas por um enorme conjunto de leis, decretos e outros atos normativos emanados de órgãos do Estado, além de um vasto conjunto de programas. Numerosos órgãos oficiais encarregados do custeio, do financiamento, da gestão e da regulação controlam, nos diferentes níveis governamentais, os estabelecimentos escolares públicos e privados que ofertam a educação básica, a educação superior e a educação profissional. Essa rede ampla não constitui, entretanto, um sistema orgânico e coerentemente estruturado; antes, resulta da criação e da reformulação contínua de diretrizes e programas educacionais ocasionadas tanto por ações governamentais quanto por esforços e pressões de grupos políticos organizados.

A análise dos documentos correspondentes às políticas públicas educacionais mais recentes evidencia virtudes e deficiências. Os documentos legais mais importantes para essa análise pertencem à esfera federal: a Constituição da República Federativa do Brasil (1988), a Lei de Diretrizes e Bases da Educação Nacional (1996), o extinto Plano Nacional de Educação (2001), o atual Plano Nacional de Educação (2011), o Plano de Desenvolvimento da Educação (2007), a Base Nacional Curricular da Educação Básica, o conjunto das Diretrizes Curriculares Nacionais da educação superior, os diversos programas de avaliação da educação nos seus diferentes níveis e os vários programas de financiamento da educação.

Importa notar que tais documentos, apesar de sua heterogeneidade, permitem observar algumas ênfases em comum: a importância de incluir a totalidade das crianças e jovens no sistema educacional, abrangendo matrícula, permanência na escola e inclusão de alunos com diferentes condições físicas e intelectuais; a educação voltada para o desenvolvimento da cidadania; a educação voltada para a construção de uma sociedade democrática, justa e igualitária; forte controle estatal sobre escolas e agentes educativos.

Também pelo lado das discussões e análises das políticas públicas educacionais nos meios políticos, midiáticos e acadêmicos, observam-se curiosas consonâncias. De modo geral, técnicos e atores políticos de diferentes tendências tecem críticas mostrando limitações e insuficiências dessas políticas, com o objetivo de influir na formulação e na execução delas (CAVALIERE, 2002; BOTTO, 2005; PRETTO, 2006; MACIEL, MARTINS JACOMELI, AZEVEDO BRASILEIRO, 2017; GONÇALVES SILVA, 2018; entre outros). Muitas vezes as soluções apontadas insistem na ampliação dos serviços escolares e na disponibilização de recursos financeiros.

Outra consonância que merece realce se dá entre órgãos do Estado e organizações da mídia, bem como entre alguns acadêmicos, que veiculam com frequência o "mito da escola redentora": "a crença na escola como espaço de transformação social" (BORGES, 2007, p. 01). No discurso oficial e na mídia:

> Todo investimento em educação tem sido apresentado como ação em direção ao desenvolvimento da nação, à superação da pobreza, ao enfrentamento individual do desemprego, ao fortalecimento do indivíduo para enfrentar os desafios do futuro. Muitas vezes o discurso e as práticas das políticas educativas indicam a possibilidade de alterarem costumes na direção de melhorar condições de higiene, afastar os adolescentes das drogas, da prostituição e de outras práticas ilícitas. Ou, ainda, apresentam a escola como possibilitadora de um civismo, de permitir a consciência política, ambiental, a solidariedade e todo universo de valores hegemônicos do nosso tempo. (BORGES, 2007, p. 02).

Ainda que menos frequentemente explicitada, outra consonância merece menção: a educação integral. Mencionada na Constituição Federal (Art. 205, caput) e em diversos outros documentos oficiais, além de numerosas propostas pedagógicas dos sistemas público e privado, quase sempre se reduz a propostas educacionais que aliam artes, esportes e ética à educação intelectual, sem que a ideia de educar o ser humano em sua integralidade seja desenvolvida e aprofundada.

Contudo, dificuldades e inconsistências não aparecem apenas na esfera da formulação ou da implantação das políticas públicas educacionais. Estão presentes também na esfera da análise crítica dessas políticas. Analisando a produção acadêmica brasileira que estuda políticas públicas educacionais, Jefferson Mainardes (2009, p. 07) constata dificuldades importantes: falta de explicitação dos referenciais teóricos que fundamentam as análises, utilização de autores com matrizes epistemológicas distintas, além da pequena importância que em geral é dada à avaliação sistemática das políticas educacionais brasileiras. Diagnóstico análogo é explicitado por Schneider (2014, p. 11):

> Porque a pesquisa em política educacional compreende uma área de conhecimento ainda em construção, o campo teórico está aberto a múltiplas e variadas interferências, favorecendo, em alguns casos, atitude descuidada no tocante aos parâmetros teóricos que modelam a investigação, mesmo as mais empíricas.

E ainda: "[...] tanto as abordagens teóricas quanto os métodos de investigação têm ficado à margem nos debates em torno das pesquisas em políticas públicas e educacionais" (SCHNEIDER, 2014, p. 12). Mais adiante, a autora extrai um dos corolários de seu diagnóstico:

> Impõe-se, assim, não apenas como necessidade, mas também como prioridade, o exercício consciente de análise teórica, tanto em relação à perspectiva em que o trabalho de investigação está inserido, quanto em relação às discussões que confrontam essa perspectiva com outras e que, portanto, podem ser alternativas a ela (SCHNEIDER, 2014, p. 12).

Logo, não parece exagerado afirmar que, considerada em seu conjunto, a produção acadêmica que analisa as políticas públicas educacionais brasileiras apresenta algumas lacunas significativas: fundamentação teórica, critérios epistemológicos, diretrizes metodológicas detalhadas, avaliação de resultados e outras. Tais lacunas invalidam quaisquer consensos que discursos e estudos possam aparentar, introduzindo suspeitas de que apenas a existência dessas lacunas viabiliza aparentes consensos.

Entre as lacunas de natureza teórica, incluem-se as discussões sobre os indispensáveis fundamentos filosóficos que devem estar presentes em todas as propostas educacionais, inclusive nas políticas públicas. A realidade humana e as potencialidades do educando, os objetivos maiores que se pretende promover com a educação, o modelo de interação social e política que se busca com a obra educativa, o patamar cultural almejado para o conjunto dos cidadãos, além de inúmeras outras questões, colocam a necessidade de fundamentação filosófica de qualquer discurso ou prática referente à educação.

Com efeito, a Filosofia – que é a reflexão profunda, metódica e racional voltada para a compreensão do fundamento último de seus objetos de investigação –, procedendo por diferentes métodos, permite a análise e a compreensão da coisa estudada e sua formulação por meio de conceitos e de relações, fazendo emergir seu sentido humano (Cf. SAVIANI, 1980; RAEYMAEKER, 1973; SEVERINO, 1999). Um de seus principais papéis é o de reflexão crítica a respeito de crenças, suposições e ilações que permeiam todos os saberes costumeiros, instituídos ou com pretensões científicas.

Nas Ciências da Educação, na Pedagogia e nos sistemas educacionais, o exame filosófico dos fundamentos da educação é condição indispensável para a elaboração de saberes e discursos com pretensão de validade e de programas de ação com pretensão de intervir no real. A omissão na discussão desses fundamentos tem consequências: imprecisão conceitual, não detecção de condicionamentos ideológicos na proposição de políticas educacionais, ausência da desejável transparência na determinação de objetivos e estratégias das políticas educacionais, imprevisão de consequências teóricas e práticas, entre outras. Portanto, a proposição e a implantação de boas políticas para esse campo, tanto quanto sua análise, implicam o exame filosófico de seus fundamentos.

Cabe perguntar se os filósofos da educação já não têm feito essa reflexão. Na atualidade, a filosofia da educação no Brasil tem dedicado menor atenção a temas como a integralidade da pessoa humana e os fins de seu desenvolvimento, ou ainda a constituição de políticas públicas, o que permite afirmar que a reflexão desejada se encontra ainda em aberto, apesar de relevantes contribuições, como as publicações recentes de Gallo e Mendonça (2020) e de Mendonça e Gallo (2020)[1]. Como se poderia unir a crítica filosófica à análise e à proposição de políticas públicas educacionais? Diversas possibilidades podem ser vislumbradas.

A primeira consistiria em proceder à análise do conjunto das principais políticas públicas educacionais brasileiras, isto é, as mais amplas e efetivamente implantadas, por meio dos documentos oficiais jurídicos e administrativos, bem como dos diversos discursos políticos que justificam tais políticas. Ainda que essa abordagem pareça semelhante às usualmente praticadas, introduziria como diferencial a consideração das categorias filosóficas, tanto das supostas ou implícitas nos textos oficias e discursos, quanto das categorias filosóficas que podem contribuir para uma análise mais aprofundada das políticas públicas, distinguindo-se, por sua especificidade, das categorias sociológicas, econômicas e políticas mais frequentemente utilizadas, ao mesmo tempo em que complementam a utilização destas.

Uma segunda abordagem possível, inteiramente distinta da anterior, consistiria em analisar, por meio de categorias filosóficas, o discurso científico-político-ético-epistemológico-antropológico constante das obras acadêmicas que analisam e criticam as políticas

1 Cumpre registrar a publicação, em 2020, de duas coletâneas recentes, organizadas pelos professores Sílvio Gallo e Samuel Mendonça: *A escola: uma questão pública* e *A escola: problema filosófico*. Ambas reúnem trabalhos apresentados por pesquisadores de diversos Estados brasileiros no III Congresso da Sociedade Brasileira de Filosofia da Educação (Sofie) e constituem contribuições relevantes e atuais para essa reflexão.

públicas educacionais, constituindo uma espécie de exame crítico das principais críticas.

A terceira aproximação ainda parece ser possível por outra via. Estudando em profundidade o pensamento educativo de um filósofo e buscando identificar os conceitos e categorias que utiliza, constroem-se, a partir desse pensamento, os instrumentos teóricos para análise e para proposição de políticas públicas educacionais. Trata-se, em primeiro momento, de uma elaboração inteiramente teórica que, caso oportuno, em segundo momento, poderia vir a ser aplicada experimentalmente na análise de um conjunto determinado de políticas públicas. No segundo momento, essa terceira possibilidade aproxima-se da primeira.

Com o propósito de oferecer respostas à situação problemática identificada, mas considerando as limitações deste trabalho, adota-se a terceira via acima exposta, em seu primeiro momento. Dessa maneira, intenta-se, por meio do estudo da obra filosófico-educacional do pensador francês Jacques Maritain, identificar categorias e conceitos filosóficos que possam ser utilizados para análise crítica de políticas públicas educacionais e mesmo para sua proposição. Evidentemente, tais categorias não excluem nem invalidam – pretendem, contudo, complementar – análises usualmente realizadas com base em categorias da Ciência Política, da Sociologia e da Economia.

Adotada essa perspectiva, o problema que norteia esta pesquisa pode ser formulado por meio de duas questões associadas:

I. Que categorias filosóficas e filosófico-educacionais, pertencentes à filosofia da pessoa humana de Jacques Maritain, poderiam ser utilizadas para análise crítica e para a formulação de políticas públicas educacionais?
II. Como essas categorias filosóficas poderiam ser traduzidas em diretrizes, indicações e critérios objetivos aplicáveis à análise, ao

planejamento e à avaliação de políticas públicas educacionais? Que diretrizes e critérios resultariam dessa operação?

Direcionados pelos problemas acima indicados, constituem os objetivos desta pesquisa, em primeiro lugar, identificar conceitos e categorias filosóficas integrantes da filosofia da pessoa humana e da filosofia da educação de Jacques Maritain que possam vir a ser imediatamente relacionados às questões da educação de crianças e jovens em sistemas coletivos, públicos ou privados, em especial os conceitos de educação integral e de educação liberal. Em segundo lugar, propor formas epistemológica e metodologicamente consistentes para a elaboração, a partir da perspectiva de Maritain, de diretrizes e indicações objetivas aplicáveis à análise e à proposição de políticas públicas educacionais.

Justificam essa proposta, em primeiro lugar, as lacunas constatadas na produção acadêmica de análise das políticas públicas educacionais brasileiras, acima descritas, cujo saneamento poderia contribuir significativamente para o diagnóstico ou eventual aperfeiçoamento dessas políticas, potencializando seu alcance e sua eficácia. Incluem-se nessas lacunas a limitada discussão dos temas da educação integral e da educação liberal. Em segundo lugar, a ampla e sólida obra filosófico-educacional de Jacques Maritain, dotada de vasto arcabouço crítico, publicada e estudada em diversos países do mundo, entretanto ausente do cenário acadêmico brasileiro há algumas décadas. Finalmente, a aparente ausência de iniciativa similar na discussão sobre políticas públicas educacionais. Com efeito, são raros os estudos brasileiros atuais a respeito do pensamento de Jacques Maritain no campo da educação.

Tendo em vista responder aos problemas acima indicados, a tese sustentada por este trabalho é que as categorias filosóficas Pessoa Humana, Inteligência, Vontade, Liberdade e Educação, apreendidas no conjunto do pensamento filosófico de Jacques Maritain, permitem derivar diretrizes e indicações capazes de contribuir para análises e proposições de políticas educacionais, bem como para a correção de suas lacunas, na medida em que possibilitam tornar mais aprofundados e completos os instrumentos conceituais das políticas públicas educacionais – e, portanto, mais efetivos para conhecer o real e para intervir sobre ele –, além de mais adequados à compreensão e interação com pessoas humanas, que são as destinatárias, agentes e beneficiárias das políticas educacionais.

Especificamente, esta tese refere-se às seguintes categorias filosóficas, relacionadas à compreensão do desenvolvimento da pessoa humana e à educação de que esta necessita:

I. Pessoa humana – reconhecimento e valorização da realidade integral da pessoa humana, considerada em suas múltiplas dimensões;
II. Liberdade interior do ser humano – desenvolvimento em seus diferentes graus: livre-arbítrio, conduta autônoma fundada na vida intelectual e independência dos condicionantes, alcançada por meio da abertura ao Transcendente.
III. Inteligência – desenvolvimento da inteligência com vistas à plenitude de suas funções naturais: conhecimento verdadeiro do ser das coisas.
IV. Vontade – apetição racional a ser guiada para o bem, cuja expressão maior é amor.
V. Educação como arte cooperativa – a educação da pessoa humana considerada como guia para seu pleno desenvolvimento;
VI. Educação integral da pessoa humana – voltada para o pleno desenvolvimento da pessoa; estruturada em parte de suas etapas como educação liberal, constitui base para a cidadania democrática.

As categorias filosóficas em questão referem-se a realidades concretas e constituem um modo específico de as conceber, explicar e descrever, realizado por meio do estudo de suas essências ou naturezas. Essa abordagem permite considerar tais realidades de modo aprofundado e abrangente, além de qualitativamente distinto do modo como são estudadas pelas Ciências Naturais, Humanas e Sociais. As diretrizes daí resultantes são amplas, mas objetivas, no sentido de apontar realidades concretas, cuja diversidade e especificidade resulta das situações singulares que cada política educacional buscará modificar.

Tais diretrizes são apresentadas detalhadamente no corpo deste trabalho. Em seu sentido geral, partindo da afirmação de que o ser humano é fundamentalmente pessoa e deve ser sempre considerado como tal, na integralidade de suas dimensões constitutivas, sustentam que a educação do ser humano deve ser integral, isto é, voltada para auxiliar o pleno desenvolvimento da pessoa humana, segundo as tendências e aspirações de sua natureza e abrangendo todas as suas dimensões, proporcionada a todos por meio da colaboração entre escolas, famílias, sistemas educacionais, Estado e agremiações religiosas. Indicam, ainda, que é tarefa indispensável da educação atuar para o desenvolvimento da inteligência do educando, de sua liberdade interior, de sua vontade e de sua relação com o corpo social. Para tanto, o processo educativo deve centrar atenção sobre o dinamismo espiritual do educando, encorajar e favorecer as disposições fundamentais que permitem o desenvolvimento de sua vida espiritual, visando assegurar a unidade interior do indivíduo e o domínio da razão sobre tudo o que é aprendido.

Aplicadas ao tema das políticas educacionais, as diretrizes e indicações baseadas no pensamento de Maritain constituem contribuições relevantes para a discussão dessas políticas, em especial no que se refere a sua análise e proposição. Assim, análises, decisões sobre problemas, proposições de objetivos, ações e critérios de avaliação de resultados, integrantes de uma política educacional, devem situar-se no campo delimitado pelas categorias e diretrizes derivadas da concepção integral da pessoa humana e relacionar-se direta ou indiretamente com elas. Advertem também que políticas educacionais necessitam de uma pedagogia que lhes permita realizar-se no ambiente escolar, por meio de atividades didático-pedagógicas concretas, buscando continuamente a manutenção da coerência entre problemas, objetivos, estratégias, recursos, ações e critérios avaliativos, bem como entre seus fins e seus meios, além de observar a eticidade dos meios utilizados.

O método para realização desta pesquisa compreendeu duas etapas. A primeira consistiu na análise estrutural sistemática das obras metafísicas, epistemológicas, políticas e educacionais de Jacques Maritain. Mesmo levando em conta os numerosos reposicionamentos, o conjunto da obra de Maritain é dotado de significativa unidade (Cf. POZZEBON, 1998, p. 18) devido à sua proximidade com o sistema filosófico tomista, fato que permite unir na mesma análise obras separadas no tempo. A segunda etapa consistiu na elaboração de um modelo analítico e propositivo, fundamentado na filosofia da pessoa humana e na filosofia educacional de Maritain, contendo diretrizes e critérios objetivos para consideração de políticas públicas educacionais, correspondendo ao objetivo IV. No que se refere à literatura crítica, essa elaboração utilizou como apoio teórico e metodológico artigos e ensaios especializados, como, por exemplo, os de Matthew S. Pugh e Timothy S. Valentine (reunidos e editados por Trapani Jr., 2004), ou ainda Gallagher (1967), Dunaway (1978) e diversos outros. No que se refere a políticas públicas educacionais, também foi utilizada literatura especializada, em especial os trabalhos de Jefferson Mainardes (2009; 2016) e de Stephen Ball (2011a; 2011b).

Resulta da pesquisa realizada um quadro de categorias filosóficas, extraídas do conjunto da obra de Jacques Maritain, e seu desdobramento em um conjunto de diretrizes e indicações objetivas de natureza qualitativa que visam a contribuir para a análise, proposição e avaliação de políticas públicas educacionais. Tais diretrizes e indicações possuem fundamento na obra maritainiana e, o quanto possível, encontram respaldo na literatura científica e filosófica da área. Distinguem-se das categorias, diretrizes e critérios produzidos pelas Ciências Sociais e pelas Ciências da Educação, dado que procedem de uma abordagem filosófica do tema. Contudo, guardam relação de complementaridade ou, ao menos, de não contradição com os resultados oriundos dessas ciências.

Este trabalho estrutura-se em quatro partes principais. A primeira percorre, na tradição filosófica e na literatura educacional brasileira contemporânea, os temas da educação integral e da educação liberal. A segunda parte, correspondente às seções 2 e 3, expõe os fundamentos do pensamento maritainiano, que são a filosofia tomista do conhecimento, a concepção de pessoa humana daí decorrente, suas características e exigências fundamentais e perspectivas de desenvolvimento – temas amplamente trabalhados nos principais livros de Jacques Maritain e pressuposto indispensável para compreensão de seu pensamento sobre a educação. A terceira parte volta-se para a compreensão maritainiana de educação da pessoa humana, seus objetivos, princípios e diretrizes organizacionais. A quarta parte discute as possibilidades de construir, a partir das categorias filosóficas do pensamento de Maritain, um conjunto de categorias crítico-organizacionais para análise e proposição de políticas públicas educacionais. Todos os trechos traduzidos, sejam de Maritain, sejam de seus comentadores, são de nossa responsabilidade.

CAPÍTULO 1

EDUCAÇÃO INTEGRAL: IDEAL ACALENTADO E CONCEITO MALTRATADO[1]

A sociedade brasileira compartilha, entre seus mais acalentados ideais, a ideia de educação integral. É consenso. Está na Constituição Federal brasileira (BRASIL, 2018a) e em diversas outras importantes leis relacionadas à educação (BRASIL, 2018b; 2018c). Todas as propostas educacionais a mencionam. Inúmeros colégios recrutam alunos com a promessa de formação integral, uma vez que as famílias a valorizam e a buscam para seus filhos. Educação integral é, por isso, uma referência permanente no universo educacional brasileiro.

Mas em que consiste a educação integral? As definições são múltiplas e aparecem com facilidade. Trata-se da educação multidimensional da criança e do jovem, envolvendo todas ou a maior parte das dimensões constitutivas do ser humano, como expresso, por exemplo, em Gonçalves (2006, p. 129):

> O conceito mais tradicional encontrado para a definição de educação integral é aquele que considera o sujeito em sua condição multidimensional, não apenas na sua dimensão cognitiva, como também na compreensão de um sujeito que é sujeito corpóreo, tem afetos e está inserido num contexto de relações. Isso vale dizer a compreensão de um sujeito que deve ser considerado em sua dimensão biopsicossocial. Acrescentamos, ainda, que o sujeito multidimensional é um sujeito desejante, o que significa considerar que, além da satisfação de suas necessidades básicas, ele tem demandas simbólicas, busca satisfação

---

1 Durante a elaboração deste trabalho, o presente capítulo foi publicado como artigo na Revista Sul-Americana de Educação, n. 32-33 (POZZEBON; MENDONÇA, 2020). O texto aqui apresentado incorpora diversas correções e melhorias realizadas a partir das generosas críticas e orientações recebidas.

> nas suas diversas formulações de realização, tanto nas atividades de criação quanto na obtenção de prazer nas mais variadas formas.

Educação integral aparece nos múltiplos discursos educacionais como um objetivo desejável e plenamente justificável, especialmente para a educação de crianças e jovens. Entretanto, quando nos aproximamos mais do tema, para examiná-lo e eventualmente discuti-lo, observamos que tem sido tratado com insuficiente profundidade. A própria literatura especializada da área faz uma discussão derivada (SAVIANI, 2007; COELHO, 2009): não aprofunda o conceito e suas condições ou fundamentos, mas focaliza sua utilização no regime da escola, associado a tempo integral e a composição curricular. O consenso em torno da educação integral se mostra apenas aparente. É nesse sentido que esta seção objetiva discutir formas de apropriação do conceito de educação integral.

Cabe então perguntar: o que é educação integral, como evoluiu este conceito e que significado ele tem hoje em diferentes correntes do pensamento pedagógico?

1.1 Expressões do ideal de educação integral

Referimo-nos à educação integral como ideal. Utilizamos esse termo em sentido próximo do uso kantiano, isto é, a ideia de uma perfeição completa, mas não concretamente realizada, que serve como modelo e como critério de avaliação das realidades objetivas (ABBAGNANO, 1982, p. 497). O motivo dessa escolha é que, dos gregos aos contemporâneos, a educação integral é proposta como algo a ser buscado ou construído, não como realidade plenamente disponível. Passamos, então, a analisar como esse ideal foi formulado distintamente em diferentes situações ao longo do tempo.

O ideal de educação integral encontrou sua primeira expressão no ideal educativo grego. Esse se exprimia, nos primeiros séculos, como *areté* (JAEGER, 2001, p. 25), ou seja, a excelência ou valor (JAEGER, 2001, p. 26), conjunto de características físicas, espirituais e morais que caracterizavam os heróis e os deuses dos poemas homéricos. Força, destreza e coragem heroicas, frutos da nobreza e da bravura guerreira, distinguiam o homem excelente e valoroso, que se tornou ideal de formação do *aristós*, isto é, o homem que é melhor ou superior aos demais (RODRIGO, 2016, p. 122). Observa-se que esse ideal de excelência é invocado pela aristocracia como justificativa de sua proeminência social e poder. "Assim, originariamente, a esfera de validade da *areté* permaneceu restrita ao mundo aristocrático, o que significava dizer que o homem comum não tinha *areté*, sendo este um atributo próprio e exclusivo da nobreza" (RODRIGO, 2016, p. 121-122).

Aos poucos, esse ideal se alargou, passando a abranger o produto do aprendizado e exprimindo-se como *kalokagathia*, em outras palavras, a excelência física e espiritual do guerreiro belo e bom, "[...] educação total de espírito e de corpo do nobre [...], baseada numa concepção total do Homem" (JAEGER, 2001, p. 336), ainda concebida como apanágio da aristocracia.

A partir do século V a.C., período das guerras helênicas, do fortalecimento das *poleis*, do surgimento da democracia e do auge da cultura grega, o ideal educativo passou a exprimir-se como *paideia*, a formação ampla e consciente do espírito (JAEGER, 2001, p. 337) que pretendia constituir o homem como cidadão (JAEGER, 2001, p. 336). Essa formação abrangia todas as formas de criação cultural e todo o patrimônio cultural grego, das primitivas concepções religiosas à racionalidade que aos poucos se impunha, estendida a todos os cidadãos livres, não apenas à nobreza. As instituições educacionais de Esparta e Atenas exemplificam diferentes faces dessa nova educação, elaborando e procurando, ao longo dos séculos, concretizar "[...] um ideal consciente de educação e de cultura" (JAEGER, 2001, p. 484), que deve ser entendido como "[...] um ideal novo e superior de formação humana e de ligação do indivíduo à coletividade" (JAEGER, 2001, p. 486).

Na cidade de Esparta, toda a vida social e a maior parte da educação eram organizadas pela *polis*. Esparta tinha como ideal pedagógico "formar cidadãos respeitosos com os deuses, patriotas, bravos e fortes, pela *polis* e para a *polis*"[2] (LARROYO, p. 140). Até os sete anos, a criança permanecia sob os cuidados da mãe. Dos sete aos 12 anos, o menino recebia educação pública e obrigatória, ministrada em estabelecimentos de tipo militar. Esta consistia em cultura física (ginástica, corrida, salto, luta, disco), dança, cultura musical (embora menos enfatizada que a cultura física), leitura e escrita limitados e formação moral cuidadosa, voltada para o respeito aos mais velhos, obediência e honra. Dos 12 aos 18 anos, o adolescente recebia educação de caráter militar; dos 18 aos 20, exercia funções de vigilância policial da cidade e dos escravos; dos 20 aos 30, residia em academias militares. Chama a atenção o fato de que, em Esparta, as mulheres também recebiam educação obrigatória, em que era dada ênfase à ginástica e dança, mas também à disciplina, honra e valentia (LARROYO, 1982).

Em Atenas, consolidou-se o ideal da formação completa do homem. Nos primeiros séculos, isso significava o ideal do guerreiro belo e bom. Mais tarde, tomou a forma do ideal de educação física associada à educação intelectual. Entretanto, não obstante o legado filosófico pelo qual mais tarde se destacou, "Tal era a antiga educação ateniense, mais artística que literária e mais esportiva que intelectual" (MARROU, 1975, p. 77).

Dos sete aos 13 anos, um pedagogo acompanhava a criança e a conduzia à escola. Compunham o ensino a ginástica (salto, corrida, disco, dardo e pugilato), gramática (leitura, escrita e cálculo), religião, história, geografia e ciência natural, utilizando como fontes os

---

2 No trecho citado, Larroyo utiliza o termo "Estado" no lugar de "*polis*", tanto no original espanhol quanto na tradução brasileira aqui utilizada. Prefere-se aqui adotar o uso de "*polis*" para evitar quaisquer conotações que possam estar associadas à instituição moderna do Estado.

poetas. Dos 13 aos 17 anos, dava-se o início da formação secundária, para jovens abastados: ginástica, matemáticas, música e poesia. Os jovens pobres são encaminhados ao aprendizado do ofício agrícola ou mecânico. Aos 18 anos, dava-se a *efebia*, isto é, o serviço militar que conduzia à maioridade, em que o jovem recebia, além das artes militares (esportes, lutas, manejo das armas, navegação, equitação), instrução cívica, moral e religiosa (LARROYO, 1982).

Foi no contexto de multiplicidade e diversidade das *poleis* gregas e de suas tradições educativas que surgiu a reflexão pedagógica fundamentada no saber racional, melhor dizendo, o pensamento de um novo tipo de sábio: o filósofo.

Cabe mencionar, por sua importância, os sofistas, professores que iam de cidade em cidade para instruir os jovens abastados das classes comerciantes. Em oposição às crenças sociais e pedagógicas aristocráticas, os sofistas propunham-se a ensinar a *areté*, assegurando êxito nos tribunais e nas assembleias políticas (RODRIGO, 2016, p. 124-125). Seu ensino, que pode ser entendido como de nível superior, abrangia a dialética, a retórica, a gramática, a política, a matemática, as ciências naturais e as artes. O objetivo era formar políticos, ou seja, cidadãos capazes de discursar nas assembleias com eloquência e êxito e nelas representar as classes de que se originavam.

Os sofistas eram, sobretudo, pedagogos: "[...] apoiados em uma cultura amadurecida, educadores proficientes elaboraram uma nova técnica, um ensino mais completo, mais ambicioso e mais eficiente do que aquele que os precedera" (MARROU, 1975, p. 84). Proporcionando ensinamentos mais aprofundados que os dos mestres gramáticos de então e ensinando disciplinas que até então eram cultivadas apenas em círculos fechados, os sofistas promovem um ensino de nível superior, que a tradição posterior conservará, com variantes, no *trivium* e no *quadrivium* medievais e nas "sete artes liberais" (JAEGER, 2001, p. 368; LARROYO, 1982, p. 159; MARROU, 1975, p. 95).

Consideram-se como principais sofistas Protágoras (480-410 a.C.) e Górgias (483-375 a.C.), mas também Pródico, Hípias, Antifonte, Lícofron, Polo, Trasímaco e Cálicles.

Contemporâneo dos sofistas, tem destaque na história do pensamento filosófico o ateniense Sócrates (469-399 a.C.). Este pensador não deixou textos escritos e suas ideias são conhecidas por meio das obras de seus discípulos (Platão e outros), do historiador Xenofonte e do poeta satírico Aristófanes (JAEGER, 2001, p. 499; MARROU, 1978, p. 98).

Seu pensamento caracterizava-se pela confiança na razão e pela oposição ao pensamento dos sofistas, frequentemente marcado pelo relativismo e niilismo. Creditam-se a Sócrates as doutrinas do conceito, entendido como conhecimentos universalmente válidos, e das virtudes éticas. No domínio ético, professava o intelectualismo moral: o conhecimento das coisas e das virtudes leva o homem a agir corretamente e praticar o bem. Observa Rodrigo (2016) que Sócrates "[...] ampliou o sentido de *areté*, indo da conotação de um talento ou competência numa arte particular para um sentido moral, mais próximo daquele que atribuímos hoje ao termo virtude" (RODRIGO, 2016, p. 126).

Seu método para filosofar era também seu método pedagógico: a Maiêutica (parto das ideias), que visa a levar o indivíduo a descobrir a verdade. Procede por meio de autêntico diálogo, em que um tema é introduzido na conversação, e, em seguida, por meio de interrogações e repostas, o interlocutor é levado a perceber que seus conhecimentos são superficiais e contraditórios. Prossegue, então, sempre por meio de interrogações e respostas, em busca do conhecimento verdadeiro sobre o tema. Ressalta-se que esse método, além de marcar profundamente a história do pensamento filosófico, permanece como método pedagógico até os dias atuais, especialmente na educação liberal (*liberal arts*) de algumas universidades europeias e norte-americanas (HABERBERGER, 2018; HISTORY, 2017).

Amado (2007) registra a influência dos sofistas e de Sócrates, bem como de seus sucessores, como uma verdadeira revolução operada na educação ateniense, que transformou o ideal educativo tradicional, conferindo-lhe um viés intelectualista que nunca mais perderia:

> Graças ao testemunho precioso de Aristófanes acerca dessa revolução, podemos perceber como ela tocou no âmago da forma ateniense de encarar a Paideia. Essa revolução foi tão profunda que, a bem dizer, até em nossos dias ainda não nos desviámos significativamente da opção intelectualista e verbalista então tomada. As nuances da oposição colorida entre Sócrates e os Sofistas, como, logo mais, entre Platão e Isócrates, não escondem que aquilo a que assistimos aqui é o enterro do ideal da καλοκάγαθία (AMADO, 2007, p. 28).

Também na área da educação, Platão (429-347 a.C.) é referência obrigatória. Discípulo de Sócrates e fundador da Academia, entre seus numerosos escritos destacam-se, pela dimensão pedagógica clara, *A República* (PLATÃO, 2003), *As Leis* (PLATÃO, 2021) e *O Banquete* (PLATÃO, 1983).

Platão compartilhava o problema central dos filósofos gregos: como explicar o movimento e o ser? Sintetizando as contribuições de Heráclito e de Parmênides, afirmava que o mundo sensível só se explica por meio do suprassensível; o relativo, por meio do absoluto; o mutável, por meio do imutável; o corruptível, por meio do eterno (MORENTE, 1967; REALE, ANTISERI, 1990). Por isso, o "verdadeiro" ser é constituído pela realidade inteligível. O mundo inteligível, que não é um lugar físico em separado, contém as Ideias de todas as coisas. Estas não são simples conceitos abstratos, mas substâncias, verdadeiro ser, ser por excelência, paradigmas, essências das coisas. São também perfeitas e incorruptíveis, sem cor, sem figura e intangíveis. Só podem ser contempladas pelo intelecto. Quem as contempla possui conhecimento da realidade (ciência) e a compreende verdadeiramente. Quem não contempla as Ideias não possui conhecimento, mas toma aparências por realidade, no nível que Platão denomina "*doxa*" ou "opinião". No campo político, amplamente desenvolvido na *República* (PLATÃO, 2000), Platão defendeu o governo dos sábios, isto é, exercido por aqueles que contemplam as Ideias e possuem conhecimento das realidades ligadas ao governo.

No pensamento de Platão, o corpo humano, que é parte do mundo sensível, opõe-se à alma, que é parte do mundo suprassensível. O corpo é tumba e cárcere da alma, onde esta expia penas de uma vida anterior. Tributário da natureza da matéria, o corpo é a causa de males, ignorância, paixões, loucura e mesmo da morte do homem. Por sua vez, a alma se eleva do sensível ao Inteligível pelo conhecimento e se purifica. Com a purificação e a morte, busca voltar ao Mundo Inteligível. Daí deriva a concepção de que a razão e a filosofia possuem força salvífica (PLATÃO, 1983).

As ideias pedagógicas de Platão estão expostas na *República*, nas *Leis* e em mais alguns diálogos. Inspirado na educação espartana, Platão, na análise de Larroyo (1982), afirmava que a educação deve ser pública, controlada pela *polis* e estruturada de acordo com as aptidões dos alunos. Dos três aos seis anos, a criança deve receber treinamento físico, estético e moral na família. Dos sete aos 13 anos, todas as crianças devem frequentar a escola, que lhes proporcionará uma introdução gradual na cultura intelectual e reforço do cultivo do corpo. Dos 13 aos 16 anos, a escola deve ensinar gramática, aritmética, poesia, canto coral, dança e cítara. Dos 17 aos 20 anos, o jovem deve receber formação militar, musical e ginástica. A educação superior, dos 21 anos em diante, destina-se somente aos melhores, que seriam formados para integrar a classe dos governantes. Esses receberiam, dos 21 aos 30 anos, conhecimentos aprofundados de aritmética, geometria, astronomia e harmonia musical; dos 31 aos 35 anos, formação filosófica e dialética, além de matemática. Aos 36 anos, poderiam assumir funções públicas (LARROYO, 1982).

A proposta platônica não representa mera repetição da tradição espartana. Cada um dos saberes a ser transmitido às crianças e aos jovens tem papel específico na formação de suas almas. Cumpre destacar ainda, no pensamento platônico, a relação entre faculdades individuais e funções sociais. Almas em que aprouve aos deuses misturar bronze têm sensibilidade grosseira, marcada por apetites e desejos. Sua virtude é a temperança e devem ser destinadas à classe industrial, cuja função é ocupar-se de comércio e ofícios. Almas às quais os deuses misturaram prata destacam-se pela força de suas paixões. Sua virtude é a fortaleza, e sua função social é militar, encarregada da guerra. As almas às quais os deuses concederam ouro destacam-se pela faculdade intelectual. Sua virtude própria é a prudência, e sua classe social é a dos sábios, encarregados da busca pelo conhecimento e pela sabedoria (PLATÃO, 2000).

Gnosiologia, ontologia, ética, política e educação se imbricam estreitamente no pensamento de Platão e não devem ser pensadas separadamente. A proposta educativa não apenas instrui, mas, apoiada na constituição humana e na estrutura do real, pretende levar à perfeição a *polis* e seus cidadãos. Nesse sentido, o pensamento platônico sobre a educação dá continuidade ao ideal de educação integral e se tornou uma das expressões clássicas desse ideal.

No esteio da tradição pedagógica iniciada pelos filósofos, mas certamente aprofundando-a, cabe mencionar Aristóteles (384-322). Nascido em Estagira, foi discípulo de Platão na Academia. Mais tarde, tendo desenvolvido um vigoroso pensamento autônomo, fundou o Perípato (ou Liceu) em 335, onde reuniu discípulos para lições esotéricas, reservadas e destinadas aos mais adiantados, e lições exotéricas, voltadas para os mais jovens e ao público em geral (REALE, 2012). Alguns de seus textos pedagógicos mais importantes estão inseridos na *Política*, Livros VII e VIII, entre 1331b e 1342b (ARISTÓTELES, c1998).

Também em Aristóteles imbricam-se ontologia, epistemologia, antropologia, ética, política e educação. Seu projeto é a cidade feliz, organização política em que se realiza o bem comum. Na ontologia aristotélica, todas as coisas são substâncias (unidade que suporta as características da coisa) nas quais se podem distinguir: essência (predicados da substância que fazem dela o que ela é) e acidentes (predicados contingentes); matéria (aquilo de que é feito algo, como madeira, palavras etc.) e forma (conceito que representa a figura, ou formato, e, sobretudo, o princípio organizador e unificador de algo, sua essência; e ainda o fim que dá sentido à coisa); ato (o que veio a ser, o concretizado) e potência (o que virá a ser, virtualidade ligada à matéria). Todas as coisas são uma mistura de potência e ato. O movimento do real, ou mudança, é explicado pela passagem da potência ao ato. O real é inteligível, e a inteligência é a faculdade da alma que permite conhecê-lo. Conhecer é formar conceitos e, com eles, constituir juízos e raciocínios. Pensar é ato humano por excelência; a racionalidade é a qualidade distintiva da natureza do homem (MORENTE, 1967).

Iniciador da Psicologia na Antiguidade, Aristóteles, na análise de Larroyo (1982), identifica uma base psicológica para a educação, que pode ser resumida nas teses seguintes: a criança se educa à medida em que imita o comportamento dos adultos, e a imitação se torna um hábito; a educação se dá pelo desenvolvimento das disposições naturais do educando (passagem da potência ao ato); são fatores da educação as disposições naturais, os meios para aprender, a prática e o hábito do aprendido; o processo psíquico do conhecimento compreende a percepção do objeto, a memorização do percebido e a aplicação dos conteúdos memorizados. Daí o método de ensinar: o mestre expõe a matéria, cuida para que o aluno a retenha e busca que o aluno exercite e relacione os conteúdos (LARROYO, 1982).

Aristóteles propõe à cidade uma educação gradual, voltada para o desenvolvimento das potencialidades humanas de acordo com as características de cada idade, buscando aperfeiçoá-las. Deve também ser integral, abrangendo as dimensões intelectual, moral e física. Deve ser pública e comum, de responsabilidade do Estado, ministrada a todas as classes sociais, com exceção de escravos e artesãos (LARROYO, 1982). Inicia-se pelo desenvolvimento do corpo, depois prossegue com a educação dos impulsos, dos instintos e dos apetites e completa-se com a educação da alma racional (REALE, 2012, p. 139). Assim, até os seis anos, a criança deve ser educada pelos pais, que continuam corresponsáveis pela educação moral após esse período. Dos sete anos até a puberdade, deve ficar sob o controle da *polis*, estudando leitura, escrita, música, desenho, cultura física e gramática. Da puberdade até os 21 anos, o jovem deve receber formação militar, além de formação intelectual, que compreende música, retórica, matemática, filosofia e política (LARROYO, 1982).

O auge da *paideia* deu-se no Helenismo, isto é, durante e após o Império de Alexandre, quando se difundiu na orla mediterrânea o ideal educativo helenístico. Neste, a cultura física perde importância diante dos elementos intelectuais, e toma forma uma cultura considerada clássica e humanista, essencialmente estética, artística e, sobretudo, literária, na qual está presente também a filosofia.

A *paideia* assumiu, assim, um novo e ampliado significado, no qual está claro seu caráter de educação integral:

> [...] por uma ampliação notável [...] a mesma palavra, em grego helenístico, serve para designar o resultado desse esforço educativo, continuado para além dos anos escolares durante toda a vida, a fim de realizar mais perfeitamente o ideal humano: παιδεία (ou παίδευσις) vem a significar a cultura, entendida não no sentido ativo, preparatório, de educação, mas no sentido perfectivo que a palavra tem hoje entre nós: o estado de um espírito plenamente desenvolvido, tendo desabrochado todas as suas virtualidades, o do homem tornado verdadeiramente homem; [...] (MARROU, 1975, p. 158).

A importância e a significação histórica da *paideia* helenística são também registradas por Marrou:

> A educação helenística é realmente o que devemos chamar a educação clássica: é a de todo o mundo grego, quando se estabiliza após as grandes aventuras da conquista de Alexandre e das guerras que sucederam a sua morte. Ela permanece em voga, em todo o mundo mediterrâneo, por tanto tempo quanto este merece ser considerado antigo (MARROU, 1975, p. 154) [...] sua importância na história do período helenístico é tão grande que devemos considerá-la como o verdadeiro centro de todo quadro sincero dessa civilização (MARROU, 1975, p.156).

O Império Romano absorveu a influência da *paideia* helenística, associando a ela seu ideal de homem de bem, concretizado na figura do orador hábil e virtuoso. Os escritos de Cícero, Varrão e Quintiliano deram voz a esse novo ideal, ao mesmo tempo ético, político e pedagógico, que passou a ser identificado pelo termo latino "*humanitas*". Reale e Antiseri (1990, p. 17) assinalam que o termo significava, aproximadamente, a educação e formação do homem que os gregos denominaram "*paideia*". A formação do orador, de acordo com Cícero, compreendia vasta cultura geral, abrangendo gramáticas, retórica, dialética, geometria, astronomia, música e aritmética, ao que se deveria completar com história, direito e filosofia. (SIMARD, 2000, p. 40).

O encontro entre a filosofia grega, greco-romana e o pensamento teológico cristão produziu gradativamente uma síntese intelectual, conciliando razão e fé religiosa, elaborada nos primeiros séculos da Era Cristã pelos chamados "padres da Igreja". Dela resultou um conjunto importantíssimo de obras, que alguns autores denominaram "*paideia* cristã". Representa seu ápice a vasta obra de Agostinho de Hipona. Este, em seu diálogo *De Magistro* (AGOSTINHO, 1980), desenvolveu uma teoria do conhecimento e da linguagem, ao mesmo tempo em que propôs uma pedagogia em que professores e conteúdos cumprem o papel preliminar de convidar o indivíduo a empenhar-se na busca pelo conhecimento e apreender a verdade com o mestre interior, que é Deus. Sintetizando a fé cristã e a influência de Cícero, Agostinho argumentava que o homem educado deve ser letrado e capaz de eloquência, como deve ser também um erudito, ou seja, possuidor da cultura geral literária que a tradição clássica colocava na base da formação do orador. (SIMARD, 2000, p. 40).

Da *paideia* grega à Patrística, passando pelos filósofos gregos do IV século a.C., pelo Helenismo e pelos pensadores romanos, estende-se o percurso do ideal de educação integral, ora aprofundando-se – como em Platão e Aristóteles – ora adaptando-se a novos contextos sociais e culturais, como em Roma e na obra de Agostinho.

Na Idade Média, as tradições pedagógicas vindas da Antiguidade greco-romana e do cristianismo tomaram um corpo definido e estável na instituição pedagógica do *trivium* e do *quadrivium*. O *trivium* compunha-se de gramática, retórica e dialética; o *quadrivium* compreendia aritmética, geometria, música e astronomia. Baseadas na lógica aristotélica (SIMARD, 2000, p. 35), essas disciplinas "formam hábitos intelectuais de análise e de síntese, indispensáveis não somente para o exercício de uma vida livre e sensata, mas igualmente para ordenar os conhecimentos numa cultura geral sobre a qual virá eventualmente se enraizar uma formação especializada" (SIMARD, 2000, p. 35). Tais disciplinas passaram a ser denominadas "artes liberais", porque praticadas por homens livres e por serem essencialmente intelectuais, delas excluídas as artes servis, praticadas por servos. Iniciadas pelos sofistas, consolidadas pelo Helenismo e sistematizadas pelas escolas medievais, as artes liberais representaram uma forma de persistência do ideal de educação liberal, que, apesar da ênfase intelectualista e das fortes críticas que recebeu, se estendeu até o século XVIII.

O Renascimento conservará sem muitas modificações o *trivium* e o *quadrivium*, contudo, privilegiando claramente o *trivium* e o submetendo ao conceito de obra clássica, que é criação própria do Renascimento. Ao conjunto constituído por gramática, retórica e comentário dos autores se deu o nome de "*studia humanitatis*" e de "*litterae humaniores*", (SIMARD, 2000, p. 34-35), mais frequente e simplesmente designadas como "Humanidades". Assim, os humanistas do Renascimento desenvolvem "[...] uma forma educativa que se exprime num *curriculum* rigoroso e em obras ditas clássicas" (SIMARD, 2000, p. 35).

A Reforma trouxe a lume o esforço educativo de Lutero. Crítico agudo da Escolástica e da ignorância que, em sua perspectiva, dela derivava, exprimia uma visão bastante influenciada pelo ideal renascentista de educação, ao qual uniu suas concepções religiosas:

> Se eu tivesse filhos para os educar, queria que aprendessem, além das línguas e da história, a música e as matemáticas. Não posso recordar-me sem dor que tive que ler, não os poetas e as histórias da Antiguidade, mas os livros dos sofistas bárbaros, com grande perda de tempo, com prejuízo para a minha alma, de tal maneira que ainda hoje me é difícil purgá-la dessas nódoas e dessa escória [...] (LUTERO, *apud.*, AMADO, p. 116).

No contexto da Contrarreforma, os jesuítas elaboraram meticuloso trabalho de codificação das práticas pedagógicas extraídas da experiência dos professores e também de definição de um conjunto de obras clássicas organizadas em etapas rigorosamente encadeadas e justificadas, com vistas a formar homens educados pelas humanidades e capazes de engajamento espiritual e moral a serviço da sociedade. (SIMARD, 2000, p. 35-36). Essa codificação está expressa no *Ratio atque Institutio Studiorum*, emanada em 1599. Obrigatório em todas as escolas jesuítas e imposto pela Coroa portuguesa a todos os seus domínios, esse ideal de cultura se difundiu e firmou amplamente na Europa e no Novo Mundo. A preservação do ideal da educação integral foi constatada por Leonel Franca (1952, p. 35): "Destarte, o *Ratio Studiorum*, num plano bem estruturado e harmonioso, faz convergir toda a vida escolar do colégio – administração, currículo, metodologia, distrações – para um fim único: a educação integral do aluno".

A influência do racionalismo cartesiano, que concebe o ser humano essencialmente como razão, aliada ao advento da ciência moderna, deslocou a ênfase da educação para disciplinas científicas. As artes liberais, consagradas pelos séculos, adaptaram-se para acolher a influência científica sem ser, entretanto, abandonadas ou recusadas. Contudo, a ênfase parece ter-se deslocado do ideal de educação integral para o ideal de uma educação enciclopédica, isto é, ampla, mas inteiramente intelectual. É o que se pode ver, por exemplo, em Comenius (2001, p. 150-151):

> 1. Fixamos as metas a esta escola, de modo que, com quatro línguas, se abranja toda a enciclopédia das Artes, ou seja, de modo que, conduzindo devidamente os adolescentes por estas classes, consigamos:
>
> I. Gramáticos competentes para fornecer, de modo perfeito, as razões de todas as coisas, em latim e na língua nacional e, se necessário, em grego e em hebreu.
>
> II. Dialéticos peritos em definir, distinguir, argumentar e em rebater os argumentos dos outros.
>
> III. Retóricos ou oradores capazes de discorrer elegantemente sobre qualquer tema.
>
> IV. Matemáticos e
>
> V. Geômetras, tanto para as várias necessidades da vida, como porque estas ciências preparam e aguçam o engenho para as outras.
>
> VI. Músicos, práticos e teóricos.
>
> VII. Astrônomos, versados, ao menos, nas coisas fundamentais, ou seja, na doutrina da esfera e no cômputo, pois, sem estas, a Física, a Geografia e a maior parte da História são cegas.
>
> 2. Estas são as tão decantadas sete Artes liberais, que o vulgo julga deverem ser ensinadas pelo professor de Filosofia. Mas, para que os alunos subam mais alto, queremos que haja também:
>
> VIII. Naturalistas (*Physici*) que conheçam a composição do mundo, a natureza dos elementos, as diferenças dos animais, as propriedades das plantas e dos minerais, a estrutura do corpo humano etc., considerando essas coisas, tanto em geral, como são em si mesmas, e ainda como coisas criadas para utilidade da nossa vida, o que compreende a parte que diz respeito à medicina, à agricultura e a todas as outras artes mecânicas.
>
> IX. Geógrafos que tenham gravado na mente o globo terrestre, os mares, as suas ilhas, os rios, os Estados etc.
>
> X. Cronologistas que saibam de cor a sucessão das várias épocas, desde o começo do mundo, e as suas divisões.
>
> XI. Historiadores que saibam enumerar a maior parte das mais notáveis transformações do gênero humano, dos principais Estados e da Igreja, bem como os vários costumes e ritos dos povos e dos homens.
>
> XII. Moralistas que conheçam exatamente os gêneros e as diferenças das virtudes e dos vícios, e saibam fazer observar aquelas e levar a fugir destes, considerando tanto a sua ideia geral como a sua aplicação prática, relativamente à vida econômica, política, eclesiástica etc.

> XIII. Finalmente, queremos fazer Teólogos que, não só conheçam os fundamentos da sua fé, mas possam eles próprios ir hauri-los nas Sagradas Escrituras.
>
> 3. Desejamos que, terminado este curso de seis anos, os adolescentes sejam, em todas estas coisas, se não perfeitos (como efeito, nem a idade juvenil pode atingir a perfeição, nem é possível, em seis anos de instrução, esgotar o oceano), pelo menos possuidores de sólidos fundamentos, onde poderá assentar uma cultura mais perfeita.

O Iluminismo segue, de modo geral, na mesma direção, com exceção de Rousseau (1995). Em seu *Emílio*, esse filósofo desenvolve a ideia de um itinerário pedagógico em que a razão modela aos poucos as paixões desordenadas, conduzindo o educando ao exercício esclarecido de sua liberdade, condição essencial para sua participação, como cidadão, no Contrato Social (REALE; ANTISERI, 1990b, p. 772-775). Justamente por sua ênfase na preparação para a vida social, que é também moral e política, pode-se afirmar que Rousseau retomou a perspectiva da educação integral sem, entretanto, endossar o ensino das artes liberais.

Nos séculos XVIII e XIX, abriu-se uma nova e importantíssima etapa no desenvolvimento histórico do ideal de educação integral, com a elaboração, na cultura alemã, da ideia de *Bildung*, que pode ser compreendida como formação cultural (SUAREZ, 2005). Com ampla ressonância de significados e diferentes dimensões, a ideia de *Bildung* está presente na obra de intelectuais como Goethe e Humboldt e de um vasto rol de filósofos como Fichte, Schelling e Hegel. No campo da educação situa-se seu mais importante conjunto de significados.

O termo *Bildung*, que originalmente equivalia ao latim *"forma"* ou *"formatio"*, ganhou o significado de cultivo do espírito na mística alemã do século XIV, representando a imagem de Deus, que, penetrando no âmago do ser humano, dá forma à sua alma. Ainda na esfera estritamente religiosa, o Pietismo luterano dos séculos XVII e XVIII deu significação pedagógica ao termo, designando o aperfeiçoamento da alma por meio do esforço disciplinado voltado para a formação da interioridade e para o autodesenvolvimento espiritual do indivíduo (ALVES, 2019, p. 3-4).

A secularização do conceito de *Bildung* inicia-se com Johann Gottfried von Herder (1744-1803), filósofo, poeta, literato e teólogo alemão, na segunda metade do século XVIII. Opondo-se tanto ao jusnaturalismo contratualista como ao racionalismo, Herder vê o indivíduo como processo de formação e crescimento orgânico e a humanidade como uma tarefa a ser realizada por meio da disciplina e do esforço consciente de cada um. O indivíduo tem um impulso inato à perfectibilidade, que o leva à integridade e ao desenvolvimento de todas as suas potencialidades, inclinações e, portanto, de seu valor. O vínculo com a comunidade, com a sociedade e mesmo com o Estado é de reciprocidade: indivíduo e coletividade contribuem para o mútuo desenvolvimento (ALVES, 2019, p. 5).

Nesse mesmo contexto, Friedrich Wilhelm von Humboldt (1767-1835), filósofo e diplomata alemão, vê a *Bildung* como o desenvolvimento multidirecional, elevado e equilibrado das forças do indivíduo, compreendido como autoaperfeiçoamento e como fim em si mesmo, sem objetivo utilitário, preservando e favorecendo o sentido da irredutível originalidade do indivíduo, que, assim formado, pode melhor servir à sociedade. Para isso, o Estado deve proporcionar a liberdade e a segurança, abstendo-se de intervir nas áreas da educação, da moralidade e da religião (ALVES, 2019, 6-8).

O fenômeno do *Bildungsroman*, ou romance de formação, que surge na literatura alemã das primeiras décadas do século XIX e que tem no *Werther* de Goethe um de seus maiores exemplos, exemplifica como o conceito laicizado de *Bildung* se alarga, sempre preservando seu caráter de autoformação ou jornada do indivíduo para si mesmo por meio de experiências e situações diversas. Como resultado, a *Bildung* assume formas variadas, como a viagem, em Goethe, o trabalho, em Hegel, a experiência do estrangeiro na tradução e no estudo filológico, como em Friedrich Schlegel e em Hölderlin (SUAREZ, 2005, p. 192-198).

De origem religiosa, mas reinterpretado no contexto iluminista, *Bildung* associa-se aos ideais de esclarecimento (*Aufklarung*), espírito crítico, perfectibilidade e progresso. Assim, o conceito de *Bildung* "[...] designa uma promessa de salvação pela educação e a ascensão da humanidade a um estágio superior, em que ela se liberta das tutelas dogmáticas e se determina a si mesma de maneira refletida e autônoma" (ALVES, 2019. p. 8). O caráter universalista e emancipador da *Bildung* é também destacado por Alves:

> [...] na Alemanha, entre os anos 1770 e 1815, *Bildung* se apresentava como um ideal cosmopolita e universalista que estava associado com as ideias de autonomia e autodeterminação individual e com a imagem de um indivíduo integral dotado de uma personalidade esteticamente harmoniosa. Numa chave idealista, essa concepção da educação também ecoava os ideais de saber puro e desinteressado, desvinculado de finalidades externas e objetivos utilitários (ALVES, 2019. p. 9-10).

Uma outra linha interpretativa do conceito de *Bildung* é explorada por Moura (2009). O termo é resultante do embate entre os ideais distintos, ora opostos, ora convergentes, de *Civilisation* e *Kultur*. *Civilisation* é um conceito iluminista francês, herdeiro do ideal clássico de *civilité* e *politesse*, que representa o ideal aristocrático de comportamento refinado, marcado pelo comedimento dos gestos, polidez dos hábitos, maneira de falar e modo de se apresentar. Esse ideal de disciplina corporal e aparência exterior, associado ao uso da língua francesa, tornou-se distintivo da nobreza e foi extremamente difundido nas cortes europeias (MOURA, 2009, p. 158-159). Nas décadas seguintes, o termo *Civilisation* associou-se na França e na Inglaterra ao progresso e ao desenvolvimento material.

Entretanto, no final do século XVIII, pensadores alemães já veem no ideal de *Civilisation* apenas a aparência de virtude e começam a opô-lo ao conceito de *Kultur*. Assim vemos em Kant (MOURA, 2009, p. 160), mas principalmente nos poetas, literatos e filósofos integrantes do movimento *Sturm und Drang*, como Goethe, Herder e Lessing. *Kultur* é "[...] um domínio pertencente às realizações do espírito, por meio do qual o homem se reconhece como sujeito moral" (MOURA, 2009, p. 160). Influenciados pela filosofia da natureza de Rousseau, concebem a ideia de uma natureza pura, corrompida pela sociedade civilizada, com a qual é necessário encontrar formas de reconciliação. Afirmam também a virtude como determinação interior do indivíduo. Valorizando as raízes germânicas, inclusive medievais, adotam a defesa das fontes nacionais e do idioma alemão, no qual escrevem integralmente suas obras.

A oposição de *Kultur* a *Civilisation* possui forte significado social. O formalismo dos hábitos não apenas representava a aristocracia cortesã, mas também sua distinção de classe social. A classe média burguesa, pertencente a nova elite intelectual, via-se inteiramente excluída dos negócios do Estado e socialmente inferiorizada em relação à nobreza. Nesse contexto, a *Kultur* representou, para os intelectuais integrantes da classe média,

> [...] uma espécie de refúgio existencial onde poderia afirmar seus valores, recuperar sua autoestima e obter, assim, a legitimação de sua condição social. A literatura constituiu um refúgio natural tanto quanto o veículo de expressão por excelência da identidade e dos ideais dos setores mais cultivados da classe média (MOURA, 2009, p. 161).

A emergência do conceito de *Bildung*, na segunda metade do século XVIII, articula-se harmônica e produtivamente como "conceito complementar" (MOURA 2009, p. 166) ao de *Kultur*. O mundo da *Kultur* é o domínio das produções do espírito humano, espaço de afirmação subjetiva, identitária e social, mas sobretudo um horizonte de possibilidades. *Bildung* é "[...] o processo de formação necessário ao ingresso no mundo da *Kultur*" (MOURA, 2009, p. 166).

Articulada a *Kultur* e sem perder sua dimensão pedagógica, *Bildung* representa uma etapa mais elevada no processo de constituição do indivíduo e de afirmação de seu valor eminente, característicos o mundo moderno. É o que destaca Moura:

> O florescimento da individualidade não se depara mais com os mesmos obstáculos de outrora; o indivíduo agora possui a certeza e a segurança de chegar a si mesmo, unicamente por intermédio de seus próprios esforços, sem se deparar com entraves de ordem social que representem uma ameaça ao seu desenvolvimento interior. É verdade que as experiências pelas quais passará são imprevisíveis e escapam ao seu controle. Contudo, não é isso que está em questão. O que se coloca verdadeiramente em jogo na *Bildung* é a abertura de uma via que permita ao indivíduo constituir, em meio ao mundo que o cerca, um espaço de realização interior materializado sob a forma de uma ética privada (MOURA, 2009, p. 166).

Kultur e *Bildung* representam, portanto, uma transformação na concepção que o indivíduo humano faz de si mesmo, em que passa a afirmar-se como sujeito e protagonista de sua existência e destino.

É plenamente válido articular a discussão em torno de *Bildung* com o tema da educação integral. *Bildung* representa uma das formas mais importantes e aprofundadas do ideal de educação integral, pois ultrapassa a formação escolar, o saber enciclopédico associado às artes liberais e assume uma dimensão subjetiva e voluntária, com marcados componentes existenciais. Paradoxalmente, sua influência, consubstanciada na fundação da Universidade de Berlim, parece ter provocado ou acelerado o declínio da educação liberal, abandonado nas universidades europeias que se voltaram para a pesquisa científica autônoma (PETERSON, 2011).

Importa mencionar que, por influência das universidades inglesas de Oxford e de Cambridge, a educação superior baseada nas artes liberais foi transplantada para a América do Norte. O movimento inicia-se em 1636, com a fundação da Universidade de Harvard e é seguido por diversas instituições, em geral pequenas, de afiliação religiosa, que seguem os modelos de *Liberal arts* de Oxford e de

Cambridge. O método pode ser considerado socrático: discussão em grupos pequenos, com intenso *feedback* e grande abertura ao processo criativo (HISTORY, 2017).

A reforma da universidade na Alemanha, no início do século XIX, da qual resultaram as universidades de pesquisa, ensejou também, na América do Norte, críticas agudas ao modelo educativo baseado nas artes liberais, postulando a necessidade de disciplinas científicas e mesmo de uma educação utilitária. A fortíssima influência positivista na Europa e nas Américas, na segunda metade do século XIX, deu força a essas críticas e o modelo de universidade baseada na educação liberal entrou em decadência em toda parte (HISTORY, 2017).

Entretanto, o modelo de educação liberal não desapareceu. Subsiste atualmente em numerosas faculdades e escolas secundárias norte-americanas. A American College Association caracteriza o objetivo da educação liberal como "[...] munir os estudantes de vasto conhecimento da cultura, da ciência e da sociedade (educação geral), bem como de um estudo aprofundado numa área específica de interesse" (PETERSON, 2011, p. 43). Além de amplos conhecimentos, a educação liberal visa à formação ética e social, direcionada à prática:

> [...] ferramenta para ajudar os estudantes a desenvolver senso de responsabilidade social, bem como habilidades intelectuais e práticas sólidas e transferíveis. Tais habilidades incluem a de comunicação, de análise e de resolução de problemas, além de comprovada competência para aplicar conhecimentos e habilidades a um cenário real (PETERSON, 2011, p. 43).

Num discurso famoso de 1959, Leo Strauss procura identificar o diferencial formativo da educação liberal e justificar sua necessidade, tanto intelectual quanto politicamente:

> A educação liberal é o antídoto para a cultura de massa, para os efeitos corrosivos da cultura de massa, para sua tendência inerente de produzir nada, a não ser 'especialistas sem espírito ou visão e apreciadores do prazer sem coração'. A educação liberal é a escada pela qual tentamos subir da democracia das massas à democracia em seu sentido

> original. A educação liberal é o esforço necessário para fundar uma aristocracia dentro da sociedade de democracia de massa. A educação liberal lembra aos membros de uma democracia de massa que tenham ouvidos para ouvir sobre a grandiosidade humana (STRAUSS, 2018).

Devido ao amplo espectro de conhecimentos mobilizados e aos objetivos éticos, sociais, políticos, comunicacionais e práticos, apesar do forte viés intelectual, pode-se afirmar que a educação liberal contemporânea se reconecta à perspectiva da educação integral.

É também pertinente uma palavra sobre o positivismo. Embora Comte (1978) advogasse a unificação das ciências, a realização de uma reforma das mentalidades no Ocidente e tenha chegado a prescrever a constituição e o estudo de uma biblioteca positivista com 150 volumes, sua concepção de educação segue o viés enciclopédico do Iluminismo, depositando apenas nos conhecimentos científicos a potencialidade transformadora da educação:

> Tal maneira de proceder [a separação das disciplinas científicas] seria, pois, totalmente quimérica quanto à educação geral. No entanto, esta exige absolutamente um conjunto de concepções positivas sobre todas as grandes classes de fenômenos naturais. E tal conjunto que deve converter-se, de agora em diante, em escala mais ou menos extensa, até mesmo entre as massas populares, na base permanente de todas as combinações humanas, base que, numa palavra, deve constituir o espírito geral de nossos descendentes. Para que a filosofia natural possa terminar a regeneração, já tão preparada, de nosso sistema intelectual, é, pois, indispensável que as diferentes ciências de que se compõe, presentes para todas as inteligências como diversos ramos dum tronco único, se reduzam de início ao que constitui seu espírito, isto é, seus métodos principais e seus mais importantes resultados. Somente assim o ensino das ciências pode constituir para nós a base duma nova educação geral verdadeiramente racional. Que a essa instrução fundamental se acrescentem em seguida os diversos estudos científicos especiais, que devem suceder à educação geral, isto não pode evidentemente ser posto em dúvida (COMTE, 1978, p. 15).

Em função desse caráter restritivo do conhecimento a ser ensinado, fica claro que a reforma educacional propugnada por Comte

(1978), que influenciou numerosos seguidores em diferentes países, afasta-se da ideia de educação integral.

Outra vertente da educação integral surge, no século XIX, com os movimentos genericamente denominados socialistas. No amplo leque de forças políticas e de intelectuais compreendidas pelo socialismo, destacam-se inicialmente os anarquistas Proudhon e Bakunin, que, de modo geral, propõem uma formação que abrange as dimensões intelectual, física e moral da criança, visando sua formação para o trabalho, sua emancipação e realização como ser humano. Paul Robin, Sébastien Faure e Francisco Ferrer y Guardia dão desenvolvimento a essas ideias, que foram concretizadas em diversas experiências pedagógicas (SILVA, SOUZA, CUNHA, 2016, p. 129; PESTANA, 2014, p. 30). Mais tarde, aproveitando as reflexões dos socialistas utópicos e dos anarquistas, a tradição marxista preconizará, sob a denominação de "educação politécnica", uma formação intelectual, moral, profissional e política, voltada para a superação da divisão do trabalho (intelectual e manual), para a transformação social e para a emancipação do ser humano (MACIEL; MARTINS JACOMELLI; AZEVEDO BRASILEIRO, 2017). Gallo (1993, p. 35, *apud.* BEMVINDO, 2016, p. 143) esclarece como essas propostas pedagógicas podem ser consideradas formas de educação integral:

> O cerne de toda a teoria pedagógica libertária é a ideia de educação integral. Essa discussão aparece muito cedo e permeia todo o debate pedagógico entre os anarquistas, assumindo diferentes feições e interesses segundo os diferentes momentos históricos. A questão da educação politécnica (a rigor, o ensino de múltiplas técnicas) aparece nesse quadro da educação integral que consistiria, grosso modo, em educar o homem levando em consideração suas múltiplas facetas, que poderiam agrupar-se em três grandes dimensões: a física, a intelectual e a moral.

Nos inícios do século XX, ganha força o movimento da Escola Nova, também denominado Escola Ativa e Escola Progressiva. Iniciado pelo suíço Adolphe Ferrière, notabiliza-se nas décadas seguintes com os desenvolvimentos e sistematizações elaborados por Claparède, Montessori, Decroly, Dewey e Freinet. De um modo geral, essa nova pedagogia caracterizava-se pela valorização da atividade e da experiência, como fontes de motivação e aprendizado. A educação deveria ser entendida não como preparação para a vida, mas como a própria vida real, vivida em pequenas comunidades escolares, onde alunos e professores gozam de autonomia para estudar temas e questões de interesse dos estudantes e vivenciavam relações de colaboração. Opunha-se, portanto, ao formalismo e conservadorismo da pedagogia tradicional, centrada "[...] na tradição, na cultura intelectual e abstrata, na autoridade, na obediência, no esforço e na concorrência" (CAVALIERE, 2002, p. 252).

Cavaliere (2002, p. 251) exprime as relações entre essa nova pedagogia e a educação integral:

> Uma série de experiências educacionais escolanovistas desenvolvidas em várias partes do mundo, durante todo o século XX, tinham algumas das características básicas que poderiam ser consideradas constituidoras de uma concepção de escola de educação integral. As próprias denominações assumidas por estas escolas já indicam muito de seus objetivos. Entre elas, podemos citar as "escolas de vida completa" inglesas; os "lares de educação no campo" e as "comunidades escolares livres" na Alemanha; a "escola universitária" nos EUA; as "casas das crianças" orientadas por Montessori, na Itália; a "casa dos pequenos", criada por Claparède e Bovet em Genebra; a "escola para a vida", criada por Decroly em Bruxelas, e muitas outras mais (Luzuriaga, 1990; Larroyo, 1974). Apesar das particularidades de cada uma destas experiências, podemos generalizar a importância que davam à articulação da educação intelectual com a atividade criadora, em suas mais variadas expressões, à vida social-comunitária da escola, à autonomia dos alunos e professores; à formação global da criança.

Observa-se nesse importante movimento, a retomada e certo aprofundamento da noção de educação integral, diferencial relevante quando comparado à visão iluminista, centrada na instrução, que impregnou a educação durante boa parte do século XIX. Nas pedagogias ativas, a educação assenta-se sobre a experiência, individual e grupal, de relações colaborativas e mesmo democráticas, de atividades ligadas à vida cotidiana, da elaboração e consecução de projetos, da ligação entre interesses, aprendizagem e vida. Mesmo retirando a ênfase do aprendizado das artes liberais e dos conhecimentos sistematizados, a Escola Nova pretende proporcionar e estimular a formação integral do estudante.

É claro que a história do ideal de educação integral não se reduz às poucas manifestações aqui indicadas. Pode-se supor, entretanto, que essas sejam as mais importantes e que possam trazer luz para o debate que se desenvolve nos meios educacionais brasileiros a respeito da educação integral.

1.2 O tema da educação integral na educação brasileira contemporânea

Desde o início do século XX, a educação integral é um ideal presente na educação brasileira, seja na legislação, nos projetos e discursos educacionais ou na estruturação dos sistemas escolares.

Com efeito, desde o declínio da influência positivista e o advento da Escola Nova, do Manifesto de 1932 e da obra de Anísio Teixeira, longamente influentes no Brasil, a educação integral está presente nos objetivos das reformas e políticas educacionais. Menos influentes, mas não sem expressão no Brasil, as iniciativas de educação socialista ou libertária também pugnaram pela educação integral. A educação católica, especialmente reforçada com a vinda de ordens religiosas estrangeiras no início do século XX, preserva esse ideal em seus colégios e escolas superiores.

Não parece exagero afirmar que o ideal da educação integral constitui um aparente consenso no Brasil, reforçado, nas últimas décadas, pelo mito da escola redentora, que põe na educação as esperanças de desenvolvimento nacional e de superação da pobreza, do desemprego, da violência e da criminalidade (BORGES, 2007, p. 01). Um dos indicadores da força desse aparente consenso é a presença do ideal de educação integral na legislação educacional brasileira atual.

Com efeito, o tema aparece no artigo 205 da Constituição Federal (BRASIL, 2018a), sob a denominação de "pleno desenvolvimento da pessoa", ao lado dos dois outros objetivos maiores:

> Art. 205. A educação, direito de todos e dever do Estado e da família, será promovida e incentivada com a colaboração da sociedade, visando ao pleno desenvolvimento da pessoa, seu preparo para o exercício da cidadania e sua qualificação para o trabalho (BRASIL, 2018).

No Estatuto da Criança e do Adolescente, Lei n. 8.069, de 13 de julho de 1990 (BRASIL, 2018b), o tema do desenvolvimento integral da criança e do adolescente aparece em numerosos artigos. Na Lei de Diretrizes e Bases da Educação Nacional, Lei n. 9394/96 (BRASIL, 2018c), o mesmo tema aparece diversas vezes. Em primeiro lugar, já no artigo 2°, apresenta-se como finalidade geral da educação, sob a expressão "pleno desenvolvimento do educando", reverberando o texto constitucional:

> Art. 2° A educação, dever da família e do Estado, inspirada nos princípios de liberdade e nos ideais de solidariedade humana, tem por finalidade o pleno desenvolvimento do educando, seu preparo para o exercício da cidadania e sua qualificação para o trabalho (BRASIL, 2018c).

Ao tratar da educação infantil, a LDB invoca novamente o tema da educação integral, já sob a expressão "desenvolvimento integral da criança", abrangendo as dimensões física, psicológica, intelectual e social.

> Art. 29. A educação infantil, primeira etapa da educação básica, tem como finalidade o desenvolvimento integral da criança de até 5 (cinco) anos, em seus aspectos físico, psicológico, intelectual e social, complementando a ação da família e da comunidade (redação dada pela Lei n. 12.796, de 2013) (BRASIL, 2018c).

Ao tratar do ensino médio, retoma o tema, utilizando a expressão "formação integral do aluno", abrangendo esta o projeto de vida e as dimensões física, cognitiva e socioemocional.

> Art. 35, §7o - Os currículos do ensino médio deverão considerar a formação integral do aluno, de maneira a adotar um trabalho voltado para a construção de seu projeto de vida e para sua formação nos aspectos físicos, cognitivos e socioemocionais (incluído pela Lei n. 13.415, de 2017) (BRASIL, 2018c).

Não há menção explícita à formação integral no capítulo da LDB que trata da educação superior. Mas, longe de ser abandonado, o tema volta a ser referido nas Diretrizes Curriculares Nacionais de diversos cursos superiores de graduação e nos instrumentos de avaliação de cursos de graduação, sob a vaga expressão: "[...] formação geral do discente, constante do PPC" (BRASIL, 2018e, p. 14).

Vale mencionar, entre os textos legais de maior interesse para o tema, o Decreto n. 7.083, de 27 de janeiro de 2010 (BRASIL, 2018d), que dispõe sobre o Programa Mais Educação. Esse programa inspira-se na educação integral e adota como principal estratégia a ampliação da jornada escolar em escolas públicas de educação básica. Nesse decreto, a educação integral não recebe uma definição, mas é caracterizada, no âmbito do programa, por um conjunto de princípios (artigo 2º), entre os quais destacam-se:

> I - a articulação das disciplinas curriculares com diferentes campos de conhecimento e práticas socioculturais [...];, II - a constituição de territórios educativos para o desenvolvimento de atividades de educação integral, por meio da integração dos espaços escolares com equipamentos públicos como centros comunitários, bibliotecas públicas, praças, parques, museus e cinemas; III - a integração entre as políticas educacionais e sociais, em interlocução com as comunidades escolares; [...]VI - a afirmação da cultura dos direitos humanos, estruturada na diversidade, na promoção da equidade étnico-racial, religiosa, cultural, territorial, geracional, de gênero, de orientação sexual, de opção política e de nacionalidade, por meio da inserção da temática dos direitos humanos na formação de professores, nos currículos e no desenvolvimento de materiais didáticos; [...]

Ainda que a presença da educação integral nos textos maiores da legislação educacional brasileira baste para confirmar a força desse ideal no Brasil, é cabível analisar a literatura científica da área, por meio de alguns dos trabalhos mais citados, para verificar que sentidos têm sido dados ao termo "educação integral".

Um dos estudos mais importantes é o de Coelho (2009). Ao percorrer em linhas gerais as concepções de educação integral correspondentes às ideologias políticas conservadora, liberal e socialista, que considera as mais representativas dos últimos séculos, a autora identifica na *paideia* grega a referência basilar do que deve ser denominado "educação integral":

> Conforme podemos constatar, há, na concepção grega de formação humana, uma espécie de igualdade entre as reflexões e as ações que constituem essa formação, sejam elas intelectuais, físicas, metafísicas, estéticas ou éticas. Em outras palavras, há um sentido de completude que forma, de modo integral, o Ser do que é humano e que não se descola de uma visão social de mundo. [...] Acreditamos que esse modo de ver e perceber a formação do homem corresponde à natureza do que denominamos de educação integral: uma perspectiva que não hierarquiza experiências, saberes, conhecimentos. Ao contrário, coloca-os como complementares e fundados radicalmente no social [...] (COELHO, 2009, p. 85).

Assinala também que o debate contemporâneo tem situado a educação integral em relação às políticas públicas referentes à escola e à proteção da criança, razão pela qual essa educação tem sido pensada por meio dos binômios "[...] educação/proteção, educação integral/currículo integrado ou educação integral/tempo escolar" (COELHO, 2009, p. 83). Reconhece um propósito comum em todas as concepções de educação integral: "[...] a busca de uma formação o mais completa possível para o ser humano" (COELHO, 2009, p. 90); mas assinala que, por corresponderem a diferentes visões sociais de mundo, as concepções de educação integral não convergem no que poderia considerar uma formação completa. Conclui que a educação integral inclui formação e informação, abrangendo as atividades tradicionalmente consideradas escolares e atividades de formação complementar, para a qual deve haver um tempo ampliado, em espaços educativos dentro ou fora da escola, mas sempre sob orientação e supervisão da escola, para que a ação pedagógica não reste fragmentada ou invalidada. (COELHO, 2009, p. 93-94).

Pestana (2014), ao realizar uma importante revisão bibliográfica, registra que "[...] as políticas públicas de ampliação do tempo escolar vêm ressignificando a educação integral" (PESTANA, 2014, p. 34), ao associar jornada escolar ampliada e políticas sociais voltadas para o campo educativo (PESTANA, 2014, p. 35). Assim, "A educação integral pode ser entendida como uma possibilidade de garantir condições favoráveis de vida e, consequentemente, proteção social ao sujeito" (PESTANA, 2014, p. 35), por meio de um conjunto de políticas públicas sociais, às quais parece indispensável a ampliação da jornada escolar. Essa perspectiva, que se aproxima de Coelho (2009), é partilhada por Silva, Matos de Souza e Cunha (2016, p. 138), que entendem pertencer à concepção contemporânea de "Educação Integral de Tempo Integral" elementos como:

> [...] a ampliação do tempo escolar; a ampliação das funções da escola, a ampliação do espaço escolar; a ampliação das oportunidades educativas; a formação voltada para os diversos aspectos do ser humano; a universalização da educação; a democratização da educação; a responsabilidade o Estado; a integração entre as políticas educacionais e sociais etc.; a integração entre os diversos campos do conhecimento, dentre outros.

Essa concepção ressignificada de educação integral aparece com mais clareza no estudo de She, Gouveia e Ferreira (2009, *apud.*, PESTANA, 2014, p. 34):

> No que tange às novas gerações, entende-se por educação integral aquela que propicia o desenvolvimento integral de crianças e adolescentes e que acontece por meio de situações de aprendizagem que oportunizam, simultaneamente, a ampliação de capacidade para a convivência e participação na vida pública; a ampliação de repertórios de competências e habilidades e o acesso e o usufruto aos serviços sociais básicos. Assentado nessa conjugação de princípios e finalidades, o conceito de educação integral inclui a cidade, seus espaços, recursos e acontecimentos como campo estratégico de aprendizagens e desenvolvimento de crianças, adolescentes e

> de todos os seus habitantes. Assim, a centralidade passa a ser o território e as experiências nele vividas.

Esse trecho parece bastante elucidativo quanto ao que afirma e quanto ao que omite. Afirma que a educação integral é proporcionada por situações de aprendizagem voltadas para a convivência e participação na vida pública, para o que é necessário o desenvolvimento de competências e habilidades, bem como o acesso e o usufruto de serviços sociais básicos. Entretanto, ao afirmar que "[...] entende-se por educação integral aquela que propicia o desenvolvimento integral de crianças e adolescentes", fica patente não apenas a tautologia, mas principalmente a falta de um conceito de desenvolvimento integral. A integralidade da pessoa humana, que a educação integral pretende desenvolver, parece ficar reduzida à sua dimensão social.

É também o que fica patente na afirmação de Pestana (2014, p. 37): "Esta forma contemporânea de entendimento não 'reduz' a educação integral à ideia histórica de formação humana, mas busca outras relações, direcionadas por essas variadas políticas públicas que têm, como base, a proteção social". Compreende-se bem o equívoco dessa afirmação: a autora considera a ideia de formação humana integral, desenvolvida desde a *paideia* grega e helenística até pelo menos a *Bildung* germânica, como uma redução da educação integral a algumas manifestações históricas; para tomar a educação integral em perspectiva efetivamente ampla é necessário considerá-la como proteção social direcionada por políticas operadas pelo Estado. Na verdade, ao propor essa forma de relacionamento da educação integral com a necessidade de políticas públicas adequadas, não se está aprofundando ou enriquecendo o conceito de educação integral, nem mesmo o ampliando, mas apenas confundindo sua essência (o desenvolvimento da pessoa humana) com os meios necessários para sua concretização num contexto de sociedade de massas. Em outros termos, está substituindo a educação da pessoa humana em sua integralidade pela totalidade dos meios para a educação da pessoa.

O estudo de Santaiana (2015) exemplifica bem como podem ser díspares as formas de abordar e conceituar a educação integral. Partindo da perspectiva foucaultiana e tendo em vista as políticas públicas de implantação da educação integral na escola pública brasileira, a conceitua como estratégia de controle social:

> Nesta pesquisa, penso que a Educação Integral também pode ser tomada como uma estratégia de governabilidade neoliberal, como captura do tempo, da ociosidade, do gerenciamento do risco e da constituição do sujeito aluno contemporâneo. O que quero dizer é que ela também pode ser pensada como regulação de uma comunidade escolar e local. Com isso, não digo de sua positividade ou negatividade, e sim de sua produtividade, instituindo um processo civilizatório dos sujeitos em comunidades de vulnerabilidade social, e produzindo também uma subjetividade afeita aos desígnios de uma racionalidade neoliberal (SANTAIANA, 2015, p. 26).

No trecho subsequente, Santaiana exprime uma percepção aguda acerca da dificuldade de caracterização do conceito de educação integral:

> [...] é um conceito difícil de capturar em um só, pois ele se diversifica de acordo com as relações de poder e de saber que o atravessam, contextualizadas cultural, histórica e socialmente. Ele se ampara, teoricamente, diferentemente, de acordo com os saberes julgados produtivos de uma época. Mas, certamente é um tema que nos prende e nos intriga a pensar na busca, que talvez não exista, de um único conceito que o abarque totalmente, dada a dimensionalidade de práticas pedagógicas diferentes que ele permite operar na escola e na sociedade (SANTAIANA, 2015, p. 26-27).

Tem razão essa autora. Se busca-se conceituar a educação integral pelas práticas pedagógicas que procuram realizá-la, pela amplitude e variedade dos recursos que podem ser empregados, pelo tempo de presença do estudante na escola, ou mesmo pela rede de saberes e de influências políticas, não se alcança um conceito único. Entretanto, isso se dá porque se está buscando conceituar uma realidade por seus aspectos acidentais, isto é, instrumentais e mesmo acessórios. Ao proceder assim, não se está considerando o ser humano, dimensão essencial e finalidade da educação integral. Nos textos examinados, o ser humano parece suposto, já resolvido, quando, na verdade, representa a realidade mais complexa e profunda a ser considerada.

São indispensáveis e muito meritórios os esforços políticos, administrativos e econômicos dispendidos para a ampliação da jornada escolar, para a proteção social do estudante e para a diversificação e provimento dos meios pedagógicos para sua educação. Sem tais esforços, nunca se alcançará uma educação efetivamente integral. Entretanto, as teorizações e discussões sobre educação integral na literatura pedagógica brasileira atual, ao tenderem a dar foco exclusivamente à dimensão social da tarefa educativa, incorrem no risco de equivocadamente reduzir o ser humano que se quer formar à sua dimensão social. Observando apenas a integralidade dos meios e contextos, pode-se perder o humano que se deseja formar.

Assim procedendo, ficam sem resposta algumas questões relevantes, como por exemplo:

a) Quais são as dimensões do ser humano que devem ser objeto de ações educativas na infância, na adolescência, na juventude e na idade adulta?

b) Sobre quais dessas dimensões seria lícito a escola influir, direcionar, orientar e avaliar?

c) Quais são os direitos, deveres e responsabilidades da sociedade e do Estado sobre as dimensões a serem desenvolvidas a partir de processos educativos? Quais são os direitos, deveres e as responsabilidades que cabem às famílias e aos próprios indivíduos?

d) Que conteúdos e respectivos fundamentos deveriam ser ensinados no tocante a comportamentos morais, princípios éticos, estética, relações humanas, vida sentimental, projeto de vida, hábitos de consumo, projeto de carreira e tantos outros que pertencem mais à esfera subjetiva que à social? Quem teria direitos sobre a definição desses conteúdos?

Há muito o que refletir a respeito da educação integral. Somente uma filosofia do ser humano capaz de apreendê-lo em suas múltiplas dimensões, muito além da indispensável dimensão social, fornecerá bases para a construção de uma educação integral adequada às necessidades da cultura contemporânea.

1.3 O ideal de educação integral e as teorias educacionais

Se se considerar que a educação integral é, desde os gregos, um ideal recorrente no pensamento educacional, é cabível perguntar como ele se situa em relação às teorias educacionais. Estas têm sido, desde algumas décadas, objeto de intensa reflexão e meticulosa classificação na literatura especializada brasileira e europeia.

As tentativas de classificação resultam, em primeiro lugar, da ampla variedade e quantidade de teorias educacionais, elaboradas segundo diferentes objetivos, diferentes fundamentações teóricas e diferentes escopos. De seu exame resultam concordâncias, discrepâncias e até mesmo contradições. Daí a necessidade de mapeá-las e compará-las. Em segundo lugar, o objetivo de tais classificações é frequentemente político. Uma classificação de teorias educacionais visa a identificar adversários e possíveis aliados no debate e na ação política, em que estão em jogo não apenas ideias e direcionamentos institucionais, mas recursos, postos de direção e poder político. Mais nítido em algumas classificações que em outras, o caráter político é constitutivo desse trabalho, pois, conforme sentencia Gadotti (1990, p. 23), "Todo pensamento pedagógico é tributário de sua época e é ingênuo lê-lo desvinculado de um movimento histórico-social e de um projeto político e social".

O resultado dessa classificação é, naturalmente, múltiplo e divergente, refletindo os diferentes pressupostos epistemológicos, metodológicos, antropológicos, pedagógicos e sociopolíticos. Murakami

(2001), por exemplo, divide as teorias educacionais em abordagem tradicional, abordagem comportamentalista, abordagem humanista, abordagem cognitivista e abordagem sociocultural, com a qual se identifica. Gadotti (1990), em elaborada recensão crítica do pensamento educacional dos anos 1980, prefere classificar por correntes, que descreve como pedagogia do oprimido, educação popular, educação como descoberta do prazer de ensinar e aprender, educação como paixão de descobrir o mundo, crítica da escola capitalista, pedagogia dos conteúdos, e, por fim, pedagogia do conflito, com a qual o autor se identifica.

Já Libâneo (2010), de forma muito lúcida e abrangente, traz o debate para o ambiente cultural da pós-modernidade e abrange contribuições brasileiras, europeias e norte-americanas. Divide as teorias pedagógicas em modernas (abrangendo da Reforma a Dewey) e contemporâneas, compreendendo, por sua vez, correntes que contêm modalidades. A corrente racional-tecnológica divide-se nas modalidades ensino de excelência e ensino tecnológico; a corrente neocognitivista aglutina o construtivismo pós-piagetiano e as ciências cognitivas; a corrente sociocrítica compreende a sociologia crítica do currículo, a teoria histórico-cultural, a teoria sociocultural, a teoria sociocognitiva e a teoria da ação comunicativa; a corrente holística constitui o holismo, a teoria da complexidade, a teoria naturalista do conhecimento, a ecopedagogia e o conhecimento em rede; e a corrente pós-moderna abrange o pós-estruturalismo e o neopragmatismo.

Saviani (2007), retomando diversas obras anteriores, divide as teorias educacionais em concepção tradicional de educação, concepção humanista moderna, concepção analítica, concepção crítico-reprodutivista e concepção pedagógica dialética – ou histórico-crítica –, com a qual o autor se identifica. Oportunamente, distingue nelas três níveis de articulação conceitual e prática: o nível da filosofia da educação, o nível da teoria da educação, ou pedagogia, e o nível da prática pedagógica. Tais níveis se articulam diferentemente em cada uma das concepções educacionais apontadas.

Como se situa o tema da educação integral com referência às teorias educacionais? Tomando por base a classificação de Saviani, que é uma das mais conhecidas e adotadas, pode-se esboçar as relações entre elas e a educação integral.

A concepção tradicional de educação, de acordo com Saviani, toma por base uma visão essencialista do ser humano, reduzindo a teoria educacional aos enunciados filosóficos dela derivados e a prática pedagógica à "[...] tarefa de conformar cada indivíduo à essência ideal e universal que caracteriza o homem" (SAVIANI, 2007, p. 17). Entretanto, equivoca-se Saviani ao supor que indivíduos concretos terão de ser conformados a uma essência, como numa cama de Procusto. Com efeito, a essência de um ente não lhe é externa, mas ínsita, inerente e estruturante. A pessoa humana, qualquer que seja seu estágio de desenvolvimento, é um ente que já possui tal essência. Cabe à educação a tarefa de estimular e apoiar o pleno desenvolvimento e atualização das potencialidades contidas na essência humana. Nessa perspectiva, Jacques Maritain (1966, p.63), filósofo neotomista francês, caracteriza a educação como *ars cooperativa naturae*, isto é, a arte de cooperar com a natureza do ser humano, tomada amplamente, muito além de sua dimensão biológica. Não cabe à educação, portanto, tolher o ser humano, mas apoiar seu desenvolvimento. Nesse sentido, a educação a ser buscada é necessariamente integral, em outras palavras, aquela que provê recursos pedagógicos para promover o desenvolvimento completo do ser humano, capacitando-o para melhor viver em circunstâncias existenciais concretas, interagir com elas e até mesmo transformá-las. Quanto à deformação conceitual provocada pela classificação de Saviani (aliás, abusivamente generalizadora), resta refletir se consiste em improvável equívoco conceitual ou mero ataque político.

A concepção humanista moderna, voltada para os indivíduos considerados em suas diferenças, relações mútuas e situações existenciais, busca apoio nas ciências (especialmente na Biologia, Psicologia e Sociologia) para constituir as pedagogias escolanovistas, caracterizadas por valorizar a atividade, as experiências e o interesse dos educandos (cf. SAVIANI, 2007, p. 17). A educação integral não é uma ideia estranha a essa corrente pedagógica, conforme anteriormente observado (CAVALIERE, 2002). Pelo contrário, a recusa de uma educação tão-somente intelectualista e a busca por uma que atenda às necessidades da vida do educando coincide com a busca por uma educação que desenvolva a plenitude do ser humano. É o que indica Francine Dubreucq (2010, p. 58), diretora do Centro de Estudos Decrolianos de Bruxelas, Bélgica:

> Ainda que existam muitas diferenças entre esses e outros autores enquadrados nessa corrente, aspecto comum está no deslocamento que promoveram no foco pedagógico: do verbalismo da educação tradicional centrada no professor ao ativismo focado no mundo do aluno. Ideias e conceitos como educação ativa, psicologia genética, experimentalismo, autoformação, aprendizagem contínua, educação integral, centro de interesses, jogos educativos, educação funcional, trabalho em equipe, entre outros, compunham o mosaico da "Escola Nova" (ou "escolas novas").

Observe-se, por fim, que a concepção de ser humano que informa as teorias pedagógicas da Escola Nova é fortemente influenciada pelas teorias científicas em que se fundamentam, o que pode representar certa limitação no alcance filosófico das teses sobre o sujeito humano. Entretanto, o enorme desenvolvimento científico e técnico das pedagogias ligadas à Escola Nova representa uma contribuição significativa para todas as iniciativas que pretendam promover uma educação integral do ser humano.

Saviani (2007, p. 17) apresenta a concepção analítica de educação como uma pedagogia tecnicista, lastreada nos princípios da racionalidade, da eficiência e da produtividade, bem como fundada no conhecimento positivo e pretensamente neutro. Seus pressupostos epistemológicos se aproximam do positivismo e da psicologia behaviorista. Não há preocupação manifesta com o ideal de educação integral. Pelo contrário, a ênfase dada aos princípios da racionalidade e do conhecimento positivo leva à desvalorização da arte, da estética, dos sentimentos e de qualquer tipo de espiritualidade. Por outro lado, a ênfase nos princípios da eficiência e da produtividade desvaloriza as ações educativas que não visam concretizá-los e distancia as iniciativas educacionais dessa corrente da busca de alguma forma de educação integral.

A concepção crítico-reprodutivista da educação exprime-se como teoria científica que pretende "[...] explicar os mecanismos sociais que compelem a educação a exercer necessariamente a função de reprodução das relações sociais dominantes, independentemente do tipo de prática pedagógica que venha a ser implantada" (SAVIANI, 2007, p. 18). Ignorando o tema da prática pedagógica e analisando o fenômeno da reprodução, essa corrente não pretende promover a educação integral, mas, curiosamente, parece admitir sua existência, ao pretender examinar a reprodução como fenômeno totalizante.

A concepção histórico-crítica, também denominada "dialética" ou "pedagogia dos conteúdos", tem em Dermeval Saviani seu principal representante no Brasil. Pretende articular dialeticamente a filosofia da educação, a teoria educacional e a prática pedagógica, fazendo desta última o ponto de partida e o ponto de chegada da práxis pedagógica, cujas mediações são a teoria da educação e a filosofia da educação (SAVIANI, 2007, p. 18).

Trata-se de uma pedagogia inspirada no pensamento de Marx (1968) e de Gramsci (1991), que pretende ser revolucionária e contra-hegemônica, voltada para a superação das desigualdades sociais e da visão liberal-burguesa de educação. A estratégia dessa pedagogia consiste em "[...] transmitir aos trabalhadores os conhecimentos clássicos, eruditos, para que eles tenham condições de elevar-se culturalmente e, assim, lutar pela libertação da exploração e dominação da classe dominante" (BACZINSKI, *et al.*, 2018, p. 1). O papel da escola é, portanto, socializar o conhecimento sistematizado, permitindo aos estudantes compreender e participar da sociedade de forma crítica, transitando do nível do senso comum ao nível da consciência filosófica.

Nesse sentido, Saviani concebe a educação como "[...] o ato de produzir, direta e intencionalmente, em cada indivíduo singular a humanidade que é produzida pelo conjunto dos homens" (SAVIANI, 2000, p. 17). Entretanto, sua concepção de ser humano não é essencialista: "Podemos, pois, dizer que a natureza humana não é dada ao homem, mas é por ele produzida sobre a base da natureza biofísica" (SAVIANI, 2000, p. 17). Numa fórmula sintetizadora, afirma:

> Em conclusão: a compreensão da natureza da educação enquanto um trabalho não-material cujo produto não se separa do ato de produção nos permite situar a especificidade da educação como referida aos conhecimentos, ideias, conceitos, valores, atitudes, hábitos, símbolos sob o aspecto de elementos necessários à formação da humanidade em cada indivíduo singular, na forma de uma segunda natureza, que se produz, deliberada e intencionalmente, através de relações pedagógicas historicamente determinadas que se travam entre os homens (SAVIANI, 2000, p. 28).

Como se situa, na perspectiva desse autor, o tema da educação integral? Também aqui não há menção explícita. Mas os trechos transcritos permitem afirmar que Saviani, ao conceituar a educação como produção da humanidade em cada indivíduo, isto é, de uma segunda natureza que torna o indivíduo humano, o autor está sem dúvida referindo-se a uma educação integral, não relacionada à essência humana, mas à concepção de ser humano que é criada histórica e socialmente em cada época. Em outros termos, ao determinar um objetivo bastante amplo para a educação, Saviani propõe uma forma de educação integral. A conclusão semelhante chegam Pattaro e Machado (2014, p. 124) ao analisar as aproximações possíveis entre a pedagogia histórico-crítica de Saviani e a educação integral:

> Por "compreender a educação como setor fundamental para todo o desenvolvimento que preconize o homem como sujeito central" (SAVIANI, 2008, p. 92), a teoria histórico-crítica prevê a ele um desenvolvimento social global, "dependente da educação, ao mesmo tempo em que a educação é entendida como condicionada à realidade, principalmente por sua estrutura política" (SAVIANI, 2008, p. 92). Para isso, é preciso considerar o homem na inteireza de suas dimensões física, biológica, psicológica e cultural, sendo, por essa configuração, o agente dentro do processo de transformação do meio no qual vive, ao mesmo tempo em que é transformado por ele. Esse caráter de mediação e de integralidade tanto do ser humano, quanto de sua realidade composta pelas relações sociais e suas contradições, comportam os ideais da educação integral (PATTARO; MACHADO, 2014, p. 124).

Finalmente, é oportuno mencionar um importante trabalho de Saviani (2003), em que o autor, analisando as consequências da terceira revolução industrial, assinala a necessidade de uma educação escolar voltada para o pleno desenvolvimento humano, ainda que combatida e retardada pelas relações sociais vigentes:

> Assim, se naquele período esse processo converteu a escola na forma principal e dominante de educação, atualmente parece que estamos atingindo o limiar desse mesmo processo quando o próprio desenvolvimento da base produtiva coloca a necessidade de universalização de uma escola unitária que desenvolva ao máximo as potencialidades dos indivíduos (formação omnilateral), conduzindo-os ao desabrochar pleno de suas faculdades intelectuais-espirituais (SAVIANI, 2003, p.148).

Saviani, como tantos outros autores ao longo da história do pensamento pedagógico, partilha do ideal de educação integral, apesar de conferir-lhe outro nome. Poder-se-ia supor consenso entre tais autores, dado que buscam uma educação do ser humano como um todo? Certamente não. As divergências, quase sempre profundas e às vezes inconciliáveis, residem principalmente na concepção do que é o ser humano em sua integralidade. Metafísicos e materialistas, histórico-existencialistas e essencialistas, filósofos e cientistas pensam e atuam com base em concepções distintas de ser humano. Pensar a educação, em especial a educação integral, requer, primeiramente, responder à pergunta: "o que é o ser humano?".

O que se apreende destas reflexões? Esta seção buscou – na história do pensamento pedagógico, na legislação educacional brasileira e na literatura científica da área – reunir elementos que permitissem compreender em que consiste a educação integral e como esse ideal foi conceitualmente apreendido. Acredita-se, com isso, contribuir com professores e pesquisadores para o aprofundamento da pesquisa e das discussões referentes à educação integral. É notável, contudo, que o ideal de educação integral, acalentado por pensadores, legisladores, formuladores de políticas públicas e especialistas da área, se mostre em formas conceituais pouco aprofundadas e acentuadamente divergentes.

Alguns pontos conclusivos, mesmo que preliminares, foram alcançados. O primeiro é, na verdade, uma constatação. Ao longo da cronologia histórica abrangida, a noção de educação integral sofreu tantas e tão profundas mudanças que devem ser consideradas ingênuas as abordagens que a tomam como um conceito homogêneo ou como continuidade da *paideia* grega. Quaisquer referências à educação integral requerem, portanto, maior precisão conceitual e histórica.

O segundo ponto a concluir é que o consenso em torno da necessidade da educação integral, no Brasil, é de fato apenas aparente, pois os estudos constantes na literatura científica da área pouco avançam além das definições mais genéricas, deixando intocados aspectos relevantes à temática. Nos últimos anos, esses estudos têm avançado em direção às políticas públicas, a ponto de operar a redução da educação integral a uma associação de políticas de proteção social, em que categorias como "território" ganham centralidade.

O último ponto conclusivo é que o debate contemporâneo sobre a educação integral ainda carece de uma filosofia do ser humano que discuta a integralidade de suas dimensões constitutivas e permita sua expressão em termos de necessidades educativas. Sem essa discussão, a proposição de objetivos para a educação integral carecerá de referenciais norteadores e tenderá a reduzir-se aos aspectos sociais ou curriculares, como já vem ocorrendo.

É no campo delimitado, por um lado, pela discussão sobre a educação integral e, por outro, pelas políticas públicas, que se situa o presente trabalho. O pensamento filosófico-educacional de Jacques Maritain permite aprofundar a discussão sobre a educação integral tematizando o que deve constituir seu ponto central – a pessoa humana –, entretanto indevidamente subtraído das discussões pedagógicas e mesmo político-educacionais. Para tanto, as teses principais do pensamento de Maritain são apresentadas nas seções subsequentes.

CAPÍTULO 2

APROXIMAÇÕES À OBRA DE JACQUES MARITAIN

Jacques Maritain foi um autor prolífico. Publicou 63 livros e ao menos 32 trabalhos menores em um período que vai de 1910 a 1970, discutindo, a partir de uma perspectiva filosófica, as questões colocadas pelos momentos mais dramáticos do século XX. Sua produção abrange estudos sobre diversos pensadores, sobre o ensino de filosofia, epistemologia, filosofia da natureza, metafísica, filosofia moral, filosofia política, filosofia da religião e da cultura, estética, filosofia da arte e incursões em questões teológicas. Sua influência se fez sentir em muitos países, sob diversas formas – França, Estados Unidos, Itália, Canadá, Espanha, Portugal, Suíça, Brasil e Argentina são alguns dos países em que seus escritos foram publicados. Ainda hoje tem sido estudado em diversos países, e muitos estudos comentam a obra desse filósofo.

Dada sua importância, é razoável perguntar que cuidados prévios são necessários para o leitor, estudioso ou meramente curioso, aproximar-se da obra de Jacques Maritain em condições de bem compreendê-la? Duas condições parecem ser necessárias para uma aproximação proveitosa:

a. Conhecer os elementos básicos da biografia do filósofo, aí compreendido seu itinerário intelectual e espiritual – pois sua obra é parte desse itinerário –, a tentativa de dar respostas às questões intelectuais, existenciais e espirituais de seu tempo;
b. Compreender a estrutura teórica de seu pensamento; em especial, compreender o tipo de tomismo que utiliza, bem como suas principais teses.

No caso específico deste trabalho, que tem foco na filosofia da educação de Jacques Maritain, parece necessário não apenas compreender o sentido geral de sua obra, mas também a filosofia da pessoa humana, que dá forma e sustentação à sua filosofia da educação.

2.1 Breve nota biográfica

Os principais acontecimentos da vida e da trajetória de Jacques Maritain podem ser conhecidos por meio de escritos autobiográficos, de sua autoria e de autoria de Raïssa Maritain, sua esposa, publicados em diferentes épocas. Para esse objetivo, os seguintes livros são considerados principais: *Réponse à Jean Cocteau*, 1926; *Quelques pages sur Léon Bloy*, 1927; *Lettre sur l'indépendance*, 1935; *Confession de Foi*, 1939; *Les grands amitiés*, 1949; *Journal de Raïssa*, 1963; *Carnet de Notes*, 1965.

Especialistas e comentadores da obra de Jacques Maritain também elaboraram cronologias e interpretaram o itinerário do casal Maritain. As principais cronologias integram os escritos de Jean-Luc Barré (1995), Henry Bars (1959), Giorgio Campanini (1975), Giancarlo Galeazzi (1999), Olivier Lacombe (1983), Vittorio Possenti (1984), Antonio Pavan (1985), John Dunaway (1978) e Roberto Papini (2008). No Brasil, Hubert Lepargneur (1974) publicou um breve e interessante artigo com esse propósito, aprofundado por um artigo posterior (1996), em que evidencia a colaboração intelectual do casal. Mencione-se também a conferência de José Luiz Delgado (2005), pela acuidade de suas colocações.

Jacques Aimé Henri Maritain nasceu em Paris em 18 de novembro de 1882[1]. Seu pai era Paul Maritain (falecido em 1904), advogado, e sua mãe era Geneviève Favre (falecida em 1943), filha de Jules Favre (1809-1880), advogado e deputado que fizera oposição a Luís Napoleão. A família, de orientação republicana e anticlerical, vivia

1 As datas e obras aqui apresentadas tomam por base a "Chronologie" e a "Bibliographie" elaboradas por Henry Bars, constantes de Maritain (1975), salvo indicação distinta.

a atmosfera do "protestantismo liberal" (MARITAIN, 1975, p. 1261), e Jacques Maritain foi criado no ambiente intelectual de Paris. Desde a juventude, Maritain, na interpretação de Galezazzi (1999, p. 06), revelou a "[...] sede de justiça e de verdade, que o animou por toda a vida", manifestada nessa etapa como desejo de servir ao proletariado. Estudou no Lycée Henri IV e depois na Sorbonne, licenciando-se primeiramente em Filosofia e depois em Ciências Naturais. Em 1905, obteve sucesso no concurso para agregação de Filosofia, destinada ao ensino secundário (LES AGRÉGÉS, 2019).

Na Sorbonne, conheceu Raïssa Oumançoff, nascida em Rostov do Don (Rússia, próximo ao Mar de Azov) em 1883, de uma família judia que se transferira para Paris em 1893. Ambos se casaram em 1904, e Raïssa tornou-se sua parceira intelectual e espiritual por toda a vida.

Ainda na Sorbonne, Jacques e Raïssa conheceram um intenso descontentamento pelas respostas que os saberes então dominantes lhes ofereciam: positivismo, historicismo e ceticismo não lhes satisfaziam na busca da verdade. Descreve Raïssa (MARITAIN, 1970, p. 67):

> Instintivamente nos debatíamos contra um relativismo sem saída, contra essa ligação com o nada, já que nenhum absoluto era admitido; apesar de tudo o que poderia nos afastar, persistíamos em procurar a verdade – que verdade? – e a alimentar em nós a esperança de uma possibilidade de plenitude de adesão a uma plenitude de ser.

Tão profunda e radical era essa busca, que lhes comprometia todo o sentido da existência, que chegaram a pensar em suicídio, caso não encontrassem o sentido e a verdade da vida. Mais uma vez, é Raïssa quem descreve os sentimentos do jovem casal:

> Decidimos, pois, por mais algum tempo, entregar-nos ao desconhecido. Íamos considerar a existência como uma experiência a fazer, com a esperança de que, em reposta ao nosso apelo veemente, o sentido da vida nos fosse revelado. Esperávamos que novos valores se tornassem tão claros para nós que arrancariam a nossa adesão total, e nos libertariam do pesadelo de um mundo sinistro e inútil.

> Se essa experiência não desse certo, a solução seria o suicídio – o suicídio antes que se tivesse acumulado a poeira dos anos, antes que as nossas forças frescas ficassem gastas. Queríamos morrer por um ato livre de recusa, já que era impossível viver conforme à verdade. (MARITAIN, 1970, p. 65)

Por meio do convite de Charles Péguy, Jacques e Raïssa começaram a seguir os cursos de Henri Bergson no Collège de France, cujo pensamento metafísico lhes abriu novas e esperançosas portas. A metafísica de Bergson seria determinante para o desenvolvimento futuro do pensamento de Maritain e foi por este muitas vezes tematizada.

Em 1905, enfrentando oposição nos meios familiares e intelectuais, converteram-se ao catolicismo por influência do escritor Léon Bloy. Em 1906, receberam o batismo, juntamente com a irmã de Raïssa, Vera Oumançoff. Em 1908, Jacques Maritain se deu conta de que devia abandonar o bergsonismo, ao perceber que essa doutrina se equivocava sobre a faculdade da inteligência, tomada como intuição (MARITAIN, 1970, p. 70). Mais tarde, por influência do Padre Humbert Clérissac, dominicano, o casal Maritain iniciou a leitura da *Suma Teológica* de São Tomás de Aquino e juntos empreenderam um longo e aprofundado estudo.

Para manter sua independência intelectual, Jacques Maritain recusou-se a ingressar nos quadros do ensino superior oficial francês, "[...] cujos membros desprezavam totalmente os adictos do Tomismo" (LEPARGNEUR, 1974, p. 493), renunciou à pretensão de tornar-se *agrégé* e trabalhou algum tempo como editor de diversas obras na *Maison Hachette*, como o *Léxique Orthographique* e o *Dictionnaire de la Vie Pratique* (MARITAIN, 1970, p. 144). Posteriormente, lecionou Filosofia no Colégio Stanislas de Paris e, a partir de 1914, lecionou no *Institut Catholique* de Paris, na cátedra de História da Filosofia Moderna, onde permaneceu até sua transferência para os Estados Unidos, em 1940.

No período de 1922 a 1938, Jacques Maritain organizou em Meudon, onde habitava, as reuniões dos Círculos Tomistas. Eram reuniões mensais em que grupos de trabalho estudavam a obra de São Tomás de Aquino (GALEAZZI, 1999, p. 9) e aprofundavam-se na vida espiritual. Os retiros anuais ali organizados chegaram a reunir 300 pessoas (BARS, 1975, p. 41). Entre 1928 e 1933, os Maritain reuniram em sua casa artistas e intelectuais para debater os grandes temas da cultura (LEPARGNEUR, 1974, p. 493). Nesse período, colaborou com revistas ligadas ao movimento *Action Française*, dirigido por Charles Maurras. Ante a evolução desse movimento para um posicionamento que reduzia a religião a instrumento da política, Maritain dele se desligou e alinhou-se com Roma, que condenara o movimento em 1926.

Datam também desse período importantes obras em que Maritain coloca o tomismo em diálogo com os problemas e pensadores da filosofia moderna e contemporânea, demonstrando a capacidade crítica e a atualidade da filosofia tomista. Mencione-se, na área da epistemologia, *Distinguer Pour Unir ou Les Degrés du Savoir* (1932), *Science et Sagesse* (1935) e *Réflexions sur l'Intelligence et sur sa Vie Propre* (1924). Na área da filosofia da natureza, *La Philosophie de la Nature* (1935) e *Quatre Essais sur l'Esprit dans sa Condition Charnelle* (1939). Também a obra de filosofia política que celebrizou Maritain começa a ser elaborada nesse período, em que são publicados *Du Régime Temporel et de la Liberté* (1933) e *Humanisme Intégral* (1936).

A invasão da França, em 1940, encontrou Jacques Maritain, Raïssa e Vera nos Estados Unidos, após ministrar um curso em Toronto, Canadá. Maritain permaneceu nesse país devido à ascendência judaica de sua esposa e de sua cunhada, bem como à sua bem conhecida oposição ao fascismo (DUNAWAY, 1978, p. 21). Em Nova Iorque, auxiliou na fundação de uma École Libre des Hautes Études (1942), que presidiu nos dois anos seguintes. Não deixou de manifestar-se e posicionar-se sobre a Segunda Guerra Mundial. Fez frequentes pronunciamentos radiofônicos na *Voz da América* em apoio ao movimento da Resistência (DUNAWAY, 1978, p. 22). Nos primeiros meses do conflito, publicou um conjunto de artigos, reunidos em 1940 sob o título *De la justice politique: notes sur la presénte guerre*. Em 1941, em Nova Iorque, publicou *A travers le désastre*, buscando esclarecer o povo norte-americano sobre os acontecimentos relacionados à queda da França. Esse livro foi reproduzido clandestinamente pelo movimento da Resistência na França ocupada, que, mais tarde, mandaria mensagem ao autor, solicitando uma continuação da obra. Jacques Maritain respondeu com o célebre *Christianisme et Démocratie*, de 1943, que, publicado em papel-bíblia, foi preparado para ser lançado de paraquedas sobre a Europa (MOUGEL, 1989, p. 7-8).

Em 1943, por ocasião de seus sessenta anos, a revista *The Thomist* publicou um número especial em sua homenagem. No mesmo ano, também publicou *Education at the crossroads*, expondo seu pensamento educacional. Em 1944, com a libertação da França, foi nomeado embaixador do país junto à Santa Sé, cargo que exerceu até 1948. Em 1947, chefiou a delegação francesa na II Conferência Geral da Unesco, no México. É reconhecida a influência de seu pensamento na criação da Comissão dos Direitos do Homem pela ONU, em 1945, e na Declaração Universal dos Direitos Humanos, aprovada em 1948 (PAPINI, 2008, p. 10, 16; POZZOLI, p. 188). Em seguida a essa conferência, dirigiu-se aos Estados Unidos para assumir um posto na Universidade de Princeton.

Datam desses anos de trabalho como embaixador em Roma e como professor em Princeton alguns dos escritos políticos mais importantes de Maritain: *Principes d'une politique humaniste* (1945); *Les droits de l'homme et la loi naturelle* (1945); *La personne et le bien commun* (1947); *L'homme et l'état* (1953); *Réflexions sur l'Amérique* (1958); bem como seus principais textos sobre educação: as coletâneas *Education at the crossroad* (1943) e *Pour une philosophie de l'éducation* (1959).

Maritain retornou à França somente em 1960. Nesse ano, faleceu Raïssa, tendo Vera falecido alguns meses antes. Em 1961, recebeu o *Grand Prix de Littérature* da *Académie Française* e, em 1963, foi agraciado com o *Grand Prix National des Lettres*. No encerramento do Concílio Vaticano II, em 1965, a mensagem destinada aos intelectuais foi remetida a Jacques Maritain, como seu representante. Em 1970, ingressou na Fraternidade dos Irmãozinhos de Jesus, em Toulouse, na qual professou votos em 1971. Faleceu em 28 de abril de 1973.

Uma vida longa e dedicada ao trabalho intelectual; vida e obra profundamente marcadas pelo cristianismo. A conversão religiosa dos Maritain é a principal inflexão da qual se originou a sua escolha do modo de vida e de atuação profissional, cultural e política, que se refletem incessantemente no conjunto da obra publicada. Com efeito, em 1926, Maritain descrevia a si mesmo na *Réponse à Jean Cocteau*:

> Que sou eu? Um convertido. Um homem a quem Deus revirou como uma luva. Todas as costuras estão de fora, a cobertura está no interior, ela não serve mais para nada. Um tal animal tem dificuldade em se considerar alguma coisa, deseja pedir perdão aos outros por existir. (MARITAIN, 1975, p. 362).

Henry Bars, um de seus mais importantes comentadores, assinala: "Se insisti sobre o evento da conversão, é porque ele comanda todo o desenvolvimento da obra filosófica ou ao menos permite, isoladamente, compreender seu estilo" (BARS, 1975, p. 18). Jacques Maritain não deve ser compreendido, entretanto, como mero militante, nem sua obra como proselitismo. Sua atuação é verdadeiramente de filósofo, filósofo cristão. A esse respeito, Lepargneur (1974, p. 491) assinala:

> A conversão de J. M. foi tão radical que ele pensou abandonar a filosofia, até compreender que sua vocação era precisamente viver frutuosamente a fé cristã no pensar filosófico. Tal é o sentido que revelou seu encontro com o dominicano Pe. Clérissac, que lhe revelou São Tomás, apóstolo dos tempos modernos (título de um ensaio de J. M.). Começou então a prática de sua grande regra: distinguir para unir. Não era para entrar no recinto seco da pura intelectualidade, como os jovens de hoje pensam ao ser evocado um tomismo que eles ignoram totalmente.

Atuando como filósofo cristão, em 1918 Maritain recebeu de uma comissão episcopal a tarefa de elaborar um manual de Filosofia, destinado ao ensino nos colégios católicos. Planejado inicialmente para ser publicado em dois grandes volumes dedicados à filosofia especulativa e à filosofia prática, subdivididos em fascículos (MARITAIN, 1998, p. 11), foram publicados, sob o título geral de *Éléments de Philosophie*, apenas a *Introduction Générale à la Philosophie* (1920) e *L'ordre des concepts. 1. Petite Logique (Logique Formelle)* (1922). Entretanto, ao menos três obras posteriores deram continuidade (MARITAIN, 2005, p. 8), de certa forma, a esse propósito: *Sept Leçons sur l'Être et les Premiers Principes de la Raison Spéculative* (1933), *La Philosophie de la Nature* (1935) e *Neuf Leçons sur les Notions Premières de la Philosophie Morale* (1951). O tratamento sistemático de *On the Philosophy of History* (1957), e dado também a *La Philosophie Morale I: Examen historique et critique des grands systèmes* (1960), permite supor que Maritain nunca abandonou esse projeto.

Nos anos que precederam a Segunda Guerra Mundial, agitados por controvérsias e acusações, bem como por diversas guerras localizadas, Maritain participou ativamente dos debates e iniciou a publicação de seus escritos políticos. O sentido da atuação de Maritain como filósofo é explicitado com clareza em *Lettre sur l'indépendance*, de 1935. Esclarece nesse texto que a filosofia prática, diferentemente da filosofia teorética, está direcionada para o agir e "[...] deve ir até a borda extrema, onde o conhecimento filosófico encontra a ação" (MARITAIN, 1975, p. 949). Entretanto, o filósofo, enquanto tal, não ingressa no domínio próprio da ação humana e política, mas, aproximando-se dele, "[...] prepara o trabalho das operações imediatamente transformadoras do mundo e da vida" (MARITAIN, 1975, p. 950), na medida em que pensa os problemas e angústias do seu tempo por meio de princípios e leis universais capazes de esclarecê-los. Prossegue o autor na caracterização da independência do filósofo:

> O filósofo não é útil em nada entre os homens, senão permanecendo filósofo. Mas permanecer filósofo e agir como filósofo obriga a manter sempre a liberdade da filosofia, e em particular afirmar, a tempos e contratempos, a independência do filósofo diante dos partidos, quaisquer

> que sejam. Não sou de esquerda nem de direita. A independência do filósofo é requerida pela natureza própria de um saber que em si é uma sabedoria, que mesmo quando se aplica da maneira mais estreita ao contingente, o domina; a independência do filósofo testemunha a liberdade do intelecto em face do instante que passa (MARITAIN, 1975, p. 951).

Mais adiante, Maritain esclarece o papel do filósofo cristão:

> Longe de ser dispensado das obrigações de todo homem na ordem social e política, o cristão sabe que deve satisfazer essas obrigações como cristão, levando até esse mundo da violência e da contradição o testemunho do espírito a que pertence. O filósofo cristão sabe que é necessário elaborar, sob o céu dos princípios supremos de que a Igreja tem o depósito, mas com seus riscos e perigos e sobre a terra da história humana e profana, uma filosofia política e social bastante realista para incidir sobre o vivo trabalho histórico que se faz sob nossos olhos e ao mesmo tempo bastante livre para afirmar o primado político daquilo que o mundo atual não cessa de escarnecer, quero dizer, da dignidade da pessoa humana, do bem comum da multidão congregada, dos valores morais e espirituais (MARITAIN, 1975, p. 952).

Campanini (1975), comentando os escritos políticos, descreve o pensamento de Maritain como "[...] uma filosofia empenhada": "[...] uma filosofia política que, em realidade, se constrói pouco a pouco, em confronto direto com a atualidade histórica e como resposta a problemas específicos do tempo" (CAMPANINI, 1975, p. 11-12).

Destacam-se, pois, em Jacques Maritain, o cristão e o militante, mas sobressai acima desses o intelectual e o filósofo. Alguém que utiliza a filosofia para compreender o mundo, a sociedade, a educação, o ser e até mesmo o cristianismo. Disso dá testemunho o próprio Maritain, em seu principal escrito autobiográfico:

> Quem sou eu, me perguntava então. Um professor? Não creio; ensinei por necessidade. Um escritor? Talvez. Um filósofo, espero. Mas também uma espécie de romântico da justiça demasiado pronto a se imaginar, a cada combate iniciado, que ela e a verdade terão seu dia entre os homens. E também, talvez, uma espécie de inquieto, colando o ouvido à terra para ouvir o barulho das fontes escondidas e das germinações invisíveis. E também, talvez, como todo cristão, a despeito e no meio de todas as misérias e fracassos e de todas as graças traídas de que tomo consciência na tarde de minha vida [...]". (JACQUES, 1982, p. 13)

Olivier Lacombe testemunha o equilíbrio desse pensador:

> A personalidade de Jacques Maritain era das mais fortes, e os seus dons resplendiam. Falou sempre sem meios termos ante as grandezas do mundo. Soube conservar sempre aquela liberdade que é a condição mesma de um autêntico serviço à verdade (JACQUES, 1983, p. 35).

Raïssa Maritain, esposa e parceira intelectual que "[...] leu, criticou, anotou todos os manuscritos do marido, antes da publicação" (LEPARGNEUR, 1996, p. 494), descreve com acuidade e clareza:

> Foi movido pela necessidade do momento que escreveu seus livros, e dessa necessidade teve sempre consciência. A irrupção da fé em sua alma dispersara todos os seus planos de trabalhos metódicos, a fé e o aguilhão de Deus lhe interdiziam uma vida sossegada em que o cuidado de uma obra realizada com lazer passasse antes de tudo. [..]
>
> Desde o início, filosofou na fé e na teologia e, desde o início, no entanto, trabalhou para uma obra não-teológica, mas própria e deliberadamente filosófica. Com o tempo, esse paradoxo desapareceu e os traços característicos da sua obra puderam tomar forma. Mas à custa de muitas lutas, sofrimentos e de um trabalho ininterrupto de trinta anos (MARITAIN, 1970, p. 319).

Portanto, não há que temer, na leitura de sua obra, que a filosofia seja substituída pela religião, ou a inteligência seja substituída pela devoção. Em Maritain, filosofia e religião colaboram sem se confundir. Importa observar essa distinção, pois o estilo de sua escrita pode induzir a rejeições e incompreensões.

Um dos traços que marca a obra de Maritain é o estilo direto e provocativo, até mesmo combativo, cheio de constantes referências ao mundo religioso católico, que tanto o diferencia dos textos filosóficos acadêmicos e que torna a leitura áspera e incômoda. Raïssa Maritain o descreve com precisão:

> Para arrancar o leitor de sua apatia, comprazia-se em irritá-lo, em deixá-lo perplexo. Havia uma ironia quase constante que nem sempre era bem compreendida nas suas exposições mais abstrusas e que não teria querido, por coisa alguma, tornar mais claras, por respeito pela dignidade da rainha das ciências [a metafísica] (MARITAIN, 1970, p. 320).

Esse traço é mais nítido e agudo nos escritos das primeiras décadas e vai se atenuando a partir daqueles publicados nos anos da Segunda Guerra Mundial, quando a maior ênfase de sua produção intelectual se desloca para o campo social e político:

> Não desejo mais (como me ocorreu na juventude) irritar o leitor, nem mesmo pôr à prova seu senso de humor, mas o fato é que detesto um estilo perpetuamente e uniformemente sério, que lembra as grandes vestes magistrais de que falava Pascal e com as quais a imaginação das pessoas fantasia os filósofos. Eu tomo a sério a verdade; eu não me tomo a sério (MARITAIN, 1958, p. 9).

A quem ele se dirigia? De acordo com Raïssa (MARITAIN, 1970, p. 319), dirigia-se ao público universitário, ao menos nos primeiros anos, elaborando sempre uma obra de leigo. Entretanto, diversos livros e muitas passagens de seus textos sugerem que Maritain escreveu também, ao longo das diversas fases de sua obra, com foco principal no mundo católico. Considera-se, como exemplo disso, o primeiro capítulo de *Distinguer pour unir: les degrés du savoir* (1933), que, ao tratar da metafísica, termina por tematizar as relações entre o mundo e a Igreja. Considera-se também, por exemplo, o *Humanisme Intégral* (1936), que tem por subtítulo "Problemas temporais e espirituais de uma nova Cristandade" e capítulos como "O cristão e o mundo".E finalmente os inteiramente voltados para questões religiosas: *De la vie d'oraison* (1922), em colaboração com Raïssa Maritain; *Une opinion sur Charles Maurras et le devoir des catholiques* (1926); *Primauté du spirituel* (1927); *Clairvoyance de Rome* (1929); *Questions de Conscience* (1938); *Liturgie et contemplation* (1959); *Le paysan de la Garonne* (1966); *De l'Église du Christ* (1970); entre outros. É forçoso concluir que seu destinatário principal era o mundo católico. Embora houvesse alcançado notoriedade como metafísico e como filósofo católico, como demonstram suas participações internacionais e mesmo a oposição que se levantou contra ele, foi a partir da segunda metade dos anos 30, com a elaboração de seus textos políticos, especialmente *Humanisme Intégral*

(1936), que se ampliou seu público leitor e a repercussão de sua obra para além do mundo católico.

2.2 Influência de Maritain

Cabe uma palavra sobre a influência exercida por Jacques Maritain como filósofo. Maritain é considerado um dos principais nomes do tomismo do século XX, ao lado de Mercier, Maréchal e Gilson[2]. Entretanto, sua influência foi muito além desse círculo especializado.

Vencendo inúmeras resistências, Maritain foi reconhecido nos meios acadêmicos como pensador de um tomismo renovado e atualizado, que não ignorava nem desconsiderava as contribuições das ciências ou de pensadores contemporâneos, como, por exemplo, Bergson, Freud, Blondel, Bréhier, Carl Schmitt, ou ainda o existencialismo.

Sua produção intelectual no campo da filosofia da arte, da epistemologia e da filosofia moral é valorizada até o presente e constitui referências que ultrapassam largamente os meios tomistas ou ligados à filosofia cristã. Dentre essas, cumpre destacar: *Art et scolastique* (1919); *Distinguer pour unir ou les degrés du savoir* (1932); *Creative intuition in art and poetry* (1953); *On the philosophy of history* (1957); *La philosophie morale: examen historique et critique des grands systèmes* (1960); *Le paysan de la Garonne* (1966).

Contudo, são os escritos ligados à filosofia política que lhe conferem maior celebridade. Pode-se indicar, como principais: *Du régime temporel et de la liberté* (1933); *Lettre sur l'indépendance* (1935); *Humanisme Intégral* (1936); *De la justice politique* (1940); *Christianisme et démocratie* (1943); *Principes d'une politique humaniste* (1945); *Les droits de l'homme et la loi naturelle* (1945); *La personne et le bien commun* (1947); *Man and State* (1951); *Reflexions on America* (1958).

---

2 Veja, por exemplo, Campos (1989).

O período da Segunda Guerra Mundial consolidou a larga influência de Maritain com a publicação de seus textos políticos. Contudo, ao final desse período, inicia-se o declínio de sua influência e reconhecimento na França, como observa Papini (2008, tradução nossa):

> Certamente notável foi sua influência (e não apenas na França) no período entre as duas guerras. Era considerado o filósofo católico por excelência (talvez ainda mais que Maurice Blondel e os outros filósofos tomistas e não tomistas), e também durante a Segunda Guerra Mundial. Porém, no período da embaixada no Vaticano, entre 1945 e 1948, seu nome começou a ser esquecido no mundo intelectual e acadêmico francês, onde se afirmavam outras tendências filosóficas. Tanto que, ao regressar de Roma, alguns de seus amigos não conseguiram que lhe fosse atribuída uma cátedra no Collège de France (que paradoxalmente lhe havia sido oferecida em 1941) e Maritain se viu praticamente compelido a ensinar na prestigiosa Universidade de Princeton, que o havia convidado. Sua ausência de Paris, quando o existencialismo e o marxismo primeiro e a fenomenologia depois estavam se afirmando nas universidades (e nos cafés do Quartier Latin), facilitou o progressivo declínio de sua imagem na França, embora na cena pública estivesse parcialmente viva: basta pensar em sua influência sobre alguns dirigentes do Movimento Republicano Popular.

Foi também considerável a influência de Maritain dentro da Igreja Católica. O pensamento social e político oferecido pelo autor de *Humanisme Intégral* foi amplamente acolhido por numerosos setores do clero e do laicato, como terceira via entre o Capitalismo e o Totalitarismo (PUSSOLI; CUNHA LIMA, 1995, p. 81-84, 107, 115).

Contudo, se observa também que especialistas detectaram a presença de ideias de Maritain em documentos oficiais do magistério da Igreja e em diversos pronunciamentos do Papa João XXIII, inclusive em sua encíclica *Mater et Magistra* (NICOLAS, 1978, p. 42). A influência do pensamento maritainiano sobre o Papa Paulo VI é nítida em numerosos escritos e pronunciamentos, que utilizam não apenas os temas típicos do pensamento do filósofo, mas também seu vocabulário. Paulo VI, que, antes de seu pontificado, traduzira para o italiano o livro *Trois Reformateurs: Luther, Descartes, Rousseau*, que Maritain publicara em 1925, mantinha com este uma grande amizade (FLOUCAT, 2019). Na encíclica *Populorum Progressio*, Paulo VI menciona duas vezes (notas n.s 17 e 44) textos de Jacques Maritain, inclusive o livro *Humanisme Intégral*.

Na América do Sul, pode-se falar de uma "geração Maritain" entre as elites católicas, sensível ao projeto político democrata-cristão, que se abriu ao pensamento de Maritain nos anos anteriores à Segunda Guerra Mundial e se dissolveu na era pós-conciliar. Nesse sentido, Olivier Compagnon (2005, tradução nossa) registra:

> [...] uma recepção pouco mais consensual do maritainismo permanece, tanto quanto sua difusão, circunscrita ao Cone Sul e ao Brasil: os Cursos de Cultura Católica em Buenos Aires, o Centro Dom Vital no Rio, certos setores do mundo universitário católico chileno, alguns seminários e raros institutos de estudos tomistas – como o de Córdoba na Argentina – são os principais focos de irradiação cujos promotores são, no essencial, atores isolados que descobriram a obra de Maritain em visitas à Europa.

Entre os principais nomes dessa "geração Maritain", estão o brasileiro Alceu Amoroso Lima e os membros do Centro Dom Vital, que promoveram intensa publicação das obras de Maritain no Brasil. Numerosos intelectuais brasileiros reportam relevante influência haurida dos escritos maritainianos[3], em especial por meio da ação difusora exercida

3 Ao menos quatro coletâneas de estudos foram organizadas no Brasil a respeito do pensamento de Maritain, duas delas postumamente. A primeira foi publicada em 1944, no Recife, com o título de *Estudos sobre Jacques Maritain*. Foi organizada por Hector Bernardo e compõe-se de 15 estudos, sete dos quais assinados por padres jesuítas. Na abertura apresenta-se a justificativa da coletânea: "[...] certo é que Maritain, um dos grandes exegetas do Doutor Angélico, passou a propagar ideias e princípios e a defender esquema políticos, que desvirtuavam gravemente o pensamento tradicional e dogmático da Igreja e destoavam vivamente das suas belas lições que as elites recebiam encantadas" (BERNARDO, 1944, p. VIII). A segunda coletânea foi organizada em 1946 pelos discípulos de Maritain que mantinham a revista *A Ordem* e publicada em homenagem ao casal Jacques e Raïssa pelo 40º aniversário de sua conversão (COUTINHO *et al.*, [1946]). Em 1973, ano do falecimento de Maritain, a Revista *Convivium* organizou um número especial com estudos sobre Maritain, em

por Alceu Amoroso Lima e pelo Centro Dom Vital: "É, sobretudo, através de Amoroso Lima, que Maritain vem exercendo, na revolução cultural do catolicismo brasileiro, uma influência profunda e decisiva" (LIMA VAZ; apud CAMPOS, 1998, p. 107). Num célebre texto escrito em homenagem ao filósofo e publicado na coletânea *Jacques Maritain: son oeuvre philosophique* (TRISTAN D'ATHAÏDE, 1950, p. 16), Alceu Amoroso Lima registra as críticas recebidas dos meios tradicionalistas, bem como a influência e o valor da contribuição de Maritain para essa região:

> [...] Na América Latina a opinião se dividiu bem mais. [...] Esses meios não poderiam receber senão com reservas a filosofia política de Maritain. Daí certos ataques cuja origem é bem mais política que filosófica ou religiosa. De outro lado, a revelação dos princípios tomistas da política e da economia, até então totalmente desconhecidos por meios não católicos, conduziu muitos espíritos de boa vontade a uma revisão de suas atitudes em face da Igreja e do catolicismo social. Se o ensinamento social de Jacques Maritain "escandalizou" certos meios para os quais a Igreja está ligada à ordem social existente, e toda reforma social é um enfraquecimento do cristianismo em face da maré montante do comunismo [...], em compensação abriu os olhos de inumeráveis católicos que não tinham compreendido bem o apelo da Igreja à justiça social desde Leão XIII, e, ao mesmo tempo, diminuiu muito o afastamento entre católicos e não católicos, alargando, portanto, as fronteiras da Verdade.

Numerosos foram também os que viram na obra de Maritain uma espécie de heresia secularista[4] ou de proximidade com o comunismo. Tradicionalistas e integristas moveram diversas campanhas difamatórias contra Maritain na Europa e em toda a América Latina, inclusive no Brasil. Como exemplo, cabe citar Julio Meinvielle (1948), que, com

que diversos intelectuais católicos discutiram aspectos variados de seu pensamento. Em 1983, dez anos após o falecimento do filósofo, a PUC-SP realizou evento comemorativo e publicou os textos ali pronunciados na coletânea *Encontro com Jacques Maritain: homenagem da Pontifícia Universidade Católica de São Paulo* (ENCONTRO, 1983). Em 1995, o Instituto Jacques Maritain do Brasil, sediado em São Paulo, publicou coletânea em que foram reeditados diversos estudos da coletânea de 1983, aos quais se acrescentaram outros (PUSSOLI; CUNHA LIMA, 1995).

4 O interessantíssimo artigo de Miguel Ayuso intitulado *Los antimaritainianos de la Rive Droite* (AYUSO, 2014) faz uma cuidadosa recensão das críticas formuladas contra a obra de Jacques Maritain por pensadores católicos, especialmente os espanhóis.

apoio do episcopado argentino, publicou em Buenos Aires a *Crítica de la Concepción de Maritain sobre la Persona Humana*, livro dedicado a demonstrar que o pensamento de Jacques Maritain é incompatível com a doutrina católica. No Brasil, menciona-se a publicação, no Recife, de *Estudos sobre Jacques Maritain*, de Hector Bernardo e outros (BERNARDO *et al.*, 1944), com objetivos análogos. Críticos desvinculados do movimento católico adotam, entretanto, a mesma linha de desqualificação do autor ou simples indiferença. Euryalo Cannabrava (1957), a partir do neopositivismo, tece críticas sobre a perspectiva metafísica e a noção de filosofia e ciência nos textos de Maritain, em cujos livros seus discípulos buscariam apenas "a justificação racional de suas crenças religiosas" (CANNABRAVA, 1957, p. 62). Ubiratan Macedo, num artigo que deveria constituir um balanço de sua influência, qualifica Maritain como "líder religioso", cujo interesse pela filosofia e por S. Tomás decorre de "opções e propósitos religiosos" (MACEDO, 1973, p. 493).

A influência de Maritain no Brasil é descrita por Macedo como um paradoxo: "[...] profunda e decisiva, a influência do filósofo deixou poucos sinais na filosofia brasileira, mas influenciou com vigor a Igreja no Brasil e até a vida política nacional" (MACEDO, 1973, p. 492). As razões desse paradoxo residem no fato de que Maritain foi lido no Brasil muito mais sob perspectiva religiosa e política que filosófica. Assinala-se, como resultado desse movimento, o pequeno número de seus discípulos que, a partir dos anos 1960, dedicaram-se a essa vertente filosófica. São, em geral, mencionados Ubaldo Puppi, Geraldo Pinheiro Machado, Orlando Vilela, Edgar da Mata Machado, Laura Fraga de Almeida Sampaio e José Antônio Tobias (MACEDO, 1973, p. 495-497; CAPALBO, 1978, p. 283). Amoroso Lima (TRISTAN D'ATHAÏDE, 1950) interpreta a oposição a Maritain nos meios católicos como um fenômeno político, não filosófico, de rejeição ao catolicismo social. Resta que o fenômeno da adesão maciça dos intelectuais católicos ao maritainismo nos anos 1930 até os anos 1950, seguida de quase total dispersão nos anos

1960, ainda está por ser adequadamente compreendido, dado que os trabalhos que se propuseram a analisar o pensamento católico brasileiro não apresentam consenso sobre o tema[5]. Contudo, fica patente seu caráter político-religioso e sua relação com o quadro político dessa época, o que sugere que as razões propriamente filosóficas foram muito menos determinantes.

Estudos mapeiam a influência de Maritain na Europa e na América, incluindo França, Itália, a antiga Tchecoslováquia, Polônia, Estados Unidos, Chile, Venezuela, Bolívia, Argentina e Brasil (PAPINI, 1978; PAPINI, 2008). Como se constata frequentemente, essa influência não se limitou aos círculos filosóficos, mas alcançou as áreas da vida política, das organizações sindicais, do pensamento jurídico etc.

Constituem ainda indicadores da influência de Maritain a realização de diversos congressos dedicados à sua obra, dos quais destacam-se, pela publicação dos resultados:

- Congresso Internacional organizado pelo Circolo Culturale "Jacques Maritain" di Ancona – Ancona, 1973. (GALEAZZI, 1978);
- Congresso Internacional organizado pelo Istituto Internazionale "Jacques Maritain" e pela Fundação Giogio Cini. – Veneza, 1976. (PAPINI, 1978);
- Congresso Internacional de estudos promovido pela Università Cattolica no centenário do nascimento de Jacques Maritain – Milão, outubro de 1982. (JACQUES, 1983);
- Congresso organizado pelo Istituto Regionale di Ricerca e Formazione Culturale "Jacques Maritain" de Palermo – Palermo, 1983. (ARMAO *et al.*, 1984);
- Seminário de estudo organizado pela *Rivista "Humanitas"* e pela Editrice Morcelliana – Brescia, 1982. (COLOMBO *et al.*, 1983);

5 Menciona-se, pela importância: Paim (1987); Campos (1998). Vale citar, especificamente no que tange à influência maritainiana, o artigo de Creusa Capalbo (1978).

- Congresso de estudo organizado pelo Istituto Regionale di ricerca e Formazione Culturale "Jacques Maritain" de Palermo – Palermo, 1984. (AGOSTINIS *et al.*, 1985).

Menos conhecidos, congressos maritainianos continuam a ser realizados na atualidade. Menciona-se, pela proximidade:

- I Congresso Latino-Americano Jacques Maritain – Chile, 2014;
- II Congresso Latino-Americano Jacques Maritain – Uruguay, 2015;
- III Congresso Latino-Americano Jacques Maritain – Brasil (São Paulo), 2016;
- Colóquio Internacional *O Humanismo de Jacques Maritain*, realizado em Petrópolis (Rio de Janeiro), 2019.

Assinala-se ainda a existência dos centros de estudos inspirados em Maritain, entre os quais:

- Institut Internacional "Jacques Maritain", sediado em Roma, que publica regularmente *Notes et Documentos de l'Institut International "Jacques Maritain"*;
- Cercle d'Études Jacques et Raïssa Maritain (Toulouse e Kolbsheim), que publica os *Cahiers Jacques Maritain*;
- The Jacques Maritain Center, na University of Notre Dame (Indiana, EUA), que, entre outras iniciativas, publica a obra de Maritain em inglês. É detentor da maior parte dos documentos da etapa norte-americana de Maritain;
- American Maritain Association;
- The Canadian Jacques Maritain Association;
- Instituto Jacques Maritain do Brasil;
- Instituto Argentino Jacques Maritain;
- Instituto Jacques Maritain – Chile.

Por fim, vale mencionar que as obras completas de Jacques e Raïssa Maritain foram editadas em Friburgo, Suíça (Éditions Saint Paul em conjunto com Éditions Universitaires), sob a direção de Henry Bars e outros. Compreendem 17 volumes, publicados entre os anos de 1986 e 2008, incluindo textos inéditos. Constituem, atualmente, a fonte mais importante de pesquisa sobre o autor. Não obstante, escritos isolados de Maritain têm sido reeditados nos últimos anos no Brasil, França, Espanha, Itália e, principalmente, nos Estados Unidos.

2.3 O tomismo e a filosofia cristã de Jacques Maritain

A simples menção do nome Jacques Maritain evoca de pronto inúmeros preconceitos nos meios acadêmicos e mesmo nos meios católicos. Maritain é, frequente e equivocadamente, associado a concepções filosóficas inteiramente ultrapassadas e a projetos políticos de cunho tradicionalista e reacionário. Não é difícil perceber, pela superficialidade com que são feitas essas asserções, que se trata de mero preconceito. São diversas as razões: a linguagem direta e provocativa de Maritain, muitas vezes evidenciada em conferências e textos, que ressalta seu posicionamento cristão e católico e inevitavelmente provoca incompreensões e afasta os leitores menos pacientes; a ignorância e ausência de leitura de sua obra, devida em parte a essa linguagem; constata-se, também, nos seus oponentes, a necessidade de um adversário ou inimigo ao qual se contrapor. Esse deve ser tanto mais caricatamente negativo e retrógrado quanto menos profundas, modernas e fortes forem as teses que a ele se pretende opor. Se tal procedimento pode ser estratégico na política, no debate filosófico é apenas vício, dado que a filosofia busca o conhecimento, não a vitória sobre oponentes[6]. Esse tipo de crítica, de que Maritain

6 Um trecho de Hubert Lepargneur, em um artigo publicado em 1973, ilustra o quanto atitudes preconceituosas deturparam as discussões sobre a obra de Maritain no Brasil e no mundo: "Desde o momento em que nosso autor publicou sua obra mestra: *Distinguer pour unir ou les dégrés du savoir* (1933), a atualidade do tema não deixou de crescer entre nós. Mesmo em meio que deveriam ter alguma ligação com a cultura superior e reflexão de estilo universitário, um modo comum

não foi o único alvo[7], foi muito frequente no Brasil, bem como em diversos outros países[8].

Maritain é alvo fácil para invectivas desse tipo. Cristão, católico, tomista, defensor da metafísica e crítico das abordagens materialistas, foi acusado, por exemplo, de tentar reviver teses medievais e de pretender restaurar a cristandade desaparecida (TRIFOGLI, 1984, p. 26-30). Com vistas a ultrapassar abordagens superficiais, é preciso analisar cuidadosa e desapaixonadamente os livros de Maritain para

---

de arguir consiste em apresentar uma caricatura da posição tida como adversa, à qual se opõe, com igual simplificação, um retrato idealizado da tese defendida. Opõe-se assim o pensamento 'moderno' a pensamentos atribuídos a gerações que nos precederam no mundo ou na Igreja. Não se *distinguem* os elementos da realidade, *opõem-se* caricaturas fictícias, de fato irreconciliáveis. Não se unem verdades complementares, opõem-se, arbitrariamente e não sem primarismo, aspectos que na realidade são perfeitamente compatíveis porque coexistem no objeto real. A aparente impossibilidade de acolher novidades ao lado de verdades mais antigas trai uma capacidade mental de acolhimento muito restrita e denuncia ao observador mais atento um gosto desenfreado pela inovação, a última moda, de preferência à verdade tranquila daquilo que é como é. Mas o que existe ou é verdade há muito tempo torna-se suspeito de obsoletismo, como nas livrarias os livros de mais de cinco anos deixam o lugar (para o lixo ou outras 'liquidações') às publicações mais recentes, como se estas fossem sempre melhores. O culto da tinta fresca e da imagem nova (grande promotor de vendas), legítimo em matéria de informações sobre a atualidade, é prejudicial ao amadurecimento do espírito" (LEPARGNEUR, 1973, p. 402, grifos no original).

7 Um prefácio de Miguel Reale ao livro *O tomismo e o pensamento contemporâneo*, de Leonardo van Acker, caracteriza elegantemente esse tipo de crítica: "O espírito de Lovaina, que Van Acker trazia para São Paulo, não correspondia, entretanto, à feição dominante do neotomismo brasileiro, que preferiu o culto do engajamento e perdeu o sentido autêntico da verdade filosófica, confundindo-a com os dogmas religiosos. Assim, em seu próprio meio, Van Acker não iria encontrar o estímulo e a acolhida imprescindíveis ao exercício da criatividade" (VAN ACKER, 1983, p. XII). Uma análise menos politicamente desapaixonada, mas que possui seu valor, pode ser encontrada em Antonio Paim (1987, p. 134-144).

8 Um texto de Maritain intitulado "À quelques contradicteurs", publicado no livro *Raison et Raisons* (MARITAIN, 1947c), responde a críticas publicadas contra ele em Belo Horizonte, Santiago do Chile, Londres e Canadá. Esse texto, que seria muito interessante contrapor aos textos originais dos críticos, permite perceber que, entre confusões e calúnias, o pensamento de Maritain, em especial sua filosofia política, incomodou os setores tradicionalistas do clero e do laicato católicos.

compreendê-lo, para avaliar sua profundidade filosófica e suas razões, para ir além de algumas temáticas que interessam apenas aos meios católicos e, sobretudo, além da linguagem provocativa que o passar do tempo tornou descabida. Antes disso, permanece-se no domínio dos preconceitos. É o que demonstra o juízo de Norberto Bobbio, filósofo indiscutivelmente alheio ao tomismo, sobre a obra de Maritain, em 1961, citado por Alfredo Trifogli:

> A boa disposição dos jovens nos confrontos de Maritain "se explica, creio, com o fato que, além de ser filosoficamente mais qualificado, Maritain elaborou uma concepção geral do homem e da história; deu respostas quase sempre claras, teoricamente justificadas, frequentemente originais, mas com respeitosa fidelidade à tradição, à maior parte dos problemas filosóficos – a arte, o conhecimento, a política, a moral; construiu, ainda que com diversas estratificações, um sistema bastante rígido para suscitar a simpatia de quem busca uma disciplina, mas ao mesmo tempo suficientemente aberto para permitir pensar com a própria cabeça; oferece sólidos pontos de ancoragem para quem não queira ficar continuamente à mercê das próprias inquietudes ou encontrar refúgios demasiado seguros onde se termine por ficar prisioneiro" (TRIFOGLI, 1984, p. 29).

Um dos temas mais facilmente incompreendidos e, contudo, relevantes para a compreensão da obra de Maritain, é o tema do tomismo. Pode-se iniciar esclarecendo que o tomismo de Jacques Maritain não é mera repetição ou explicitação das teses filosóficas e teológicas de São Tomás de Aquino e não pretende a simples retomada ou reafirmação anacrônica da filosofia medieval ou de seus horizontes culturais. O tomismo também não se reduz, em Maritain, a objeto de mero interesse histórico.

Após uma formação filosófica aprofundada, realizada em ambientes como o Lycée Henri IV e a Sorbonne, onde predominavam as correntes antimetafísicas do final do século XIX, Maritain encontrou no tomismo resposta a suas inquietações filosóficas e existenciais. Mas o abraçou enquanto filosofia capaz de projetar luz sobre os grandes problemas de seu tempo e, a partir de um uso rigoroso e autêntico de seus princípios, capaz de propor respostas novas a esses problemas, ampliando a compreensão do real e alargando as fronteiras do próprio tomismo (MARITAIN, 1970, p. 319).

Jacques Maritain concebe o tomismo como o resultado da reflexão iniciada por Aristóteles e retomada, sistematizada e potencializada por São Tomás de Aquino, depois continuada por seus discípulos nos séculos seguintes. Estes aplicaram os princípios tomistas a todos os campos do real e do saber e estenderam a armadura conceitual de S. Tomás, criando, precisando ou explicitando novos conceitos. O tomismo é, portanto, *obra comum* (MARITAIN, 1946, p. XVI), desenvolvida por meio de séculos de reflexão, tradição contínua dotada de unidade e de atualidade, voltada para o conhecimento do ser, que alcançou verdades, valores e aquisições intelectuais intemporais, atingindo o grau de sabedoria.

São Tomás é apresentado por Maritain, portanto, como o inspirado formulador de uma doutrina filosófica que dá continuidade a uma tradição baseada em Aristóteles e desenvolvida ao longo dos séculos. Maritain considera que o tomismo tem qualidades únicas que o tornam uma filosofia superior às demais, podendo ser designada como "a verdadeira filosofia" (MARITAIN, 1998, p. 67).

Essa perspectiva é afirmada desde os textos da juventude, como os *Élements de Philosophie I: Introduction générale à la philosophie* (1920), e reafirmada em importantes trabalhos posteriores, como *Réflexions sur l'intelligence et sur sa vie propre* (1924) e *Distinguer pour unir ou les dégrés du savoir* (1932), bem como num texto tardio, *Le paysan de la Garonne* (1966), escrito em circunstâncias históricas completamente distintas:

> É uma doutrina aberta e sem fronteiras; aberta a toda a realidade, onde quer que se encontre, e a toda a verdade, donde quer que ela venha; nomeadamente para as verdades novas que a evolução da cultura e a da ciência que a põem em estado de libertar (o que supõe um esforço do espírito para transcender um momento a sua própria linguagem conceptual de outrem, e de regressar desta viagem tendo

> apreendido a intuição de que viveu este outrem); é uma doutrina aberta também às diversas problemáticas que lhe podem convir para usar, quer seja ela a suscitá-las com o progresso do tempo, quer seja ela a procurá-las – renovando-as à luz das suas próprias intuições fundamentais – noutros universos de pensamento formados sob outros céus (MARITAIN, 1967c, p. 160, grifo do autor).

Para Maritain, o fato de constituir-se como tradição e como obra comum não impede a filosofia tomista – antes, a impele – de dialogar com as ciências e incorporar os problemas do mundo contemporâneo, os quais aborda de uma perspectiva especificamente filosófica. Nesse sentido, o trecho a seguir parece, mais que constatação de possibilidade, um programa de trabalho:

> O tomismo pretende usar a razão para distinguir o verdadeiro do falso, não quer destruir, mas purificar o pensamento moderno, e integrar todo o verdadeiro descoberto desde o tempo de são Tomás. É uma filosofia essencialmente sintética e assimiladora, a única, a bem dizer, que tenta, através dos séculos e dos mundos, uma obra de continuidade e de universalidade. É também a única que, se elevando à ciência do suprassensível, demanda da experiência uma adesão completa ao real sensível. Cabe a ela extrair da imensa contribuição das ciências experimentais, acumulada desde quatro séculos, uma autêntica filosofia da natureza – como, num outro domínio, integrar o tesouro artístico dos tempos modernos a uma filosofia da arte e da beleza verdadeiramente universal, e ao mesmo tempo compreensiva dos esforços do momento presente. (MARITAIN, 1930b, p. XII-XIII).

No pensamento maritainiano, distingue-se o tomismo dos demais sistemas filosóficos, em especial dos sistemas da filosofia moderna, por não se constituir por meio de justaposição mecânica de partes doutrinais ou por escolha arbitrária de seu autor. O tomismo, “[...] incomparavelmente coerente, ligado em todas as suas partes [...]” (MARITAIN, 1946, p. XIV), assemelha-se a um “organismo espiritual” (p. XV), em que todas as partes se ligam vitalmente e se referem ao todo, devido à sua natureza de obra comum (p. XV-XVI).

Maritain concebe o tomismo também como filosofia progressiva, assimilativa (MARITAIN, 1946, p. XIV) e inventiva (MARITAIN, 1934,

p. 17), capaz de crescer continuamente, incorporando problemáticas e aprofundando soluções:

> Essa obra deve se completar por assimilação vital e progresso imanente – se posso dizer, por progressiva autogênese do *próprio* organismo intelectual –; por uma espécie de perpétua elevação e aprofundamento de *si mesmo*, por uma espécie de transfiguração da qual temos uma imagem bem imperfeita no crescimento dos organismos corporais (MARITAIN, 1934, p. 18, grifos do autor).

O tomismo possui também, de acordo com Maritain, a capacidade de incorporar os resultados verdadeiros obtidos pelas demais filosofias e ampliar seu patrimônio conceitual sem risco de ecletismo ou de incoerência, como um organismo doutrinal firmado inteiramente em princípios verdadeiros. Nisso reside seu caráter universal e perene. Ampliando o conhecimento verdadeiro por crescimento próprio ou por incorporação, o tomismo permite realizar o progresso da filosofia (MARITAIN, 1934, p. 19).

Esse sistema construído a muitas mãos está a serviço da compreensão do real e da busca da verdade. A opção pelo tomismo não deriva senão de seu valor como abordagem do real:

> Não se é tomista porque na loja dos sistemas se escolheu esse sistema como um entre outros, [...]. É-se tomista porque se renunciou a encontrar num sistema fabricado por um indivíduo a verdade filosófica, este indivíduo se chamava *ego*, e porque se quer procurar o verdadeiro – por si mesmo e por sua própria razão – fazendo-se ensinar por todo o pensamento humano, a fim de nada negligenciar daquilo que é. Aristóteles e S. Tomás não têm para nós importância privilegiada senão porque, devido a sua suprema docilidade às lições do real, nós encontramos neles os princípios e a escala de valores graças aos quais, sem arriscar o ecletismo e a confusão, todo o esforço desse pensamento universal pode ser salvo (MARITAIN, 1946, p. XVI, grifo do autor).

Filosofia perene, tradição viva, fecunda, capaz de crescimento, não requer *aggiornamento*, mas continuidade. Daí a recusa de Maritain em aceitar a designação "neotomismo" ou "neoescolástica", em que construções conceituais tendem a substituir a dimensão ontológica do que se quer conhecer e reduzir a sabedoria às ciências (MARITAIN, 1934, p. 18). Coerente com a concepção do tomismo como tradição em busca da verdade, prefere descrever-se apenas como "tomista" ou ainda "paleotomista" (MARITAIN,1964, p. 9-10).[9]

Importa observar também que essa concepção do tomismo como tradição viva permite a Maritain utilizar livremente suas fontes filosóficas, sem que diferenças de épocas históricas, nunca ignoradas, sejam tomadas como obstáculos intransponíveis. Maritain cita constantemente como fontes as obras de São Tomás de Aquino e dos, também dominicanos, Tomás de Vio (Cardeal Caetano, 1469-1534) e João de São Tomás (1589-1644). Autores contemporâneos, tomistas ou não, são referidos como interlocutores, assinaladas as concordâncias e discordâncias de concepção filosófica.

Por fim, vale ressaltar que Jacques Maritain concebe o tomismo como filosofia autêntica, isto é, plenamente racional, apoiada sobre as capacidades naturais da razão e voltada para objetos acessíveis às forças do espírito humano. Distingue-se, assim, claramente, da

9 Tomista ou neotomista? Tratando-se de um filósofo do século XX, posterior ao movimento de restauração e renovação do tomismo iniciado no século XVIII, que ganhou força com a encíclica *Aeterni Patris* (1879) do Papa Leão XIII, é inevitável considerar Maritain como neotomista, ao menos do ponto de vista histórico. Entretanto, Maritain rejeita a classificação de neotomista, porque recusa, no conjunto do movimento neotomista, as interpretações da filosofia de São Tomás de Aquino, que se afastam ou mesmo distorcem os princípios tomistas a pretexto de atualização. Mesmo afirmando-se tomista ou paleotomista, Maritain não pode ser considerado mero repetidor de S. Tomás ou um pensador mergulhado na filosofia medieval. O que ele busca é extrair das teses do Aquinate princípios que orientem o pensamento filosófico para o enfrentamento de problemas atuais e para o diálogo com correntes filosóficas atuais, sempre buscando o conhecimento verdadeiro: "ele [o tomismo] responde aos problemas modernos, na ordem especulativa e na ordem prática, ele tem uma virtude formativa e libertadora diante das aspirações e das inquietudes do tempo presente. Assim, o que esperamos dele é, na ordem especulativa, a salvaguarda *atual* dos valores da inteligência; na ordem prática, a salvaguarda *atual* (na medida em que depende de uma filosofia) dos valores humanos. Numa palavra, é de um tomismo vivo, não de um tomismo arqueológico que nós tratamos. Nosso dever é de tomar consciência da realidade e das exigências de uma tal filosofia". (MARITAIN, 1934, p. 5-6, grifos no original).

teologia de S. Tomás de Aquino, ou da fé religiosa, ou ainda do legado transmitido pela Revelação:

> Considerada no que a constitui formalmente como filosofia, a filosofia tomista, eu não digo a teologia tomista, a filosofia tomista é toda racional, nenhum argumento procedendo da fé penetra sua textura, ela não deriva intrinsecamente senão da razão e da crítica racional, ela não tira sua estabilidade de filosofia senão da evidência experimental ou intelectual e da demonstração. (MARITAIN, 1975, p. 643).

A concepção de tomismo, de filosofia cristã, e o propósito da busca da verdade não se alterarão nas obras posteriores de Jacques Maritain. Mas os textos tomam um tom moderado, menos provocativo e menos triunfalista, na medida em que o contexto em que são publicados se altera, principalmente com o advento da Segunda Guerra Mundial e da conjuntura social, política e cultural que lhe sucede.

Cabem algumas observações críticas. Cumpre observar que o discurso de Maritain acerca do tomismo é um tanto simplificador em boa parte de seus livros, em especial nos textos compostos a partir de conferências. Maritain fala em tomismo, não em tomismos, como seria mais correto. De fato, as interpretações dos discípulos de São Tomás de Aquino não são unânimes nem consensuais, nem poderiam ser, em se tratando de interpretação de textos filosóficos medievais. Maritain representa uma das correntes do tomismo, uma das possibilidades interpretativas, em permanente debate com outras.

Um exemplo desse debate dá-se em torno da concepção de ser em Tomás de Aquino. Uma primeira geração de pensadores, representada por Reginald Garrigou-Lagrange (1877-1964) e por Antonin-Dalmace Sertillanges (1863-1948), entendia que a concepção de ser de Tomás de Aquino era a mesma de Aristóteles. Para uma segunda geração, representada por Jacques Maritain, Étienne Gilson (1884-1978) e Cornelio Fabro (1911-1995), a concepção tomasiana de ser é o *actus essendi*, inteiramente original com relação à obra aristotélica e à tradição neoplatônica. Uma terceira geração, representada por

Cornelia de Vogel e Klaus Kremer, entende que tal conceito coincide com a concepção neoplatônica, ao submeter toda multiplicidade ao Uno indivisível (VENTIMIGLIA, 1995, p. 65, 83).

Maritain participou ativamente desse debate nos anos 30, e seu posicionamento influenciou significativamente o de Étienne Gilson (VENTIMIGLIA, 1995, p. 71-74). Por isso, frases como "[...] a filosofia de São Tomás se agarra ciumentamente a todos os seus princípios formais e mantém seu padrão com ferocidade, contra toda alteração" (MARITAIN, 1930a, p. 289) devem ser relativizadas e compreendidas em seu contexto, muitas vezes de polêmica. Assim consideradas, não comprometem a avaliação da profundidade com que o autor aborda os temas tomistas, o que pode ser avaliado em outros textos.

A opção de Maritain pelo tomismo, como atestam diversas passagens de seus escritos aqui citadas, deve-se principalmente à capacidade de ser via de investigação e de pensamento do ser e do real, numa perspectiva realista e crítica em que ganha especial importância a intuição do ser (COLOMBO *et al.*, 1983). Essa opção não provém, portanto, da ligação historicamente estabelecida com o cristianismo e com a Igreja Católica. Entretanto, as características da metafísica e da epistemologia tomistas não admitem hibridação com as filosofias modernas e contemporâneas, como adiante se verá.

Uma segunda observação pode ser esclarecedora no presente momento desta argumentação. É lugar comum em manuais e em cursos de Filosofia afirmar que a filosofia tomista está superada, em especial após a crítica da metafísica feita por Kant (KANT, 1994). Trata-se de uma posição generalizadora e preconceituosa, fundada na imprecisa tese da "superação" e quase sempre pronunciada a partir de breves conhecimentos da filosofia criticada. A superação retiraria todo o valor da filosofia tomista, e praticá-la seria o mesmo que tentar ressuscitar um cadáver. Há vários caminhos possíveis para desfazer esse equívoco.

Maritain assinala que a filosofia tomista sofreu do mesmo descrédito lançado a todo o passado medieval, que difundiu a crença de que "[...] a idade média foi uma longa e tenebrosa interrupção da cultura [...]" (MARITAIN, 1930a, p. 288). Associada aos progressos da ciência moderna e reforçada pelos ataques dos pensadores modernos, essa crença tende a supor que a filosofia de Tomás de Aquino está inteiramente superada. O equívoco se desfaz quando se percebe que uma doutrina filosófica, quando fundada no ser, pode sofrer aperfeiçoamentos e atualizações sem perder a capacidade de referir-se ao real e sem perder seu valor heurístico. Tal é a situação da filosofia de Tomás de Aquino:

> A filosofia se aperfeiçoa sem cessar, com a condição de que se trabalhe sobre os fundamentos imutavelmente fixados no ser, e que o novo se junte ao antigo, não o destrua. Sem dúvida a ciência positiva, a astronomia e a física do século XIII estão em ruínas. Mas a filosofia tomista é em si mesma plenamente independente das concepções e destas disciplinas particulares, que lhe forneceram outrora como um revestimento de imagens e de ilustrações sensíveis, não princípios do ser; e ela lhes sobrevive como a alma ao corpo. (MARITAIN, 1930a, p. 289-290).

Outros pensadores tomistas também se debruçaram sobre essa questão. Num texto de 1969, Leonardo Van Acker opera uma distinção fundada na ideia de valores de uma doutrina. Afirma que:

> É claro que toda filosofia é "ultrapassada" pelas historicamente subsequentes, não só pela atualidade dos problemas novos, mas também e sobretudo porque as soluções propostas, por mais superficiais que sejam, sempre oferecem um desenvolvimento do pensamento, interessante para a busca da verdade. [...] Mas é obvio que as filosofias ultrapassadas, por serem do passado, nem por isso perdem todo valor para o presente. Pelo contrário, o progresso cultural histórico requer que o valor daquelas doutrinas antigas seja duramente conservado e ampliado pela contribuição valiosa das filosofias atuais. [...] (VAN ACKER, 1983, p. 47)

Comparando as teorias do conhecimento do tomismo com as de Descartes, Kant e das principais expressões da fenomenologia contemporânea, Van Acker demonstra que as principais posições da gnosiologia tomista concordam com os valores geralmente reconhecidos pelos filósofos contemporâneos (VAN ACKER, 1983, p. 68).

Outra tentativa de demonstrar o valor do tomismo pode ser encontrada nos escritos de Ivanaldo Santos, que procura mostrar como o tomismo analítico representa contribuição significativa à filosofia contemporânea (SANTOS, 2010, p. 43-54). Importantes diálogos entre o tomismo e o pensamento contemporâneo são ilustrados também pelo tomismo transcendental, iniciado por Joseph Maréchal (ALMEIDA, p. 1172-1191) e pela obra de Alasdair MacIntyre (BEUCHOT, 2013, p. 22-30).

Parece razoável concluir que as sentenças de morte que destinam o tomismo à pura e simples invalidação carecem de profundidade e generalizam posicionamentos que caberiam somente a teses inteiramente abandonadas. Ao contrário, o tomismo não é apenas capaz de exercer pensamento crítico a respeito da modernidade, como efetivamente tem tido participação significativa nessa empresa.

Quanto ao tema da verdade, pelo qual Maritain tanto valoriza o tomismo, cabem também algumas observações críticas. Em primeiro lugar, os textos maritainianos transitam com frequência, sem a indispensável sinalização, entre os conceitos de conhecimento objetivo, verdade científica, verdade filosófico-ontológica, verdade teológica, verdade religiosa (revelada) e Verdade. Mesmo constando textos originalmente elaborados como conferências pronunciadas em ambientes católicos, a passagem de um conceito a outro sem indicações não favorece a compreensão, mas a confusão. Em segundo lugar, Maritain dá pouca importância à distinção entre o conhecimento atual e efetivamente adquirido e o conhecimento possibilitado pelos princípios fundados no ser, sobre o que entende se erigir o tomismo. Dessa maneira, embora admita a historicidade do conhecimento humano e seu progresso, bem como a inevitável ocorrência de erros, desvaloriza-as em seus textos, em favor da possibilidade de construção de um sistema de conhecimentos verdadeiros, identificado com o tomismo. Finalmente, a desvalorização dessa distinção entre conhecimentos verdadeiros adquiridos e a possibilidade de obter a verdade leva Maritain a definir simplesmente a verdade do conhecimento como a conformidade do espírito à coisa (MARITAIN, 1921, p. 180; MARITAIN, 1930a, p. 24), ignorando outras dimensões do problema, como a função valorativa da noção de verdade ou a impossibilidade da certeza da posse da verdade, que só seria obtida se fosse possível alcançar a totalidade do conhecimento na vigência do tempo histórico. Tais imprecisões não invalidam as teses que afirma nem as críticas que tece, mas dificultam a compreensão e o aprofundamento dos temas de que trata.

Uma exposição sobre o pensamento de Maritain não pode elidir a questão da filosofia cristã, que tematiza as relações entre filosofia e teologia e é indispensável para compreender adequadamente as bases de sua obra. Com efeito, esse tema aparece desde as primeiras etapas da elaboração maritainiana, nos anos 1910, em *Art et Scolastique* (publicado pela primeira vez em 1919) e *Antimoderne*, que reúne estudos publicados entre 1910 e 1922; recebe substanciais contribuições nos anos 1930, com *Distinguer pour Unir ou les Dégrés du Savoir* (1932), *De la Philosophie Chrétienne* (1933) e *Science et Sagesse* (1935); mostra uma posição amadurecida em *Approches sans Entraves* (1973); e, no decorrer de significativa evolução, permanece central ao longo de sua obra (GALEAZZI, 1984, p. 148). Maritain participou ativamente do debate sobre o tema da filosofia cristã, que ganhou muita força nos anos 1930, embora tenha se iniciado muito tempo antes e continuado mesmo após a Segunda Guerra Mundial, e envolveu nomes como Maurice Blondel, Étienne Gilson, Émile Bréhier, M.-D. Chenu, M. Heidegger, L. Brunschvicg e muitos outros (BRITO, 2005).

Maritain considera que o tomismo é por excelência a filosofia cristã: "A filosofia cristã não é uma doutrina determinada, ainda que de nosso ponto de vista a doutrina de são Tomás seja sua expressão mais acabada e a mais pura" (MARITAIN, 1975, p. 654). Maritain vê no tomismo uma filosofia compatível com os princípios da fé cristã, que se exprime numa doutrina sólida e coerente. Suas virtudes advêm tanto de sua verdade racional quanto da receptividade e abertura às verdades reveladas.

Na concepção de Maritain, a filosofia cristã é a filosofia elaborada pela razão natural, voltada para o ser e por ele modelada, capaz de inteligir verdadeiramente sua realidade e exprimi-la racionalmente. O que torna cristã uma filosofia é a admissão irrestrita, como verdadeiras, das realidades reveladas, especialmente da Encarnação, cujo conhecimento não pode se fundar sobre bases inteiramente humanas. O fato de ser cristã sobreleva e potencializa a filosofia em seu nível próprio, sem transformá-la em teologia e sem diminuir sua autonomia ou racionalidade. Com efeito, a filosofia que integra em seu saber conhecimentos advindos da religião cristã, quer sejam oriundos da revelação divina ou da tradição mística dos santos, quer sejam verdades sobrenaturais ou mesmo naturais, recebe uma característica intrínseca que modifica as condições de seu exercício, amplia seu alcance e retifica as verdades que adquire, sem abolir sua natureza original de filosofia. Por outro lado, a filosofia deixa seu posto tradicional de sabedoria suprema para colocar-se abaixo da sabedoria teológica e da sabedoria mística. Essa relação entre razão filosófica e verdade revelada fica clara no trecho a seguir:

> Para que os nomes que nós empregamos correspondam às realidades, nós devemos chamar *filosofia cristã* uma filosofia propriamente dita, uma sabedoria que se define como a obra perfeita da razão, *perfectum opus rationis*, e que se encontra, do lado do objeto, de acordo com as verdades reveladas – do lado do sujeito, em conexão vital com as energias sobrenaturais, das quais o *habitus* filosófico é distinto, mas não separado na alma cristã. Para que ela se encontre de acordo com as verdades reveladas, basta que essa filosofia seja verdadeira em sua ordem; ela se fará então, manifestando "integralmente o rigor de suas exigências racionais", seguindo um método não teológico, mas pura e estritamente filosófico, "uma concepção

> da natureza e da razão aberta ao sobrenatural" e confirmada pelos dados naturais, não-repugnante aos dados sobrenaturais contidos no depósito revelado. Mas porque, de fato, o sujeito humano não pode alcançar a integridade das supremas verdades naturalmente cognoscíveis se não for ajudado do alto, esta filosofia requer desenvolver-se, no sujeito, em conexão vital com a fé, a qual, sem entrar na sua textura [dessa filosofia] nem lhe servir de critério positivo, desempenha o papel de princípio regulador extrínseco, *veluti stella rectrix*; com a teologia, que a utilizando como instrumento a corrobora; e com a sabedoria do Espírito Santo, que sobrenaturalmente a confirma na alma do cristão. (MARITAIN, 1946, p. 611-612, grifos do autor. Citações internas referem-se a expressões de M.-D.Chenu).

Em seus escritos tardios, receoso de integrismos cristãos e não-cristãos (GALEAZZI, 1984), Maritain passa a enfatizar a importância, para a sociedade moderna, de uma autêntica e sã filosofia moral e política, em detrimento de uma subordinação ao saber revelado, mas conservando a ideia de que as verdades reveladas podem guiar o progresso filosófico e reafirmando a noção de filosofia cristã (MARITAIN, 1960, p. 18-19):

> [...] a filosofia, especialmente a filosofia moral e política, não pode desempenhar sua função normal em nossa sociedade moderna (notadamente no que concerne à necessidade, para uma sociedade democrática, de estabelecer de maneira autenticamente racional os artigos de sua carta fundamental comum) se não se mantiver em continuidade vital com o espírito da tradição judaico-cristã e com a sabedoria do Evangelho: em outros termos, se não for uma obra e um esforço da razão humana atenta às exigências mais rigorosas do método e dos princípios filosóficos, equipada com todas as armas e recursos da ciência contemporânea e guiada pela luz das supremas verdades que a fé cristã nos faz conhecer (MARITAIN, 1960, p. 18).

Cumpre esclarecer um ponto importante, necessário para a compreensão das teses maritainianas referentes à concepção de filosofia e ao conhecimento, mas também ao humanismo, à cultura, à política, à moral[10] e, por consequência, à educação. Por que a razão humana

10 Faz-se oportuna uma observação sobre o significado do termo "moral" em Maritain. Moral ou Ética são utilizados como sinônimos para designar a disciplina

não é capaz, apoiada apenas em suas forças naturais, de perscrutar o real e alcançar a integridade das verdades naturalmente cognoscíveis? Porque o ser humano está, em sua própria natureza, debilitado pelo pecado e propenso ao erro. A Graça e a Revelação divinas socorrem o homem porquanto retificam suas faculdades de conhecimento em sua ordem natural, fortificando-as e purificando-as dos erros. Além disso, revelam realidades sobrenaturais que a razão natural não poderia alcançar por si mesma. Essas verdades reveladas não contradizem aquelas obtidas pela reta razão natural, mas as completam e as esclarecem. Essa tese, que se apoia diretamente nos textos de São Tomás, especialmente na *Suma Teológica* (TOMÁS DE AQUINO, 1980, Ia-IIae, q. CIX), aparece já em *Antimoderne* (1922), é retomada textualmente em *De la Philosophie Chrétienne* (1933) e reflete-se em diversas obras posteriores:

> Mas eis o que constitui, em minha opinião, o ponto central do debate, em que, de resto, é inevitável o dissenso entre cristãos e não-cristãos.

---

filosófica que analisa o agir humano e a bondade de seus atos: "Quanto à ciência prática que visa a obter o Bem puro e simples do homem, ela constitui a Moral ou Ética. Como ela tem por objeto próprio não a perfeição das obras adequadas e produzidas pelo homem, mas a bondade ou a perfeição do próprio homem que age, ou do uso que ele faz livremente de suas faculdades, ela é propriamente a ciência do 'AGIR', a ciência dos atos humanos [...]" (MARITAIN, 1921, p.189-190). Nesse contexto, o termo "moralidade" designa propriamente a bondade dos atos humanos. Posteriormente, Maritain passa a utilizar a expressão "filosofia moral" para designar a disciplina filosófica voltada para a busca do bem, tornando mais raro o uso do termo "ética", ainda considerado sinônimo. Assim é, por exemplo, nas suas principais obras sobre o tema: *Neuf leçons sur les notions premières de la philosophie morale* (1951) e *La philosophie morale* (1960). Maritain opõe-se veementemente à filosofia kantiana, porque esta distorce o papel da razão, limitando-a ao conhecimento do fenômeno, e impede o conhecimento do ser. Consequentemente, opõe-se também ao pensamento moral kantiano, porque neste o bem moral é fundado não na realidade extramental, mas na "razão pura prática". Diante disso, apesar da forte influência que a ética kantiana tem na cultura contemporânea e do sentido deontológico que esta impõe à palavra "moral", bem como das tendências sociologizantes que identificam moral e costumes vigentes, utilizar-se-á neste trabalho a nomenclatura dos conceitos utilizada por Maritain nos textos comentados, considerando ética e moral como sinônimos e sempre entendidos como voltados para a busca do bem da pessoa humana.

> Não é necessário ser cristão (ainda que o cristão saiba melhor essas coisas, sabendo que a natureza está ferida) para estar convencido da fraqueza de nossa natureza, e que basta que a sabedoria seja difícil para que o erro, nesse domínio, seja para nós o mais frequente. Mas o cristão crê que a graça muda o estado do homem, elevando sua natureza à ordem sobrenatural e fazendo-o conhecer coisas que a razão não poderia atingir por si mesma; ele crê também que se a razão, para atingir sem mistura de erros as mais altas verdades que lhe são naturalmente acessíveis, tem necessidade de ser ajudada, seja de dentro por reforço interno, seja de fora pela proposição de objetos, de fato uma tal ajuda tomou sob a nova lei um valor institucional que cria um regime novo para a inteligência humana (MARITAIN, 1975, p. 645).

Com efeito, essa tese conduz às reflexões de Maritain sobre a natureza humana, a inteligência e a verdade, bem como à crítica de pensadores como Rousseau e Lutero (MARITAIN, 1930a). Todos esses são temas capitais na obra maritainiana, dos quais alguns aspectos são discutidos mais à frente.

2.4 Crítica do mundo moderno e proposição do humanismo integral

Um dos temas de grande importância para a compreensão do pensamento de Jacques Maritain é o que ele denomina "crise do mundo moderno". Com efeito, esse tema é referido, com adaptações, desde os escritos de juventude (*Antimoderne*, de 1922, ou *Trois Réformateurs*, de 1925), alcançando os textos do período da Segunda Guerra Mundial, como *Christianisme et Démocratie* (1943), e aparecendo de forma muito atenuada e diluída na produção das últimas décadas.

Pode-se mesmo afirmar que a vocação filosófica do autor se delineia diante dessa crise, devido à necessidade de compreendê-la e de dar-lhe respostas a partir da filosofia de S. Tomás de Aquino (MARITAIN, 1922, p. 14). Confirmam essa perspectiva as numerosas retomadas, ao longo do conjunto da obra de Maritain, do tema da crise do mundo moderno e do papel do tomismo para sua superação. Numa conferência pronunciada em Lovaina, em 1920, em momento ainda fortemente marcado pelos horrores vividos na Primeira Guerra Mundial, o autor assim se exprime:

> Um mundo novo vai surgir diante de nós, que em parte será obra e que, pelo menos o desejamos, será coisa diferente do estúpido caos sem Deus e sem amor que nos é proposto à guisa de cristandade, e demasiado irrisório para que tantas vidas generosas tenham sido sacrificadas. Mas na elaboração desse mundo novo, o papel capital, a despeito das aparências e sem negligenciar a imensa importância dos fatores econômicos na ordem da causalidade material, o papel capital e formalmente decisivo será desempenhado pelas ideias (MARITAIN, 1922, p.113-114).

O mundo moderno, nos textos maritainianos, aparece como a civilização surgida da dissolução da cristandade medieval, que se estende aproximadamente até as duas guerras mundiais. Suas marcas características são uma cultura profana que se separa progressivamente de Deus e busca valorizar antropocentricamente o homem que a Idade Média desvalorizara e esquecera, afirmando a total independência do sujeito humano em relação ao Criador, à realidade e à verdade. De um ponto de vista filosófico, baseia-se em dois princípios gerais que remontam a Lutero, Rousseau e Kant e se manifestam sob diferentes formas na filosofia moderna: o imanentismo e o transcendentalismo. O primeiro afirma que a liberdade, a interioridade, assim como a verdade, são concebidas como oposição ao não-eu, isto é, radicadas no eu, que reivindica independência em relação a tudo o que lhe é externo (MARITAIN, 1922, p. 23). O segundo princípio deriva do primeiro: nada existe de dado que se nos imponha ou domine; natureza, conceitos, leis e deveres morais, tudo é expressão da atividade criadora do espírito humano (MARITAIN, 1922, p. 24). Tais princípios destroem a verdadeira autonomia do espírito humano, "[...] que é uma interiorização do outro pela inteligência e pelo amor [...]", e resultam no princípio da "Independência Absoluta da Criatura" (MARITAIN, 1922, p. 24). A filosofia moderna despreza, assim, o patrimônio de pensamento construído pelas gerações precedentes e substitui a busca da verdade pela busca da originalidade, submetendo o saber a particularismos dos filósofos (MARITAIN, 1922, p. 19).

Diante desse quadro, o projeto filosófico de Maritain propõe um posicionamento que denomina "antimoderno", por seu apego à tradição intelectual e espiritual do catolicismo e do tomismo. No entanto, esse mesmo posicionamento deve ser considerado também "ultramoderno", por seu empenho em se adaptar às condições novas que surgem na vida do mundo (MARITAIN, 1922, p. 14-15).

O que pretende o projeto ao mesmo tempo antimoderno e ultramoderno de Maritain? Não se trata de postular qualquer retorno à Idade Média (MARITAIN, 1922, p. 21). Trata-se de "[...] salvar e assimilar todas as riquezas de ser acumuladas nos tempos modernos, desejar renovações e também estimar o esforço daqueles que as buscam [...]" (MARITAIN, 1922, p. 21). Trata-se, ainda, de recolocar, num mundo novo, os princípios espirituais e normas adquiridas pelo pensamento humano ao longo dos séculos (MARITAIN, 1922, p. 21), por meio de um pensamento universalista e durável (MARITAIN, 1922, p. 15), capaz de considerar criticamente o conhecimento dos objetos e a adequação do espírito humano à realidade das coisas (MARITAIN, 1922, p. 17). Isso que é a filosofia tomista.

Num importante texto posterior, publicado em *Le Docteur Angélique* (1930b), Maritain (1930b, p. 89-90) destaca na crise do mundo moderno o desvio da inteligência, mais precisamente, a ruptura de sua ordenação ao objeto (MARITAIN, 1930b, p. 87), da qual constituem sintomas o agnosticismo (que nega a possibilidade da metafísica), o naturalismo (que recusa a ordem sobrenatural) e o individualismo (que supõe encontrar em cada indivíduo a autonomia do espírito). A esse "mal dos tempos modernos", que é, antes de tudo, um "mal da inteligência" (MARITAIN, 1930b, p. 86), que só poderá ser curado pela própria inteligência íntegra e adequadamente considerada (MARITAIN, 1930b, p. 91), Maritain contrapõe S. Tomás de Aquino, apresentado como "apóstolo dos tempos modernos" (MARITAIN, 1930b, p. 85-125), cujo pensamento filosófico

> [...] mantém melhor que qualquer outro os direitos e a nobreza da inteligência, afirmando seu primado natural sobre a vontade, colocando sob sua luz toda a diversidade hierarquizada do ser, identificando-a, onde se encontra em ato puro, com a natureza infinitamente santa do Deus vivo [...] (MARITAIN, 1930b, p. 94).

Ante os males do mundo moderno, o tomismo permitirá um "[...] trabalho universal de retificação na verdade [...]" (MARITAIN, 1930b, p. 125). O mundo moderno, informado e dinamizado por seus princípios espirituais errôneos, produziu concepções de homem igualmente errôneas, com consequências em todas as dimensões da vida humana. Com efeito, os processos históricos não resultam, no pensamento de Maritain, apenas de fatores econômicos, políticos ou militares. Resultam, em grande medida, do desenvolvimento dos princípios espirituais que informam todas essas realidades. Princípios espirituais maus ou errôneos produzirão resultados correspondentes, não imediatamente, mas ao longo da duração própria do ritmo histórico (Cf. MARITAIN, 1943, p. 15-22; MARITAIN, 1944, p. 199-202; MARITAIN, 1967b, p. 64-65).

A crise do mundo moderno continuou a ser tratada, com as adaptações que as circunstâncias históricas exigiram, nos principais livros posteriores. Assim é em *Humanisme Intégral* (1936), em que Maritain procede a uma extensa análise dessa crise, descrita na perspectiva de uma "tragédia dos humanismos". Em *Christianisme et démocratie* (1943), Maritain sintetiza as causas dessa crise e interpreta o momento da Segunda Guerra Mundial como a "liquidação do mundo moderno" (MARITAIN, 1943a, p. 27) resultante da longa deterioração. Em *Vues thomistes sur l'éducation* (1955), o tema da crise reaparece como "um problema de civilização" (MARITAIN, 2012, p. 170), que demanda a restauração da integridade da razão natural. Em *Le paysan de la Garonne* (1966), Maritain retoma a crítica das correntes filosóficas que, desde o início da modernidade até a filosofia contemporânea, deformam a razão e obstaculizam o conhecimento devido a suas premissas idealistas (MARITAIN, 1967c). Há, pois, nítida continuidade na reflexão sobre a crise do mundo moderno, não simplesmente repetida, mas retomada, renovada e aprofundada ao longo dos anos.

O humanismo é um dos temas mais relevantes para a compreensão da obra de Maritain, seja devido à sua conexão com a concepção de pessoa humana, seja pelas implicações nas ordens social, política e cultural, em cuja intersecção se situa a educação. Ciente da ambiguidade do vocábulo e da dependência inevitável a uma ou outra concepção de ser humano e afastando liminarmente as definições que neguem qualquer ordenação ao sobre-humano e toda transcendência, Maritain caracteriza provisoriamente o conceito afirmando que

> [...] o humanismo tende essencialmente a tornar o homem mais verdadeiramente humano e a manifestar sua grandeza original fazendo-o participar de tudo o que pode enriquecê-lo na natureza e na história [...]; ele requer ao mesmo tempo que o homem desenvolva as virtualidades contidas em si, suas forças criadoras e a vida da razão, e trabalhe para fazer das forças do mundo físico instrumentos de sua liberdade (MARITAIN, 1947a, p. 10).

Um conceito tão amplo deve ser precisado e Maritain o faz examinando criticamente o que o autor denomina "humanismo clássico" e suas derivações contemporâneas, bem como especificando e desenvolvendo o conceito de humanismo integral. No livro *Humanisme Intégral* (1936), que é a obra mais conhecida de Maritain, o autor descreve os humanismos modernos e mostra sua tragédia, isto é, o processo de sua corrupção e morte. Da dissolução da era medieval e da cristandade – em que o homem, embora fosse considerado propriamente pessoa (MARITAIN, 1947a, p. 17), descurava da reflexão sobre si mesmo e aplicava-se à construção de uma obra divina, vivendo sob o signo do sagrado (MARITAIN, 1947a, p. 22-23) – abriu campo para uma "civilização profana" (MARITAIN, 1947a, p. 23), voltada para a "reabilitação antropocêntrica da criatura" (MARITAIN, 1947a, p. 23) e logo para o "[...] culto da Humanidade, do puro Homem" (MARITAIN, 1947a, p. 23). Engendrou-se daí o humanismo clássico (MARITAIN, 1947a, p. 24), que se estende da Renascença ao século XIX. Esse humanismo concebe a natureza humana e a razão como autossuficientes, encerradas em si mesmas e excludentes de toda realidade que não coincida com elas próprias e, por consequência, inteiramente fechadas ao transcendente e à infusão divina. A pessoa humana se vê reduzida a seus aspectos biológicos e materiais; a cultura se torna inimiga das religiões e se volta para o domínio técnico da natureza; Deus passa a ser apenas uma ideia associada à realidade imanente e, finalmente, dá lugar ao ateísmo puro (MARITAIN, 1947a, p. 36-42). "Em resumo, digamos que o vício radical do humanismo antropocêntrico foi de ser antropocêntrico e não de ser humanismo" (MARITAIN, 1947a, p. 35).

São frutos do humanismo antropocêntrico o Iluminismo (MARITAIN, 1947a, p. 36), que promete à humanidade progresso e felicidade construídos exclusivamente pela razão autossuficiente; o individualismo burguês, marcado pela busca por bem-estar, enriquecimento e liberdade individual; e a ascensão do irracionalismo no século XX, reação ao fechamento da razão sobre si mesma. Como reação, principalmente ao individualismo burguês, surge o materialismo marxista, que, reduzindo toda a causalidade à causa material, reduz o ser humano a seu trabalho e a pessoa humana ao homem coletivo (MARITAIN, 1947a, p. 53-59). A principal expressão política desses fenômenos são, no século XX, os totalitarismos, mais especificamente o nazismo e o comunismo soviético.

O totalitarismo, nessas principais manifestações, é discutido por Maritain em diversas passagens. No pequeno e importante livro *Les droits de l'homme et la loi naturelle* (1942), Maritain o interpreta como o regime político e a filosofia política que reduzem o homem a uma parte da sociedade política, isto é, consideram que o ser humano pertence à sociedade política "[...] segundo o seu ser inteiro e segundo tudo o que existe nele ('tudo no Estado, nada contra o Estado, nada fora do Estado')" (MARITAIN, 1942, p. 28). Assim procedendo, o totalitarismo nega a orientação da pessoa humana para o absoluto e a possibilidade de sua completação supratemporal. Ao negá-las, ele desconhece a dignidade absoluta da pessoa humana (que deriva de sua relação direta com o absoluto) (MARITAIN, 1942, p. 17) e, na mesma proporção, desvirtua a política, cuja finalidade precípua é satisfazer às necessidades fundamentais da pessoa, permitindo-lhe desenvolver sua vida moral e racional, além de viabilizar condições de vida coletiva compatíveis com a dignidade humana (cf. MARITAIN, 1942, p. 59-61).

Como resposta ao humanismo antropocêntrico e a suas derivações, que o autor afirma não constituírem verdadeiros humanismos por não reconhecerem a pessoa humana em sua totalidade e por atentarem contra sua dignidade absoluta, Maritain propõe a construção de um novo humanismo, de inspiração teocêntrica, cujo traço definidor é considerar o homem na integralidade de seu ser natural e sobrenatural, não fechado sobre si mesmo, mas aberto ao mundo do divino e do suprarracional, especialmente aberto à descida do divino no homem. Daí denomina-se o "humanismo integral" (MARITAIN, 1947a).

O novo humanismo postula para o homem uma consciência teocêntrica de si, em que a criatura é reabilitada não contra Deus, como o fazia o humanismo antropocêntrico, mas em Deus, respeitada em sua ligação com o divino e com tudo que dele recebe (MARITAIN, 1947a, p. 80). Essa nova consciência pode ser descrita como consciência de si evangélica, capaz de conhecer as regiões profundas do ser humano e, ao mesmo tempo, aberta ao transcendente. Essa consciência:

> [...] pode alcançar e perscrutar a pessoa humana em seu valor de pessoa e sem a dissociar, pode descobrir sua textura espiritual como imagem de Deus que o mal não pode corromper radicalmente e que geme naturalmente, não sem dúvida pela Graça como tal, que a natureza não conhece por si mesma, mas por uma plenitude que, de fato, somente a Graça pode dar (MARITAIN, 1947a, p. 84-85).

Apesar de aberta ao influxo das realidades transcendentes, e por isso mesmo, essa nova consciência de si não ignora nem desvaloriza as dimensões natural e racional do ser humano, antes "[...] implica um respeito evangélico da natureza e da razão, destas estruturas naturais que o humanismo moderno descobriu e que não soube preservar, da grandeza original do homem jamais completamente apagada pelo mal" (MARITAIN, 1947a, p. 85).

Outro traço do humanismo integral é a tomada de consciência das exigências evangélicas concernentes à vida temporal do homem, mas teleologicamente consideradas: "[...] exigências que querem a transfiguração da ordem temporal e da vida social (quero dizer uma transformação perpetuamente retomada e aprofundada, até a transfiguração final, quando a carne ressuscitará" (MARITAIN, 1947a, p. 85). Essa transformação não deve ser concebida de maneira meramente figurativa, mas deve mudar realmente as estruturas da vida social da humanidade: "[...] é em vão que se afirmam a dignidade e a vocação da pessoa humana se não se trabalha para transformar as condições que a oprimem e para fazê-lo de maneira que ela possa dignamente comer seu pão" (MARITAIN, 1947a, p. 101).

Visando à transformação real das estruturas e à realização do novo humanismo, inclusive em sua dimensão prática, Maritain propõe o ideal histórico concreto de uma nova cristandade, informado por um humanismo integral ou teocêntrico. Essa nova cristandade não consistiria em qualquer tipo de retorno à Idade Média, nem em qualquer vertente de cesaropapismo, mas em uma proposta como "[...] uma cidade temporal intrinsecamente vivificada e impregnada pelo cristianismo" (MARITAIN, 1947a, p. 173, nota 2), fundada numa concepção profana cristã da ordem temporal. Essa cristandade não pode ser utópica nem ingênua, no sentido de perfeição inatingível, mas deve ser fundada na razão e na realidade humana (MARITAIN, 1947a, p. 140), animada pelo espírito cristão e capaz de responder ao clima histórico do tempo em que é proposta e de modificar-se com a época histórica (MARITAIN, 1947a, p. 139). As características dessa cidade (sociedade politicamente organizada), que Maritain discute longamente em *Humanisme Intégral*, podem ser resumidas em:

a) caráter comunitário, em outras palavras, orientado para o bem comum material e moral do todo social (MARITAIN, 1947a, p. 140);
b) caráter personalista, ou seja, orientada para o respeito aos fins supratemporais da pessoa humana e para a realização da liberdade de autonomia da pessoa humana (MARITAIN, 1947a, p. 140-141);
c) caráter dinâmico e peregrinal, que vê na estrutura "boa e vivível" que se busca construir "[...] um estado de justiça, amizade e prosperidade tornando possível a cada pessoa a realização de seu destino" (MARITAIN, 1947a, p. 143), mas também entendido como estado transicional do ser humano para a vida eterna;
d) pluralismo, abrangendo o pluralismo social, que permite a maior liberdade possível às sociedades particulares e grupos diversos no interior da sociedade civil, superadas as divisões de classes sociais; pluralismo jurídico e religioso; pluralismo político e pluralismo econômico, em que o regime capitalista de trabalho e de organização social é substituído por um regime cujo espírito e estrutura econômica são conformes à dignidade da pessoa humana e à concepção comunitário-personalista da vida social (MARITAIN, 1947a, p. 169-177).

Cumpre destacar, nesse projeto da nova cristandade, a distinção entre obra comum temporal, a ser realizada através de um regime social, político e econômico que integre em si o reconhecimento e o respeito pela dignidade da pessoa humana e por sua vocação espiritual, e a vida propriamente espiritual do ser humano, com suas próprias exigências de desenvolvimento, que devem ser respondidas individualmente (MARITAIN, 1947a, p. 141-142). Um trecho do *Humanisme Intégral* procura deixar clara essa distinção:

> A sociedade política não tem por função conduzir a pessoa humana à sua perfeição espiritual e à sua plena liberdade de autonomia (isto é, à santidade, a um estado de liberdade propriamente divino porquanto é a vida mesma de Deus que vive então no homem). Entretanto, a sociedade política é destinada essencialmente, em razão do fim terrestre que a especifica, ao desenvolvimento de condições de meio que conduzam de tal sorte a multidão a um grau de vida material, intelectual e moral conveniente ao bem e à paz do todo, que cada pessoa aí se encontre ajudada positivamente à conquista progressiva de sua plena vida de pessoa e de sua liberdade espiritual (MARITAIN, 1947a, p. 141).

Os anos da Segunda Guerra Mundial, marcados pela queda da França, pelo exílio nos Estados Unidos e, mais tarde, mais tarde pelo trabalho diplomático, trouxeram a Jacques Maritain experiências e demandas que provocaram um notável desenvolvimento de sua obra política. Datam desse período os escritos em que Maritain amadurece e sistematiza seu pensamento sobre a política, a democracia, os direitos humanos, a educação e diversos outros temas. A partir desses textos, observam-se algumas mudanças relevantes. Tendo-se ampliado seu público e tendo surgido a necessidade de dirigir-se a leitores de diferentes religiões e tradições culturais, Maritain atenua o tom provocativo de seus textos e diminui sensivelmente as referências à teologia e ao mundo católico. O estilo continua bastante direto e pouco afeito aos padrões acadêmicos. Alteram-se também algumas posições teóricas, sem, porém, se alterarem os fundamentos e as teses básicas de seu pensamento. Menciona-se o tema da crise do mundo moderno, que durante a Segunda Guerra Mundial transmutou-se para o tema da liquidação do mundo moderno, da purificação de seus erros e meios de ação. Indica-se também, pela relevância, a atenuação do tema da construção de uma nova cristandade e a importância crescente do tema da democracia.

A democracia aparece, nas obras anteriores a *Humanisme Intégral*, como um regime misto, em que o princípio democrático deve ser temperado por princípios aristocráticos (MARITAIN, 1933, p. 85). Em *Humanisme Intégral*, a democracia passa a ser vista de forma positiva, como democracia personalista, em que o sufrágio e a elegibilidade sejam universais, abertos a homens e mulheres, e na qual os cidadãos tenham efetivo engajamento e participação (MARITAIN, 1947a, p. 180, nota 1). Ainda assim, seu papel é animar politicamente e manter a unidade da sociedade pluralista e personalista a ser construída numa nova cristandade (MARITAIN, 1947a, p. 177).

Em *Christianisme et Demócratie* (1943) e principalmente em *Man and State* (1951), a ênfase desloca-se da nova cristandade para a democracia orgânica. Esta é caracterizada pelo comunitarismo, personalismo, pluralismo e teísmo, além da representação autoritativa. Sua origem deriva da inspiração evangélica (MARITAIN, 1943, p. 67), que suscitou ao longo dos séculos princípios como o da dignidade da pessoa humana, da justiça como fundamento da vida comum e propriedade essencial da lei, da dignidade do povo e do homem comum, entre outros (MARITAIN, 1943, p. 55). A efetiva realização da democracia orgânica depende continuamente dessa inspiração. Possui também um caráter natural, no sentido de corresponder às exigências mais profundas da natureza humana (MARITAIN, 1967, p. 112-113). Embora plenamente fundamentada nos princípios da filosofia política humanista, ao congregar grupos sociais distintos com tradições filosóficas, culturais e religiosas distintas e possivelmente alheias aos princípios cristãos, a democracia orgânica necessita estruturar-se sobre um conjunto de convicções práticas comuns, que cada grupo justificará segundo suas próprias tradições, destinado a propiciar a vida social e política, permitir a colaboração em vista do bem comum e a defesa das instituições democráticas. Sem caráter religioso, esse credo secular reuniria crenças práticas comuns que constituiriam a base da comunhão nacional e da paz civil. Nas palavras do autor:

> Uma democracia autêntica implica um acordo fundamental dos espíritos e das vontades sobre as bases da vida comum; ela é consciente de si mesma e de seus princípios e deve ser capaz de defender e de promover sua própria concepção da vida social e política; *deve trazer em si um credo humano comum, o credo da liberdade* (MARITAIN, 1953, p. 101-102, grifos do autor).

Finalmente, a democracia orgânica constitui uma via privilegiada para alcançar os mais elevados objetivos da filosofia política humanista: a realização do bem comum, a racionalização moral da vida política e até mesmo a instauração de uma sociedade política mundial fundamentada na liberdade (MARITAIN, 1953).

Quando comparada em detalhe, a proposta da democracia orgânica (sistematizada em *Man and State*, de 1951) tem princípios básicos correspondentes aos da nova cristandade, explicitados em *Humanisme Intégral* (1936), dela diferindo pela importância dada às instituições democráticas e pela maior clareza com que é sistematizada a filosofia política humanista. Ao contrário do que sugerem algumas interpretações superficiais, o deslocamento da nova cristandade para a democracia orgânica não constitui abandono da primeira proposta, mas sua adaptação a tempos e circunstâncias novas. Permanece o propósito de construir uma sociedade compatível com a natureza humana e com sua dignidade, por meio de instituições moldadas segundo a filosofia política humanista, de inspiração cristã.

Esse breve esboço da obra maritainiana pretende ter lançado elementos para a compreensão dos capítulos que se seguem. Com efeito, a filosofia do conhecimento e do ser, a filosofia da pessoa humana e da liberdade, bases indispensáveis da filosofia da educação de Maritain, lastreiam-se sobre alguns dos conceitos aqui expostos.

CAPÍTULO 3

PESSOA HUMANA, INTELIGÊNCIA E LIBERDADE

Para adentrar a temática proposta por este estudo e buscar alcançar seus objetivos na reflexão sobre a educação, é necessário aprofundar alguns temas do pensamento de Jacques Maritain e operar sobre eles uma sistematização de suas linhas básicas, visando a subsidiar e esclarecer a reflexão educacional do filósofo. Com esse propósito, destacam-se como temas principais a pessoa humana, sua constituição, dignidade e relações com a sociedade, mas também suas aspirações naturais de liberdade, inteligência e amor.

Compreender características, tendências, possibilidades, desenvolvimento e fins da pessoa humana é pressuposto para a discussão educacional, pois a educação volta-se necessariamente para o desenvolvimento da pessoa humana, em especial quando focalizada na ideia de educação integral e de sua promoção por meio de políticas públicas educacionais.

Cumpre observar que a temática da pessoa humana atravessa toda a obra de Jacques Maritain. Sistematizá-la completamente requereria analisar todas as suas obras, o que fugiria aos propósitos deste estudo e, sem dúvida, identificaria numerosas repetições. Daí a opção por utilizar seus principais textos sobre o tema. Assim, constituem fontes diretas e indiretas deste capítulo: *Principes d'une politique humaniste* (1944); *La personne et le bien commum* (1947); *Du régime temporel et de la liberté* (1933), principalmente o ensaio *Une philosophie de la liberté*; *Raison et raisons* (1947); *Reflexions sur l'intelligence et sur sa vie propre* (1924); *De Bergson à Thomas d'Aquin* (1947); *Sort de l'homme* (1943); *Les droits de l'homme et la loi naturelle* (1942); e *Quatre essais sur l'esprit dans sa condition charnelle* (1956).

3.1 O conceito de pessoa humana em Jacques Maritain

Examinando a pessoa humana a partir da metafísica de Tomás de Aquino, Maritain assume um posicionamento que ele mesmo caracteriza como "personalismo tomista" (MARITAIN, 1947b, p. 9). Como os numerosos e variados personalismos que surgiram na década de 1930, opõe-se tanto à "concepção totalitária ou exclusivamente comunitária de sociedade" (MARITAIN, 1947b, p. 8), como também a toda "filosofia social centrada no primado do indivíduo e do bem privado" (MARITAIN, 1947b, p. 9). Diversamente dos demais autores personalistas dessa época, Maritain fundamenta seu personalismo no pensamento de Tomás de Aquino. Pretende constituir uma "filosofia social centrada na dignidade da pessoa humana" (MARITAIN, 1947b, p. 9), para o que opera a distinção metafísica entre individualidade e personalidade, que remonta a Tomás de Aquino, tomada como fundamento de sua elaboração e das quais se extraem importantes consequências. Apresentam-se a seguir as principais teses desse personalismo.

O ser humano, como todos os seres corporais, é composto de matéria e forma. Na tradição aristotélico-tomista, a matéria é concebida como "potência de receptibilidade e de mutabilidade substancial" (MARITAIN, 1947b, p. 29), princípio constitutivo dos seres, mas que ainda não é um ser, pois está destituída de determinações. Por sua vez, a forma é o princípio constitutivo que atribui determinações e organização aos seres. Um ser é o que é devido à sua forma, que constitui com a matéria uma unidade substancial e que particulariza cada ser.

O ser humano possui uma alma, que é um espírito (MARITAIN, 1942, p. 16). No ser humano, a alma, que é o primeiro princípio da vida num corpo vivente e por sua natureza destinada a animá-lo, é também um espírito, ou seja, uma substância imaterial e subsistente que constitui a forma substancial do ser humano. Por sua vez, o corpo físico, material e perecível, existe e opera enquanto corpo humano devido à sua alma espiritual. Corpo e espírito são partes essenciais do ser humano. Nenhum deles, isoladamente, constitui a pessoa humana (MARITAIN, 1943b, p. 19 e p. 24): "[...] a alma e a matéria são dois co-princípios substanciais de um mesmo ser, de uma só e única realidade, que se chama o homem [...]" (MARITAIN, 1947b, p. 29).

Na alma humana radicam as faculdades da inteligência e da vontade, bem como suas operações mais elevadas: "o conhecimento intelectual, a contemplação, o amor, o desejo e a alegria suprassensíveis, a vontade livre" (MARITAIN, 1943b, p. 23). A atividade dessas faculdades imateriais depende, entretanto, do corpo humano e das condições do cérebro. Não ocorrem sem a participação da memória e da imaginação, dos sentidos internos e externos, que constituem faculdades orgânicas (MARITAIN, 1943b, p. 22). Mas nenhum órgão do corpo humano tem por ato uma operação intelectual.

Acompanhando São Tomás de Aquino, afirma Maritain que a individualidade de todos os seres corpóreos, inclusive do ser humano, radica na matéria. Daí resulta que, como ser individual, o humano está sujeito às leis que regem a matéria:

> Enquanto indivíduo, cada um de nós é um fragmento de uma espécie, uma parte deste universo, um ponto singular da imensa rede de forças e de influências cósmicas, étnicas, históricas, cujas leis suporta; está submetido ao determinismo do mundo físico (MARITAIN, 1947b, p. 31).

Mas o ser humano não é apenas individualidade, é também personalidade, aqui entendida não como conjunto de características psicológicas, mas como sua realidade ontológica de pessoa.

A pessoa humana é a realidade substancial, que existe de maneira eminente, possuindo a si mesma, tendo domínio de si e sendo capaz de dispor de si própria; é inteligente e livre, uma realidade que possui existência espiritual, cuja raiz é a alma humana. A pessoa é, portanto, uma realidade que, subsistindo espiritualmente, possui a sua existência e a sua perfeição próprias, cuja marca é a independência. Reafirmando essas características e seu fundamento espiritual, Maritain destaca os traços distintivos da pessoa em relação aos demais seres:

> Não há nisso nenhum mistério. O mundo moderno confunde simplesmente duas coisas que a sabedoria antiga havia distinguido: confunde individualidade e personalidade. Que nos diz a filosofia cristã? Ela nos diz que a pessoa é 'uma substância individual completa, de natureza intelectual e senhora de suas ações, *sui iuris*, autônoma, no sentido autêntico desta palavra. Assim o nome de pessoa é reservado às substâncias que possuem esta coisa divina, o espírito, e que, por isso, são cada uma, em si mesmas, um mundo superior a toda ordem dos corpos, um mundo espiritual e moral que, falando propriamente, não é parte deste universo, e cujo segredo é inviolável mesmo ao olhar natural dos anjos; o nome de pessoa é reservada às substâncias que, escolhendo seu fim, são capazes de decidir os meios e de introduzir no universo, por sua liberdade, séries de eventos novos; às substâncias que podem dizer à sua maneira: *fiat* e isto é feito. E o que faz sua dignidade, o que faz sua personalidade, é própria e precisamente a subsistência da alma espiritual e imortal, e sua independência dominadora diante de toda imagem fugaz e de toda a maquinaria dos fenômenos sensíveis. Tanto que Santo Tomás ensina que o nome de pessoa significa a mais nobre e a mais elevada das coisas que estão em toda a natureza: *Persona significat id quod est perfectissimum in tota natura.* (MARITAIN, 1925, p. 27-28).

Assim, a pessoa[1] é um todo independente, que constitui uma espécie de universo para si mesmo, um microcosmo, inserido no todo maior do universo. Esse microcosmo não existe apenas de maneira física. É dotado de interioridade em relação a si mesmo e, exercendo a inteligência e a liberdade, é capaz de sobre-existir em conhecimento e em amor.

Nesse sentido, assinala Maritain:

---

1 Cumpre observar que, acompanhando a filosofia de Tomás de Aquino, Maritain concebe também Deus e os anjos como pessoas, entretanto de naturezas distintas da pessoa humana: "[...] esta mesma tradição filosófica vê em Deus a soberana Personalidade, porquanto a existência de Deus consiste numa pura e absoluta superexistência de intelecção e de amor" (MARITAIN, 1947b, p. 33). Esse tema não será analisado neste trabalho por não guardar relação necessária com seu objetivo. Por isso, menções à "pessoa" referem-se sempre à pessoa humana.

> Quando os filósofos consideram essa realidade metafísica que se chama Personalidade, eles estabelecem que uma Pessoa é essencialmente um todo espiritual, caracterizado pela independência. Uma Pessoa é um universo em si mesmo, um universo de conhecimento, de amor e de liberdade, um todo que, à diferença de uma parte, não poderia se subordinar, salvo a todos aos quais pode se referir pelo conhecimento e pelo amor (MARITAIN, 1943b, p. 18).

A natureza das relações desse microcosmo com o Universo também constitui característica singular da pessoa humana:

> É assim de alguma maneira um todo, e não somente uma parte, é um universo em si mesmo, um microcosmo, no qual o grande universo inteiro pode ser contido pelo conhecimento, e que pelo amor pode dar-se livremente a seres que são como outros tantos dele mesmo, relação de que é impossível de encontrar equivalente em todo o universo físico (MARITAIN, 1942, p. 15).

A independência, que permite que a pessoa perceba-se como um 'eu próprio', um 'si mesmo', não a fecha em si mesma, mas coloca a exigência da comunicação com o outro e com os outros, por meio do conhecimento e do amor. Pode-se, assim, afirmar que a pessoa é um "todo aberto", e que vem daí sua tendência à vida social e à comunhão (MARITAIN, 1942, p. 18):

> E por que é que a pessoa requer por si viver em sociedade? Ela o requer, em primeiro lugar, enquanto pessoa, isto é, em virtude das perfeições que lhe são próprias e daquela abertura às comunicações do conhecimento e do amor, de que falamos, e que exigem a entrada em relação com outras pessoas. Considerada sob o aspecto de sua generosidade radical, a pessoa humana tende a superabundar nas comunicações sociais, segundo a lei da superabundância que está inscrita no mais profundo do ser, da vida, da inteligência e do amor (MARITAIN, 1947b, p. 51).

Vem também dessa característica natural da pessoa humana a aspiração pela liberdade, em graus cada vez mais elevados, até a perfeita liberdade espiritual (MARITAIN, 1942, p. 34); sua aspiração natural pela vida espiritual (MARITAIN, 1942, p. 95) e pelas verdades para as quais a inteligência tende por si mesma (MARITAIN, 1942, p. 97) e, por fim, sua aspiração pelo seu fim último, que é Deus (MARITAIN,

1942, p. 32, p. 98). Pode-se, portanto, simplificadamente, afirmar que a pessoa humana tende naturalmente à expansão e aspira a seu pleno desenvolvimento.

Observa Maritain que a noção de pessoa é analógica[2]: deve ser analisada em graus diversos e em planos ontológicos distintos. Assim, a pessoa humana, estando no grau mais baixo dos seres intelectuais, representa o grau inferior da personalidade. A perfeição da personalidade se realiza em grau eminente e em ato puro na pessoa divina (MARITAIN, 1933, p. 56).

Dessas premissas vêm importantes consequências. A primeira é que a pessoa, como todos os seres, está voltada para um fim próprio. O fim último da pessoa humana e seu bem mais elevado é Deus. Somente em Deus, Absoluto que transcende o mundo, a pessoa pode encontrar plena realização, isto é, sua beatitude (Cf. MARITAIN, 1933, p. 19; MARITAIN, 1947b, p. 11). Daí se segue que: "[...] sua pátria espiritual é todo o universo do absoluto e dos bens sem declínio, que são como uma introdução ao Todo absoluto que transcende o mundo" (MARITAIN, 1947b, p. 35).

Cabe assinalar uma segunda consequência da analogia da noção de pessoa. O ser humano é pessoa, em outras palavras, "um universo de natureza espiritual, dotado da liberdade de escolha e destinado à liberdade de autonomia" (MARITAIN, 1933, p. 55). Mas nele a personalidade é precária e ameaçada e deve ser progressivamente conquistada (MARITAIN, 1933, p. 56). Isso porque, como outros seres corporais, sua individuação depende da matéria, ao passo que sua personalidade depende da subsistência do espírito (MARITAIN, 1933, p. 56).

Observa-se, nesse sentido, que a individualidade e a personalidade estão unidas em cada ser humano, como sentidos distintos de um mesmo ser, gerando atrações opostas. No seu agir livre, o ser humano

2 A analogia do ser é tema relevante no pensamento metafisico de Maritain, relacionado à compreensão do conceito de ser, da essência divina e dos níveis que distinguem as naturezas próprias dos seres. Ver, sobre isso, Maritain (1934).

pode deixar-se envolver pela sua personalidade, radicada no espírito, ou pela sua individualidade, radicada na matéria, com tendência à dispersão. Em outros termos, pode desenvolver-se na direção do egoísmo radical ou da generosidade capaz de doar-se. Por isso, o ser humano deve realizar, por sua autonomia e vontade, aquilo que a sua natureza lhe dá em esboço; num certo sentido, deve tornar-se o que é, desenvolvendo e realizando suas potencialidades mais elevadas. Para Maritain, "O homem só será verdadeiramente uma pessoa na medida em que a vida do espírito e da liberdade dominar nele a vida dos sentidos e das paixões" (MARITAIN, 1947b, p. 37).

A necessidade de desenvolvimento da pessoa humana ao longo da vida traz importantes exigências para o campo da educação e da cultura, tanto quanto para o campo da constituição social e da ação política. Na educação, que é a arte modeladora da cooperação com o princípio interior do ser humano, depende em grande parte "[...] que, na intimidade do ser, o peso da individualidade diminua e o peso da personalidade verdadeira e da sua generosidade aumente" (MARITAIN, 1947b, p. 39). A terceira consequência diz respeito à dignidade da pessoa humana e é tratada a seguir.

3.2 Dignidade da pessoa humana

Apoiando-se em S. Tomás, Maritain invoca a *Suma Teológica*: "A pessoa é o que há de mais nobre e mais perfeito em toda a natureza" (MARITAIN, 1947b, p. 26), simplificando, entretanto, a frase de S. Tomás que afirma: "Pessoa significa o que há de mais perfeito de toda a natureza, i. é, o que subsiste em a natureza racional". (TOMÁS DE AQUINO, 1980, I, q. 29, a. 3).

Embora, como destaca o texto da *Suma*, essa afirmação convenha propriamente apenas a Deus, cuja essência contém todas as perfeições, pode ser atribuída também ao ser humano, pois "muito digno é o subsistir em a natureza racional" (TOMÁS DE AQUINO, 1980, I, q. 29, a. 3, ad 2ª). Assim, Tomás de Aquino fundamenta a dignidade na realidade do ser humano, tomada no plano ontológico. Maritain segue em linha ontológica semelhante:

> O valor da pessoa, sua liberdade, seus direitos, pertencem à ordem das coisas naturalmente sagradas, que trazem a marca do Pai dos seres e que têm nele o termo do seu movimento. A pessoa tem uma dignidade absoluta porque ela está em uma relação direta com o absoluto, no qual somente ela pode encontrar sua plena realização; [...] (MARITAIN, 1942, p. 16-17).

Dirigindo-se a cristãos, recorre também a outra fundamentação, de base religiosa, argumento sintetizado pela conhecida expressão "imagem de Deus":

> [...] o que se encontra no mais profundo da dignidade da pessoa humana é que ela não apenas tem com Deus a semelhança comum que têm as outras criaturas; assemelha-se-lhe *com propriedade*, ela é à imagem de Deus, porque Deus é espírito e ela procede dele tendo por princípio de vida uma alma espiritual, um espírito capaz de conhecer, de amar e de ser elevado pela graça a participar da própria vida de Deus, para, no fim, o conhecer e amar como ele se conhece e se ama (MARITAIN, 1947b, p. 35).

A pessoa humana, um todo independente que aspira à liberdade, ao mesmo tempo em que tende à comunhão na vida social e ao amor, que encontra seu fim último em Deus, por mais indigente que seja, envolve em seu próprio ser uma raiz de independência e aspira a atingir graus cada vez mais elevados de independência, até a perfeita liberdade espiritual que nenhuma sociedade humana é suficiente para fornecer. Portanto, a dignidade não é um valor sem fundamento, mas corresponde *in re* às características ontológicas. (Cf. MARITAIN, 1942, p. 32-34). A dignidade da pessoa humana, que radica na sua alma espiritual e na relação com o absoluto, ultrapassa a sociedade e é anterior a ela:

> [...] em razão de sua relação com o absoluto, por ser chamada a uma vida e um destino superiores ao tempo, em outros termos, confor-

> me as exigências mais elevadas da personalidade como tal, a pessoa humana *supera* todas as sociedades temporais e lhes é superior; e, a esse ponto de vista, por outras palavras, em relação a coisas que dizem respeito ao absoluto no homem, é à realização perfeita da pessoa e de suas aspirações supratemporais que a sociedade ela própria, e seu bem comum, são indiretamente subordinados, como a um fim de outra ordem, que os transcende. Uma só alma humana vale mais do que todo o universo dos corpos e dos bens materiais. Nada há acima da alma humana – senão Deus. Em face ao valor eterno e à dignidade absoluta da alma, a sociedade existe para cada pessoa e lhe é subordinada (MARITAIN, 1942, p. 26-27).

Da consciência da dignidade humana deriva a descoberta da lei natural e, desta, os direitos humanos. O ser humano, possui uma natureza que o constitui de determinada maneira e é comum a todos os indivíduos. Correspondem a essa constituição natural alguns objetivos, que equivalem aos fins necessários do ser humano. O ser humano, possuindo inteligência e vontade e sendo, por isso, capaz de determinar por si mesmo os fins que pretende, pode descobrir, por meio da razão, "uma ordem ou disposição [...] segundo a qual a vontade humana deve agir a fim de se pôr de acordo com os fins necessários do ser humano. A lei não escrita ou o direito natural não é outra coisa" (MARITAIN, 1942, p, 79-80). Por sua vez, os direitos da pessoa humana derivam da ideia de lei natural: "A mesma lei natural que nos prescreve nossos deveres mais fundamentais, e em virtude da qual toda lei obriga, é ela também que nos prescreve nossos direitos fundamentais" (MARITAIN, 1942, p. 85).

Os direitos humanos, ou direitos fundamentais, traduzem na ordem prática o necessário respeito à pessoa humana, em razão de sua constituição natural, e atestam, por sua vez, essa dignidade:

> A dignidade da pessoa humana – esta palavra não quer dizer nada se ela não significa que, pela lei natural, a pessoa humana tem o direito de ser respeitada e é sujeito de direitos, possui direitos. Há coisas que são devidas ao homem, pelo fato de ser homem (MARITAIN, 1942, p. 84).

A afirmação da dignidade da pessoa humana, sob diversos aspectos, é central no pensamento de Maritain. Dela dependem a relação da pessoa humana com a sociedade, no campo dos direitos humanos, dos direitos civis, da economia e da política. O conceito de bem comum depende da dignidade humana. É referência indispensável na ética e na teologia. É também, de certa forma, a razão de ser do conceito de educação integral, que perderia seu significado e importância se essa dignidade não existisse. Por fim, no conjunto da obra maritainiana, a dignidade da pessoa humana e sua consequente centralidade são a ponte que permite reconciliar o cristianismo e o mundo contemporâneo.

3.3 Igualdade e direitos da pessoa humana

A igualdade é um tema inevitavelmente associado a discussões em torno da pessoa humana, de sua dignidade e de sua inserção na sociedade. É também tema de forte conotação política, que com frequência é tratado superficialmente, gerando dramáticas confusões. Para os fins deste trabalho, pode ser útil esclarecer o conceito, a fim de avaliar adequadamente as relações entre pessoa humana, educação e políticas públicas educacionais.

A igualdade entre os seres humanos é continuamente afirmada e continuamente negada pelo senso comum, seja com base nas semelhanças comuns entre indivíduos, seja com base em grandes diferenças culturais. O resultado, quase sempre, trata como idênticos os diferentes níveis do real.

Maritain conceitua a igualdade fundamental entre os seres humanos como unidade de natureza de todos os seres humanos, realidade concreta e ontológica, que pode ser apreendida intelectualmente (MARITAIN, 1944, p. 114). Constitui a comunhão concreta no mistério da espécie humana, ínsito na substância de cada indivíduo (MARITAIN, 1944, p. 115), um bem precioso e fundamental da existência (MARITAIN, 1944, p. 116). Significa que todos os indivíduos possuem uma mesma essência comum, fato que os iguala.

Entretanto, a igualdade resultante da unidade de natureza dos seres humanos não impede a desigualdade, entendida como diversidade de qualidades dos indivíduos:

> Todo homem é homem por sua essência, mas nenhum homem é homem por essência, isto é, não esgota nele toda a riqueza de perfeições de que é capaz a espécie humana: nesse sentido, toda a diversidade de perfeições e de virtudes que se repartem entre as gerações humanas no espaço e no tempo não é mais que uma participação variada nas comuns e inesgotáveis virtualidades do homem. (MARITAIN, 1944, p. 119).

As desigualdades naturais particulares derivam, portanto, da natureza humana compartilhada pelos indivíduos, o que atesta que a igualdade essencial que une os seres humanos na natureza racional é fundamental, enquanto as desigualdades são secundárias (MARITAIN, 1944, p. 120).

O desenvolvimento dessas desigualdades naturais, na medida em que manifesta a diversidade de qualidades, não representa violação da essência comum, nem algum tipo de mal, apenas possibilidades diversas que surgem como consequências do ser. Como tais, as desigualdades naturais particulares em nada violam a dignidade de cada indivíduo humano (cf. MARITAIN, 1944, p.120).

Desigualdades naturais particulares, mesmo quando ensejam a variedade de estruturas e funções na vida social, não devem ser confundidas com desigualdade essencial e não podem ser motivo de negação da igual dignidade das pessoas humanas:

> [...] quaisquer que sejam as estruturas duma sociedade e as desigualdades que elas comportam, não é somente uma falta às virtudes evangélicas, mas na própria ordem natural uma vilania e uma ofensa à criação, tratar como homem inferior um homem pertencente a uma parte inferior da estrutura social e fazer-lhe experimentar como uma inferioridade de essência a sua condição social inferior [...] (MARITAIN, 1944, p. 122).

Na vida social, por sua vez, marcada pela presença da igualdade primária dos seres humanos e de toda sorte de desigualdades – algumas resultantes das desigualdades naturais, outras de origem meramente social –, a igualdade fundamental deve se traduzir em direitos fundamentais, igualdade política e na comum dignidade do ser humano (MARITAIN, 1944, p. 125), enquanto as desigualdades, que não são sempre negativas, devem ser corrigidas e compensadas pela justiça, entendida, no pensamento de Maritain, como igualdade de proporção da justiça distributiva (MARITAIN, 1944, p. 129-130). Essas compensações requerem, no mínimo, que as diferentes condições sociais sejam abertas a circulação de pessoas oriundas de outros níveis sociais – e que, em qualquer das condições sociais, os indivíduos possam ter um estado de vida verdadeiramente humano e possam buscar a plenitude de seu desenvolvimento humano. (MARITAIN, 1944, p. 128).

Esse posicionamento e suas consequências ficam claramente manifestos no trecho a seguir:

> Se aquilo que dissemos acerca da irredutível originalidade do social e das suas diferenciações próprias é exato, é uma ilusão querer que todos encontrem à partida oportunidades de subir aos graus mais elevados da vida social estritamente idênticas (pelo simples fato de cada um estar integrado numa trama social diferenciada, as oportunidades iniciais de uns diferem das de outros, e por outro lado é ingênuo acreditar que que a recompensa de uma boa vida deve consistir em mudar de nível social). Mas é normal que as condições sociais mais elevadas não sejam em si próprias fechadas a ninguém e que cada um possa realmente ascender a elas segundo os seus dons; e é normal e mais importante ainda que, em qualquer estrutura social onde os homens estejam integrados, tenham as mesmas oportunidades de acesso, cada um segundo o seu esforço e segundo a sua condição, à sua plenitude humana, àqueles frutos de sabedoria e virtude humana cujo sabor não é idêntico, mas é igualmente bom, naquele que passa a sua vida a trabalhar a terra, ou a filosofar, ou a governar o Estado. (MARITAIN, 1944, p. 128-129).

A igualdade humana traz, portanto, consequências relevantes de ordem moral, política e jurídica, que alcançam também a ordem da educação, em especial quanto à necessidade e ao direito de ser educado, que assiste todo ser humano.

3.4 Pessoa humana, sociedade e bem comum[3]

A pessoa humana tem uma tendência essencial à comunhão. Exige, por sua própria natureza e constituição ontológica, ser membro de uma sociedade. E a sociedade, propriamente dita, é sempre uma associação de pessoas humanas. "A unidade social é a pessoa" (MARITAIN, 1947b, p. 41).

As razões pelas quais a pessoa humana tem necessidade da sociedade seguem duas vias: a pessoa requer a vida social por aquilo que nela superabunda e também por aquilo que nela é carência. Seguindo a primeira via, a pessoa humana possui tendência essencial à vida social e à comunhão, em virtude de suas características e, especialmente, em virtude de sua abertura às comunicações do conhecimento e do amor, uma generosidade radical, que Maritain denomina "superabundância do espírito" (MARITAIN, 1947b, p. 41).

Percorrendo a segunda via, a pessoa requer a vida social em razão de suas necessidades, derivadas da individualidade material, cuja satisfação a vida em sociedade pode lhe proporcionar. Trata-se não apenas de alimento, vestuário e abrigo, mas também, e acima de tudo, do que lhe é necessário para o desenvolvimento da razão, do conhecimento e da vida moral – a educação, o auxílio e as relações com as pessoas que compõem uma sociedade (MARITAIN, 1947b, p. 42).

Portanto, para alcançar a plenitude de sua condição, a pessoa humana necessita do intercâmbio social, pois dele recebe bens essenciais para seu desenvolvimento como pessoa. Maritain vai além, com uma

3 Este item aproveita um estudo realizado anteriormente sobre as relações entre pessoa e bem comum no pensamento de Maritain, que integrou o artigo intitulado "Bem comum, sociedade e pessoa humana na filosofia e na Doutrina Social da Igreja" (POZZEBON), publicado pelos *Cadernos de Fé e Cultura* (2017).

tese que requererá aprofundamento: "[...] a sociedade é assim requerida para a realização da dignidade humana" (MARITAIN, 1947b, p. 43).

A necessidade de viver em sociedade leva primeiramente à sociedade familiar, na qual as pessoas se comprometem de modo mais primitivo e fundamental, ligado à geração e à perpetuação da vida; gera também a necessidade da sociedade civil ou política, mais elevada que a primeira, porque necessária à vida racional, dentro da qual a pessoa buscará o apoio e o estímulo de outras pessoas na construção de sua vida intelectual e moral (MARITAIN, 1942, p. 32-33). "Assim, a sociedade forma-se como algo exigido pela natureza e (porque esta natureza é a natureza humana) como uma obra efetuada por um trabalho da razão e da vontade, e livremente consentida" (MARITAIN, 1942, p, 19).

Mesmo a sociedade civil e política não atende plenamente aos anseios da pessoa humana, que tende a ultrapassar o todo social na busca dos bens e valores absolutos, os quais, por sua vez, a conduzem a buscar a comunhão com Deus. Deus é, propriamente, o fim último da pessoa humana. Esta necessita da sociedade para desenvolver-se e buscar os bens do espírito, mas a sociedade não é seu fim, a sociedade não é o objetivo maior da pessoa humana (MARITAIN, 1942, p. 32).

Por essa razão, a sociedade deve ser compreendida como associação de pessoas humanas. Nela, os indivíduos não devem ser pensados apenas como partes ordenadas ao bem do todo, à semelhança das sociedades animais; numa sociedade humana, os indivíduos devem ser pensados e respeitados como pessoas humanas, detentores de especial dignidade. Nas palavras de Maritain, a sociedade "é um todo de todos – porquanto a pessoa como tal é um todo. E é um todo de liberdades, porquanto a pessoa como tal implica domínio de si ou independência [...]" (MARITAIN, 1942, p. 19). A sociedade é, dessa forma, um "organismo feito de liberdades" (MARITAIN, 1942, p. 20) –com a ressalva de que "organismo" é apenas uma metáfora lastreada na tradição religiosa (1Cor 12). Esse fato traz importantes consequências para a noção de bem comum.

Bem comum é uma noção equívoca. As primeiras referências ao bem comum remontam a Aristóteles e a Agostinho, mas é a partir de Tomás de Aquino que o conceito recebe adequada estruturação e passa a gerar reflexões e debates. Com os pensadores da modernidade, entretanto, o conceito se distorce e esvazia, perdendo completamente o vínculo com a constituição ontológica do ser humano (POZZEBON, 2017, p. 154-155). Maritain retoma o conceito a partir da perspectiva de S. Tomás e lhe dá lugar central em sua filosofia política.

A sociedade humana possui um fim, um objetivo último para sua existência. Esse fim é o bem da sociedade como tal, distinto do bem individual dos membros que a compõem. Esse fim é o bem comum. Entretanto, o bem comum de uma sociedade humana não é a simples soma dos bens individuais, privados. Se concebida desta forma estreita, a noção de bem comum nos levaria ao que Maritain chamou de "materialismo burguês", que reduz as funções da sociedade política à preservação da liberdade individual, "que resulta em os fortes oprimirem livremente os fracos" (MARITAIN, 1942, p. 21). O bem comum deve ser pensado sempre como bem comum de pessoas humanas, isto é, de uma sociedade composta por pessoas humanas, e não deve ser confundido com o simples bem do todo social, da comunidade reduzida a sua dimensão de coletividade, considerada sem referência a suas partes ou sacrificando as partes em seu proveito, como numa colmeia ou numa sociedade política totalitária (MARITAIN, 1942, p. 21).

Corretamente entendido, o bem comum funda-se na realidade da pessoa humana e constitui "a boa vida humana da multidão de pessoas" (MARITAIN, 1942, p. 21). Trata-se da comunhão das pessoas – que são também totalidades ao mesmo tempo carnais e espirituais – no bem-viver, comum ao todo social e às partes. O bem comum de uma sociedade de pessoas humanas é o bem do todo que transborda e se redistribui para as pessoas que compõem essa sociedade (MARITAIN, 1942, p. 21).

A noção de bem comum aplica-se propriamente à sociedade de pessoas humanas. Isso se refere, mais comumente, à sociedade civil e política, organizada no âmbito de um Estado. Mas o bem comum pode referir-se também às sociedades familiares e até mesmo à "sociedade civilizada tomada em seu conjunto", o bem comum da civilização, da comunidade das nações, ainda que esta constitua apenas uma possibilidade distante (MARITAIN, 1947b, p. 48-49).

Em suas obras, Maritain aponta algumas características essenciais ao bem comum. Em primeiro lugar, a redistribuição às pessoas, contribuindo para seu desenvolvimento e aperfeiçoamento. Essa característica exige o reconhecimento dos direitos fundamentais das pessoas e "comporta como valor principal a mais larga possibilidade de acesso das pessoas à sua vida de pessoa e à sua liberdade de expansão" (MARITAIN, 1947b, p. 45), desde que compatível com o bem do todo social. Liberdade de expansão é entendida por Maritain como independência real a respeito das servidões da natureza, assegurada pelas garantias econômicas do trabalho e da propriedade, pelos direitos políticos, as virtudes morais e a cultura do espírito (MARITAIN, 1947b, p. 47-48).

A segunda característica essencial do bem comum é ser o fundamento da autoridade na sociedade. Isso significa que a autoridade de representantes e governantes, que deve ser seguida por todos, enquanto pessoas livres, deve visar ao bem comum da sociedade e por ele ser medida.

A terceira característica essencial do bem comum diz respeito à sua moralidade intrínseca: "O bem comum é coisa eticamente boa" (MARITAIN, 1947b, p. 47). Não é somente um conjunto de vantagens e utilidades, mas também retidão moral da vida das pessoas – que é um fim bom em si – e justiça. Por consequência, a realização do bem comum exige "o desenvolvimento das virtudes na massa dos cidadãos" (MARITAIN, 1942, p. 23), do que deriva que qualquer ato político injusto ou imoral ofende ao bem comum.

Uma última característica merece especial atenção: porque a pessoa humana volta-se para o absoluto por exigência de sua natureza, o bem comum da comunidade política ou da civilização, que é o bem comum essencialmente humano e com o qual todo o ser humano está comprometido, só preserva sua natureza de bem comum se colocado como um fim infravalente à ordem dos bens eternos e dos valores supratemporais, em especial à felicidade sobrenatural à qual a pessoa humana está diretamente ordenada (MARITAIN, 1942, p. 26). Tais bens abrangem tudo aquilo que, pertencendo naturalmente à ordem do absoluto, transcende por si mesmo a sociedade política: a lei natural, a regra da justiça, a caridade e as exigências do amor fraterno, a vida espiritual, a dignidade imaterial da verdade, em todos os domínios e em todos os graus do conhecimento, a dignidade imaterial da beleza.

Essa subordinação do bem da sociedade aos bens eternos nos desvela uma dimensão central das relações entre pessoa e sociedade. A pessoa humana, em razão das carências de seu ser e do auxílio que a sociedade lhe proporciona, que são indispensáveis para seu desenvolvimento, se torna parte de um todo – a sociedade, que é maior, melhor e superior à pessoa, enquanto esta é uma de suas partes. O bem comum do todo social é distinto e superior ao bem de cada um dos indivíduos e à soma dos bens individuais. Por outro lado, a pessoa humana, em virtude das exigências mais elevadas da personalidade, das aspirações supratemporais, que a colocam em relação com o absoluto, ultrapassa e supera todas as sociedades humanas. Daí sua dignidade absoluta (MARITAIN, 1942, p. 16-17). Os fins da pessoa enquanto pessoa transcendem os fins próprios da sociedade. O bem comum da sociedade, que é fim último na ordem social, não é bem absoluto e deve, portanto, subordinar-se ao bem último da pessoa (MARITAIN, 1942, p. 30-31; MARITAIN, 1947b, p. 56-57).

Essa relação de subordinação recíproca entre pessoa e sociedade e de mútua implicação (MARITAIN, 1942, p. 33) é descrita por

Maritain, de forma resumida, nos seguintes termos: "O homem encontra-se a si próprio subordinando-se ao grupo, e o grupo não atinge seu fim senão servindo ao homem e sabendo que o homem tem segredos que escapam ao grupo, e uma vocação que o grupo não contém" (MARITAIN, 1942, p. 32).

A relação entre pessoa e sociedade tem consequências relevantes na ordem social e política: uma sociedade que reconhece e respeita a realidade da pessoa humana e onde as pessoas são livres é personalista, porque reconhece a dignidade da pessoa e seu fim como anteriores à sociedade; é comunitária, porque reconhece que a pessoa tende naturalmente à comunhão e encara o bem comum como superior ao bem privado dos indivíduos; é pluralista, porque reconhece que a pessoa humana reclama uma pluralidade de comunidades autônomas, distintas do Estado, como as famílias, as associações e as Igrejas; é teísta, porque "reconhece que, na realidade das coisas, Deus, princípio e fim da pessoa humana e primeiro princípio do direito natural, é também o primeiro princípio da sociedade política e da autoridade entre nós [...]" (MARITAIN, 1942, p. 35-36); reconhece, ao menos, que acima da sociedade existe o domínio das realidades espirituais e da vida espiritual dos cidadãos (MARITAIN, 1942, p. 34-37).

As relações de mútua implicação e de subordinação relativa entre pessoa e sociedade têm consequências relevantes também na esfera da educação. Os fins da educação dependem dessas relações, que podem variar desde a formação do cidadão em função da cidade, como entre os antigos gregos, ou em função do Estado, nos regimes totalitários, até a educação em função da classe social, como nas tradições aristocráticas ou na educação socialista. Iluminando a destinação superior da pessoa humana e a subordinação da sociedade e do bem comum a ela, Maritain prepara o campo para a tese de que os fins da educação consistem no pleno desenvolvimento da pessoa humana. Analogamente, a igualdade fundamental ou unidade da natureza humana, ao fundamentar o direito de toda pessoa humana ao pleno desenvolvimento, determina o direito à educação a todas as pessoas, independentemente de origem, classe social, etnia, crença religiosa ou opção política (MARITAIN, 2012c).

3.5 Liberdade

Para adentrar com maior clareza nas teses maritainianas sobre a liberdade, parece oportuno um pequeno esclarecimento prévio sobre a vontade e o amor[4]. A vontade é uma potência de apetição espiritual, desejo e inclinação, que cria na alma cargas espirituais que a atraem por inteiro. O ato primordial da vontade é amar (MARITAIN, 1947d, p. 191).

Diferentemente do apetite sensitivo, que, partindo do conhecimento dos sentidos, gera desejos e emoções em humanos e animais, a vontade é apetite racional, está enraizada na inteligência e desta retira o conhecimento do que é bom, tanto do bem limitadamente presente nos objetos, quanto do bem universal e concreto inteligivelmente apreendido (MARITAIN, 1947d, p. 192). Por sua natureza, a vontade ama necessária e incondicionalmente "[...] um bem que satisfaz todos os seus desejos, um bem que convém sob todas as relações a tudo o que existe de aspiração no homem" (MARITAIN, 1947d, p. 193): a felicidade absoluta, ou beatitude. Determinada necessariamente pela felicidade sem limites, que corresponde à posse do Bem absoluto, a vontade é indeterminada diante

4 Maritain dedica ao tema do amor, enquanto apetição humana por bens variados, apenas considerações rápidas em seus textos. Entretanto, confere grande importância e desenvoltura ao amor entre o ser humano e Deus, relação de grande importância e significação metafísica. Ver, a esse respeito, *Distinguer pour unir ou les dégrés du savoir* (MARITAIN, 1946). Observe-se, entretanto, que o conceito de amor utilizado por Maritain, bastante próximo da concepção de S. Tomás, não se identifica com a paixão nem com o amor romântico. O amor tem natureza intelectual e pode ser conceituado como caridade, isto é, amizade entre o ser humano e Deus, presente no humano por inclinação natural e por infusão divina.

de todos os bens parciais e limitados e pode, portanto, querê-los ou não (MARITAIN, 1947d, p. 194-195). Essa indeterminação constitui a liberdade da vontade (MARITAIN, 1947d, p. 198).

O amor é, portanto, ato da vontade, isto é, apetição racional guiada pela inteligência. O amor busca seu objeto porque o deseja, ou seja, porque tem carência dele, mas também (por exemplo, quando se pensa no amor de amizade entre duas pessoas) porque deseja seu bem e busca comunicação com ele. Pode, no entanto, desviar-se, por exemplo, ao abandonar o juízo da inteligência ou ao exercê-lo descuidadamente. Requer, por isso, a guia da inteligência e da virtude, para amar o verdadeiro, o belo e o bom. A guia da inteligência auxilia a vontade a naturalmente buscar e amar o Bem supremo subsistente, que é o fim último da pessoa humana. Amar o Bem supremo, que é Deus, consiste na perfeição humana, em que o ser humano passa a viver por participação a vida de Deus, adentrando o que pode ser chamado aproximadamente de "vida mística":

> Esta perfeição não consiste em ajuntar uma essência em virtude de uma suprema exatidão em copiar o ideal, ela consiste em amar, passando por tudo o que há de imprevisto e de perigoso, de obscuro, de exigente, de insensato no amor, ela consiste na plenitude e na delicadeza do diálogo e da união de pessoa a pessoa, até a transfiguração que, como dirá São João da Cruz, faz do homem um deus por participação: "duas naturezas em um só espírito e amor", em uma só superexistência espiritual de amor (MARITAIN, 1964, p. 83).

Inteligência, vontade e amor desempenham, como se verá, funções essenciais na conquista da liberdade humana. A liberdade é uma das principais aspirações da pessoa humana. É também um de seus mais altos valores, a ponto de pessoas darem suas vidas para obtê-la. Afirmar a liberdade, entretanto, não é gesto sem contestação. Percebida e experimentada como fato, aceita e utilizada pelo senso comum, a existência e o valor da liberdade são contestados por diferentes correntes filosóficas com base em variadas concepções do ser humano, nunca sem consequências para indivíduos e sociedades. (MARITAIN, 1944, p. 13-41.)

Fundamentando-se na metafísica da pessoa humana de S. Tomás de Aquino, Maritain (1944) distingue três níveis de liberdade que convêm à pessoa humana. O primeiro nível é a liberdade de escolha, ou livre arbítrio. Essa é a forma primordial da liberdade da pessoa humana, característica da natureza inteligente e requerida pelas formas que lhe são superiores. Significa que, em seu centro originário, a vontade é livre, não apenas de fatores exteriores, mas também de toda necessidade que a determine inteiramente (MARITAIN, 1933, p. 6). Própria dos seres dotados de inteligência e vontade, isto é, dos seres que possuem natureza racional ou intelectual (MARITAIN, 1933, p. 6), está associada necessariamente ao espírito: "[...] ser livre é da essência de todo espírito" (MARITAIN, 1933, p. 6).

O ato livre, isto é, o ato da vontade livre que escolhe, resulta da mútua determinação entre as faculdades da inteligência e da vontade. A inteligência apreende nos objetos a forma objetiva do ser e neles identifica também a forma objetiva do bem, que é sempre parcial e limitado, ou seja, o objeto é, sob alguns aspectos, um bem, e não o é sob outros aspectos. Contudo, o julgamento prático da inteligência é suscitado pela vontade e desta recebe sua eficácia existencial (MARITAIN, 1933, p. 7-8). A vontade, que é voltada necessariamente para o bem absoluto e infinito, possui indiferença ativa diante dos bens parciais e finitos, podendo querê-los ou não. Instruída pelo juízo da inteligência que ela mesma requereu, a vontade não é apenas atraída pelo bem dos objetos, mas domina o julgamento que os pondera e "faz aparecer precisamente o que deseja como sendo aqui e agora o melhor para o sujeito" (MARITAIN, 1944, p. 18). Esse é o momento da deliberação, o ato livre de querer que constitui o livre arbítrio (MARITAIN, 1933, p. 8-10). A mútua determinação de vontade e inteligência é destacada por Maritain:

> O ato livre, em que a inteligência e a vontade se implicam e se envolvem vitalmente, é como o relâmpago instantâneo em que a indeterminação ativa e dominadora da vontade se exerce em relação ao próprio juízo que a determina. A vontade nada pode sem um juízo da inteligência; é por ele que a vontade se faz determinar, por ele e não por qualquer outro (MARITAIN, 1944, p. 17).

Inteligência e vontade cooperam e se determinam mutuamente no ato livre. Mas é a vontade que dá eficácia ao juízo prático da inteligência (MARITAIN, 1944, p. 17). Assim, o livre arbítrio é a primeira forma da liberdade e fundamento da liberdade da pessoa humana: "Ser livre é ser senhor de seu julgamento, *liberi arbitrii*: a vontade tem a senhoria do julgamento que a determina e é a este título que ela tem pleno domínio de suas ações" (MARITAIN, 1933, p. 11).

Maritain não ignora as críticas a essa concepção de livre arbítrio nem as teorias que com ela concorrem. Dialoga especialmente com o freudismo, cuja "pseudo-metafísica empirista" (MARITAIN, 1944, p. 15) examina no livro *Quatre essays sur l'esprit dans sa condition charnelle* (MARITAIN, 1956, p. 17-55). Maritain entende que as motivações inconscientes que o sujeito obedece sem delas ter consciência, descobertas pela Psicanálise, não constituem argumento contra o livre arbítrio, pois este se inicia com o juízo da inteligência e com a consciência, podendo ou não assumir as tendências, hábitos adquiridos e disposições psicológicas para lhes dar eficácia decisiva no ato livre. Em outros termos, trata-se de saber se as motivações inconscientes são necessariamente determinantes ou simplesmente tendenciais. De qualquer forma, sua existência não é suficiente para invalidar o livre arbítrio (MARITAIN, 1944, p. 15-16).

A segunda forma da liberdade é a liberdade de espontaneidade, que Maritain descreve como "[...] o poder de agir em virtude da própria inclinação interna, e sem sofrer coação imposta por um agente exterior" (MARITAIN, 1944, p. 21). Ao contrário do livre arbítrio, que está presente apenas na pessoa humana, a liberdade de espontaneidade pode ser observada nos seres não racionais, como animais cujo comportamento manifesta em plenitude suas tendências naturais, e em plantas e minerais, desde que isentos de coação externa. Nestes, a liberdade de espontaneidade se manifesta proporcionalmente às condições de constituição, recebidas da natureza própria desses seres. Seres tão-somente corpóreos, como os minerais, exercem apenas ação transitiva mútua, exercida e recebida, obedecendo às ações externas que se exercem sobre ele. (MARITAIN, 1947d, p. 223). Os vegetais, embora ainda restritos ao mundo das ações físicas, têm atividade comparativamente mais livre, na medida em que são vivos, agindo no sentido da autoconstrução e do autoaperfeiçoamento (MARITAIN, 1947d, p. 224). Já o animal move a si mesmo e atua segundo a atividade imanente de seus sentidos, apresentando o grau mais baixo do conhecimento. Todavia, os fins de sua atividade são recebidos da natureza e fixados em sua estrutura psíquica e instintiva (MARITAIN, 1947d, p. 227).

No ser humano, a liberdade de espontaneidade está relacionada à vida intelectiva:

> Não somente o ser humano age segundo formas ou padrões de atividade que não são preestabelecidas pela sua natureza, mas recebidas de sua própria atividades de conhecimento, mas ainda *os fins de seus atos* não lhe são, como os do instinto animal, impostos pela natureza; sendo capaz de ultrapassar o momento do sentido e de conhecer o ser e as naturezas inteligíveis, ele conhece o que ele próprio faz, e o fim de seus atos como tal; ele se determina a si mesmo, pela sua própria atividades intelectual, os fins de seu agir. O homem, tão imperfeito quanto possa ser, é verdadeira e propriamente um todo (uma pessoa) (MARITAIN, 1947d, p. 227-228, grifo do autor).

É oportuno observar que, no grau ontológico próprio da vida intelectual, a palavra "natureza" toma um sentido diferente. Não se refere mais, como nos graus anteriores, à natureza sensível das realidades físicas, mas passa a se referir ao constitutivo inteligível ou ontológico das coisas que pertencem ao universo da natureza espiritual (MARITAIN, 1947d, p. 228-229). A natureza espiritual, própria da personalidade, tem uma comunidade analógica (MARITAIN, 1947d, p. 230) com a natureza física e material. É nesse universo da natureza suprafísica, mais comumente designado por metafísica, que se enraíza a liberdade de escolha e o mundo da moralidade (MARITAIN, 1947d, p. 230).

O terceiro nível da liberdade é a liberdade de independência, que é a forma mais elevada da liberdade de espontaneidade (MARITAIN, 1947d, p. 206). É também o nível em que se encontra a liberdade de autonomia (também chamada de liberdade de exultação). Distintas e potencialmente complementares, ambas são buscadas pela pessoa humana devido a suas aspirações próprias. Estas aspirações podem ser de dois tipos:

> a) Aspirações incondicionais e conaturais na linha específica da pessoa humana enquanto humana, em outras palavras, provêm da pessoa humana enquanto humana. Como tal, a pessoa aspira a não apenas seguir a inclinação da natureza, mas a se tornar o princípio suficiente de sua operação (MARITAIN, 1944, p. 21). Tendem a uma liberdade "relativa e compatível com as condições terrenas" (MARITAIN, 1944, p. 23), que é a liberdade de independência.
>
> b) Aspirações condicionais e transnaturais na linha transcendental da pessoa humana enquanto participação inferior da personalidade (MARITAIN, 1947d, p. 208). Provêm da pessoa humana enquanto pessoa ou como parte da perfeição transcendental que é a personalidade, realizada em Deus em grau absoluto e no ser humano em grau incipiente. Tendem a uma liberdade sobre-humana, liberdade pura e simples (MARITAIN, 1944, p. 23), a liberdade de autonomia. Nas palavras de Maritain:

> Que toda minha atividade provenha de mim como de sua fonte e seja regrada por mim; que eu me baste inteiramente para viver, segundo esta exigência de *autarkeia* que está inscrita em sua noção, eis o que demanda em mim a personalidade como perfeição transcendental, segundo uma aspiração que não é com certeza o que os filósofos chamam um desejo eficaz, nem mesmo um desejo induzido, mas que é uma aspiração real, uma aspiração ontológica idêntica a esta perfeição transcendental. Que a condição suprema da operação de inteligência e de amor em sua chama mais atual seja a condição de minha existência inteira! É a esta perfeita espontaneidade que se conduz naturalmente, se que bem que ineficazmente, o desejo da pessoa tomada na transcendentalidade de seu constitutivo inteligível; porque dizer pessoa é dizer independência; a pessoa se define pela independência, e a espontaneidade de que se trata aqui é o cume da independência da pessoa (MARITAIN, 1947d, p. 232).

Assinala Maritain que, desde o início, as aspirações da pessoa humana estão fadadas à frustração. Sua primeira derrota lhe é infligida pela condição de criatura e atinge suas aspirações transnaturais. Como toda pessoa criada, está submetida a objetos especificadores de seu conhecimento e de seu querer, a medidas reguladoras de sua ação, a realidades que a superam e a leis que ela não fez. A segunda derrota lhe vem de sua natureza material, "[...] engajada em todas as misérias e as fatalidades da natureza material, servidões e necessidades do corpo, da hereditariedade, da ignorância, do egoísmo e da selvageria dos instintos" (MARITAIN, 1947d, p. 206-207). Frustram-se, portanto, tanto as aspirações conaturais quanto as transnaturais (MARITAIN, 1947d, p. 206-207).

O dinamismo da liberdade consiste em ascender da liberdade de escolha à liberdade de independência e à liberdade de autonomia. De fato, a liberdade de escolha não é um fim em si mesmo e está ordenada à conquista da liberdade de independência ou de autonomia (também chamada liberdade de exultação). Trata-se de uma conquista, que, portanto, não é automática (MARITAIN, 1947d, p. 208-209). Esse dinamismo tem duas formas distintas, uma social e uma espiritual. A forma social do dinamismo da liberdade procura reparar a derrota infligida pelo fardo da natureza material às aspirações da pessoa; a forma espiritual do mesmo dinamismo busca reparar a derrota infligida às aspirações da pessoa pela condição de criatura, impotente diante da transcendência do Criador (MARITAIN, 1947d, p. 209).

No domínio social, partindo das exigências e dos instintos da natureza humana e do livre arbítrio, a vida social procura proporcionar às pessoas uma independência crescente em relação às coações externas e internas da natureza material, por meio das garantias econômicas do trabalho e da propriedade, dos direitos políticos, das virtudes morais e da cultura do espírito. Nesse sentido, favorece a liberdade de independência e de desabrochamento, além do perfeito desenvolvimento da pessoa humana. (MARITAIN, 1947d, p. 210). A liberdade de independência, em outros termos, a liberdade de agir propriamente como pessoa, todo independente e indivisível que se conduz pela inteligência e pelo amor, requer a posse e o exercício do livre arbítrio. Personalidade e liberdade de independência são realidades conexas e inseparáveis, que se desenvolvem conjuntamente (MARITAIN, 1944, p. 22-23).

No domínio da vida espiritual, o dinamismo da liberdade se apoia nas aspirações transnaturais e metafísicas da pessoa humana. Elas tendem à liberdade de autonomia ou de exultação, liberdade terminal na vida terrestre do ser humano, que consiste na participação, pela alma humana, na vida divina em virtude da Graça: "[...] é para Deus, é para a Causa Transcendente do Ser que tendem normalmente as aspirações transnaturais da pessoa humana, é n'Ele que incitam a alma a procurar a libertação" (MARITAIN, 1944, p. 37). A alma deve, assim, se abrir aos dons supremos e receberá da Graça divina dons que ultrapassam tudo o que homem pode conceber ou produzir: participação na vida divina e perfeita liberdade. Esclarece Maritain que se trata da conquista de uma liberdade absoluta concedida pelo Absoluto:

> A verdadeira conquista da suprema e absoluta liberdade é a de ser feito livre, consentindo livremente nisso, pela Liberdade subsistente. A

> verdadeira deificação do homem é a de se abrir ao dom que o Absoluto faz de si mesmo e à descida da divina plenitude na criatura inteligente. (MARITAIN, 1944, p. 39).

Trata-se de liberdade real e perfeita, "perfeita espontaneidade de uma natureza espiritual" (MARITAIN, 1933, p. 43), plenitude e superabundância de ser (MARITAIN, 1947d, p. 217), marcada pela plenitude e perfeição do amor, que resulta da união entre a pessoa humana e Deus (MARITAIN, 1947d, p. 215). Trata-se, também, de uma "adesão iniciada" (MARITAIN, 1933, p. 40), ou de uma pré-vivência do fim último e superior da pessoa humana, que envolve a inteligência e a vontade:

> Esta adesão compreende dois aspectos: enquanto se relaciona à vida da inteligência, ela é sabedoria e livre possessão espiritual, liberdade de exultação, poder-se-ia dizer, – pois é um repouso mais vivo e sutil que a realização do mais profundo e do mais puro desejo do intelecto [...]; enquanto ela se relaciona à vida da vontade, ela é plenitude de amor, e ela é liberdade de autonomia. Desses dois aspectos, o primeiro não aparecerá em completa perfeição senão na visão de Deus, o segundo tem o primado na vida presente; eles são, entretanto, inseparáveis (MARITAIN, 1933, p. 40).

Maritain procura esclarecer o conceito recorrendo também à linguagem teológica:

> É pela própria liberdade de Deus que o perfeito espiritual é livre, ele é independente de toda coação exterior porque ele depende apenas da causalidade divina, que não é em lugar algum estranha; ele se basta porque ele perdeu a si mesmo e não vive senão da vida do Amor subsistente, que habita nele; bem mais que o sábio pagão, ele é para si mesmo seu todo, porque ele forma um só espírito e amor com o Todo: "duas naturezas em um só espírito e amor", segundo a palavra perfeitamente precisa de São João da Cruz (MARITAIN, 1947d, p. 216).

A liberdade de autonomia coincide, portanto, com a perfeição espiritual e com a santidade (MARITAIN, 1933, p. 39, 40). O que resulta, no campo prático, dessa união? Maritain responde:

> [...] longe de se fechar numa contemplação toda intelectual que prescinda de toda ação, a liberdade de que falamos vive de uma contemplação, que, porque procede do amor, superabunda em ação e

> penetra no mais íntimo do mundo. O heroísmo que ela implica não se recolhe no sagrado, mas transborda sobre o profano e o santifica. Desligada da perfeição na própria perfeição, porque pensa mais em amar do que em ser perfeita, ela desperta cada vez mais a boa vontade e o amor fraterno. (MARITAIN, 1944, p. 41).

Não se confundem nem se identificam, entretanto, a liberdade de autonomia ou exultação, pela qual o ser humano pode alcançar uma participação na vida e na liberdade divinas (MARITAIN, 1947b, p. 215), com a beatitude da vida eterna, fim último da pessoa humana, em que a alma terá a visão plena e imediata de Deus, após o término da vida terrena.

Consideradas as distintas formas da liberdade da pessoa humana, pode-se concluir que esta é possibilitada por sua natureza, mas de forma alguma é dada ou formada automaticamente. Ainda no nível do livre-arbítrio, facilmente se percebe a necessidade de que cada indivíduo aprenda a distinguir entre bens maiores e menores e a não se entregue à satisfação imediata dos desejos, desprezando o juízo da inteligência. No nível das aspirações conaturais da pessoa humana, que postulam sua liberdade própria de agir como todo independente e indivisível, guiado pela inteligência e pelo amor, a posse dessa liberdade exige toda a colaboração que a vida social pode fornecer, bem como as virtudes morais e a cultura do espírito. Não pode, portanto, ser assegurada pela organização social e política: a liberdade de independência requer o desenvolvimento próprio que cada ser humano tem de fazer sobre si mesmo. No nível das aspirações transnaturais, em que a pessoa humana aspira a uma liberdade plena e perfeita, independente de toda coação externa e dependente apenas da causalidade divina, que coincide com a plenitude e perfeição do amor, há um caminho a ser percorrido, que não pode ser forçado por uma entidade externa, em que o espírito se volta para Deus e se abre à sua Graça.

A natureza possibilita, a colaboração social pode auxiliar, mas nenhuma delas realiza a tarefa de cada ser humano. A liberdade tem de ser conquistada progressivamente pela pessoa humana individual, ao longo do tempo, por meio do trabalho das energias intelectuais, das virtudes e do amor, que darão a ela plena posse da unidade que sua natureza de pessoa lhe possibilita. Nem todos os seres humanos realizam essa conquista, embora aspirem por ela (MARITAIN, 1947d, p. 207).

3.6 Inteligência

A inteligência[5] é um dos temas mais importantes da reflexão de Maritain, além de dimensão indispensável de seu projeto de libertação integral do ser humano (Cf. POSSENTI, 1984, p. 12). É tratado pelo filósofo em variados textos e em livros de diversas épocas, com grau crescente de complexidade e especificidade. Assim, considerando apenas os textos principais, o tema aparece em *Art et Scolastique* (1920), *Antimoderne* (1922), *Réflexions sur l'intelligence et sur sa vie propre* (1924), *Distinguer pour unir ou les dégrées du savoir* (1932), *Sept Leçons sur l'être* (1934), *Quatre essais sur l'esprit dans sa condition charnelle* (1939), *Raison et raisons* (1947) e *Le paysan de la Garonne* (1966). O tema da inteligência é também tratado nas obras relativas à educação, em especial em *Pour une Philosophie de l'éducation* (1969).

Maritain vê a inteligência – sempre associada aos temas do conhecimento, da verdade e do ser – no centro da crise do mundo moderno. Essa crise, ainda que tenha suas faces mais nítidas em aspectos econômicos, políticos e culturais, é principalmente uma crise do espírito humano:

> As dores e as esperanças de nosso tempo dependem sem dúvida das causas materiais, dos fatores econômicos e técnicos que desempenham um papel essencial no movimento da história humana, mas mais profundamente ainda eles dependem das ideias, do drama no

---

5 Para os fins deste trabalho, "*intelligence*" e "*intellect*" podem ser considerados sinônimos e serão traduzidos como "inteligência" ou "intelecto", acompanhando o mais proximamente possível o texto original.

> qual o espírito se engajou, das forças invisíveis que nascem e se desenvolvem em nossa inteligência e em nosso coração: porque a história não é um desenrolar mecânico de eventos em meio aos quais o homem seria simplesmente *situado* como um estrangeiro, a história humana é humana em sua substância, é a história de nosso próprio ser, desta carne miserável, submetida a todas as servidões da natureza e de sua própria fraqueza, mas que um espírito habita e informa, e à qual ele confere o perigoso privilégio da liberdade. Nada importa mais que o que se passa dentro desse universo invisível que é o espírito do homem. E a luz deste universo é o conhecimento. Uma das condições requeridas para a construção de um mundo mais digno do homem e para o advento de uma nova civilização é que nos voltemos a fontes autênticas do conhecimento, que nós saibamos que o que ele é, qual é seu valor, e quais são seus graus, e como ele pode fazer a unidade interior do ser humano (MARITAIN, 1947c, p. 11-12).

Um dos principais aspectos dessa crise do mundo moderno, mas não o único, é a crise da inteligência. Em que consiste essa crise? Profundo conhecedor da obra de Maritain, Henri Bars (1959) sintetiza a questão:

> De um lado, o valor da inteligência é desconhecido; de outro, seu poder é realmente, ainda que acidentalmente, diminuído: e este declínio está com essa injustiça em relação de causalidade recíproca. É porque a razão se desligou de suas finalidades naturais que ela se extenuou; é porque suas pretensões se revelaram vãs que ocorreu desviar-se dela e que se tentou substituída por outra coisa" (BARS, 1959, p. 25-26.)

Maritain (2012c) descreve de diversas maneiras as consequências dessa crise. Perde-se, em primeiro lugar, o valor do conhecimento, que é reduzido ao fenomênico, e perde-se também a dimensão metafísica do real:

> Viver num estado de dúvida no que concerne, não aos fenômenos, mas às realidades últimas cujo conhecimento é uma possibilidade natural, um privilégio e um dever para a inteligência humana, é viver mais miseravelmente que os animais que tendem ao menos com uma certeza instintiva sólida e alegre para os fins de sua vida efêmera. (MARITAIN, 2012c, p. 128-9).

Perde-se ainda o valor da verdade, enquanto crescem os erros:

> O desequilíbrio fundamental do mundo moderno se assinala neste fato: que a considerar o estado médio da cultura e o regime ordinário da vida humana, a densidade espiritual do verdadeiro tende, desde há alguns séculos, a se tornar mais fraca que a do falso. (MARITAIN, 1946, p. 701-702).

As consequências comprometem até mesmo o fazer filosófico: "[...] não há saber nem investigação propriamente filosófica sem uma concepção realista do conhecimento [...]" (MARITAIN, 1967c, p. 128). Maritain nega a qualificação de "filosofia" e denomina "ideosofia" a "[...] linha de origem idealista, que de mutação em mutação recusa, cada vez mais radicalmente, o real extramental e o fundamento absolutamente primeiro do saber filosófico [...]" (MARITAIN, 1967c, p. 128).

A concepção de Ciência, de Arte, de obra política e até mesmo o conceito de ser humano e de natureza humana são distorcidos pela crise da inteligência. Esta é produzida pela emergência do idealismo moderno, que, sob diversas formas, que vão de Descartes e Kant até Husserl e a Fenomenologia, negam à inteligência a possibilidade de alcançar o ser das coisas e o conhecimento verdadeiro, forçando-a a restringir-se aos fenômenos.

> Assim a razão, que em Descartes e seus grandes herdeiros não queria mais conhecer a Deus a partir do real sensível, mas pretendia ir até ele em um puro voo intelectual, eis que ela tomba do céu metafísico como uma pomba no vazio; ela não pode mais conhecer a Deus, nem coisa alguma tal qual é; ela está engaiolada no mundo dos sentidos, e essa gaiola não é senão o fenômeno, pura representação. Digamos que no curso dessa história *a inteligência perdeu seu objeto*. Do ser, para o qual ela acredita ser feita, e do qual ela vai buscar em toda parte a luz universal e estável, ela foi reduzida por violência à aparência sensível, da qual ela tem agora por ofício coordenar os aspectos fugazes (MARITAIN, 1930a, p. 300-301).

Tomando nítida e reiterada posição contrária ao processo de destruição da razão pela filosofia moderna e contemporânea, a obra de Maritain tem o objetivo de libertar a inteligência, isto é, reconduzi-la a seu uso próprio e à vitalidade que dever ter (BARS, 1959, p. 26). Esse intento é claro e destacado até mesmo numa de suas últimas obras:

> As renovações para as quais nos convida o grande carrilhão do Concílio dependem, antes de mais, de uma inspiração e de um entusiasmo espiritual despertados no íntimo da alma, mas uma tal inspiração e um tal entusiasmo implicam e requerem necessariamente um vasto trabalho da razão renovando ela própria as suas perspectivas e apreendendo mais a fundo as articulações do real. É só, sob esta condição, que podem refundir o nosso regime ordinário de pensamento e o nosso comportamento. [...] uma tal renovação é, em primeiro lugar e antes de mais uma ruptura de barreiras e de cadeias, uma libertação: libertação da própria inteligência e libertação nos corações de um amor que foi muito recalcado e que clama do fundo do abismo, o amor da Verdade. Digo "nos corações", porque se trata de um amor; e digo "amor", porque é o desejo ou o querer, cujo primeiro ato é amar, que aplica à ação tudo o que está em nós e, portanto, também o intelecto. (MARITAIN, 1967c, p. 107-108).

Buscando a libertação da inteligência, Maritain afirma o realismo tomista (MARITAIN, 1930a; MARITAIN, 1946; MARITAIN 1947c; MARITAIN, 1967c). Esta filosofia, crítica e metafísica, está contida de modo virtual e formal na obra de Tomás de Aquino, e, a partir dela, é explicitada e aprofundada por seus discípulos (MARITAIN, 1930a, p. 39). No entender de Maritain, a teoria tomista da inteligência e do conhecimento dá conta de tudo o que há de atividade e espontaneidade do espírito sem impedir a objetividade do conhecimento, como no kantismo. Dá conta, também, da interioridade da consciência, sem que, como no cartesianismo, as ideias se tornem seu objeto ou o constituam (MARITAIN, 1930a, p. 325-326). Sustenta, assim, a possibilidade do conhecimento verdadeiro.

A inteligência, ou o intelecto, ou ainda a razão, pode ser simplificadamente entendida como a faculdade do espírito humano que permite pensar e, associada aos sentidos, permite conhecer. Suas operações são o apreender, o julgar e o raciocinar, e seu objeto próprio é o ser. A apreensão é a operação pela qual a inteligência "[...] descobre nas coisas determinações intemporais e necessárias legíveis apenas para ela, e as quais apreende por meio das ideias" (MARITAIN, 1930a, p. 14). Por sua vez, o julgar elabora o juízo, ou seja, a declaração de que dois conceitos diversos enquanto conceitos se identificam na mesma coisa e que, ao mesmo tempo, afirma sua existência, atual ou possível (MARITAIN, 1930a, p. 22 e 25). Por fim, o raciocínio é um movimento lógico imanente ao espírito que progride com necessidade a partir de um princípio (MARITAIN, 1930a, p. 15). Apreender, julgar e raciocinar são operações distintas, mas indispensáveis ao conhecer.

O objeto próprio da inteligência é o ser: "a ideia de ser é o estofo comum do pensamento" (MARITAIN, 1930a, p. 14). Isso significa que a inteligência trabalha sobre o que as coisas são, quaisquer sejam os objetos sobre os quais ela opere. Por isso, o realismo tomista afirma que a inteligência humana permite conhecer não apenas fenômenos, mas as próprias coisas, isto é, permite atingir seu ser e obter conhecimento objetivo.

Cabem alguns esclarecimentos. A concepção tomista de conhecimento rejeita tanto a ideia de recepção de uma impressão quanto a ideia de produção de uma imagem. Conhecer é tornar-se o não eu, em outras palavras, o conhecer consiste em o sujeito tornar-se o objeto. É uma situação em que o cognoscente e o conhecido entram em verdadeira unidade, de ordem imaterial: "conhecer consiste então a tornar imaterialmente o outro enquanto outro [...]" (MARITAIN, 1930a, p. 322). Daí decorre que o conhecimento é absolutamente dependente daquilo que é, do ser extramental:

> Conhecer, com efeito, é essencialmente conhecer alguma coisa, e alguma coisa que, enquanto especificadora de meu ato de conhecer, não é produzido por meu conhecimento, mas ao contrário o mede e o regula, e então possui seu ser independente desse conhecimento (MARITAIN, 1930a, p. 322).

Na relação do conhecimento, o objeto deve ser apreendido naquilo que tem de si mesmo e de não-eu, melhor dizendo, em sua alteridade. O que especifica o ato de conhecer da inteligência é o objeto enquanto outro e livre das características do eu (MARITAIN, 1930a, p.323). Tendências, preferências e conveniências provenientes do sentimento ou da ação do sujeito cognoscente desempenham papel essencial no conhecimento prático, que regula o agir, e podem interferir no conhecimento especulativo. Entretanto, quando este conhecimento especulativo alcança o grau de perfeição e se torna ciência, ele fornece certezas racionais inabaláveis. (MARITAIN, 1930a, p. 323).

A inteligência humana é, de certa forma, passiva diante da coisa a ser conhecida, pois é necessário que receba o objeto para ser especificada por ela. É, contudo, também ativa, pois no ato de conhecer – que é tornar-se imaterialmente o outro, isto é, o objeto – a inteleção é puramente espontânea, vital e imanente, em que a faculdade se perfaz –, qualitativamente tornando-se o objeto. Esse fazer-se objeto é a essência da intelecção, e o conceito produzido pela inteligência é o meio necessário para alcançar (Maritain usa o termo "ver") a natureza inteligível do objeto, com a qual a inteligência imaterialmente se identificou (MARITAIN, 1930a, p. 324-325). Nas palavras do autor:

> Compreende-se, desde então, como se conciliam, no ato de intelecção a dependência diante do objeto e a espontaneidade ativa; como neste ato toda a vitalidade vem da faculdade ou do sujeito, toda a especificação vem do objeto, de modo que a intelecção procede inteiramente da inteligência e inteiramente do objeto: é que, no instante em que ela conhece, a inteligência é imaterialmente, o objeto, *cognoscens in actu est cognitum in actu*; antes de conhecer, nossa inteligência é como uma vitalidade informe, esperando ser fecundada: desde o momento em que ela recebeu dos sentidos, por meio da abstração, a marca inteligível do objeto, ela se torna esse objeto, levando-o, no conceito que dele forma, ao último grau de formação e de atualidade inteligível, a fim de levar ao mesmo tempo a um termo último sua identificação imaterial com esse objeto. (MARITAIN, 1930a, p. 325, grifo do autor).

Acompanhando a tradição aristotélico-tomista, Maritain identifica na inteligência o intelecto agente (ou ativante) que, como "luz ativa", extrai das representações sensíveis a inteligibilidade que possuem em potência e, abstraindo aspectos individualizadores, especifica a inteligência (MARITAIN, 1946, p. 226).

No processo do conhecimento, o conceito desempenha um papel insubstituível. Muito mais que simples ideia ou representação imagética, o conceito formado pela ação do intelecto de abstrair do objeto todas as características provenientes de sua materialidade e das condições de sua existência atual e individual exprime o que o objeto possui de intemporal, inteligível, necessário e universal, sua essência, ou quididade, ou natureza (MARITAIN, 1930a, p. 18), que, por meio do conceito, pode ser percebida pelo espírito, enquanto reside no objeto como existência. Somente dessa maneira é que se pode alcançar o ser do objeto (MARITAIN, 1930a, p. 20). Nas precisas palavras do autor:

> O que é, em definitivo, o conceito? É a coisa mesma, a natureza inteligível recebida dos sentidos, graças à abstração, e levada pelo espírito, dentro deste, ao supremo grau de imaterialidade – mas enquanto pura tendência espiritual, enquanto *puro meio* ou *puro signo*, graças ao qual esta mesma natureza inteligível é apreendida imediatamente como objeto, independentemente em si mesma de tal ou tal modo de existir, e de nosso ato de conhecer. (MARITAIN, 1930a, p. 327).

O processo abstrativo que origina o conceito permite à inteligência alcançar o ser do objeto: "A esse preço, somente, o ser que se encontra nela [na coisa] nos aparece como tal" (MARITAIN, 1930a, p. 18). A crítica tomista do conhecimento permite, assim, afirmar o conhecimento da coisa mesma, por meio do conceito:

> Pois a coisa é a *mesma* no real e no conceito, se se trata de sua *essência* (daquilo que ela é) e de sua íntima constituição inteligível. Mas ela *existe* de uma maneira inteiramente diferente no real e no conceito: aqui numa existência material, singular e concreta, lá numa existência espiritual (*intencional*), abstrata e universal, que lhe permite ser manejada, dividida, examinada sob todos os seus aspectos pela inteligência, sem que, todavia, *o que ela é* seja por isso alterado ou contaminado em nada. (MARITAIN, 1930a, p. 327).

Daí deriva a importantíssima noção de verdade. Maritain a define simplificadamente como a conformidade do espírito com o que é

(MARITAIN, 1930a, p. 11), ressaltando tratar-se de uma perfeição do espírito que conhece. Maritain admite também a fórmula tornada tradicional por São Tomás de Aquino: "adequação da inteligência e da coisa" (*adaequatio rei et intellectus*) (MARITAIN, 1930a, p. 24). Mas procura dar significado mais completo e preciso, ao correlacionar a essência à existência fora do espírito humano, seja ela atual ou possível. Desse modo, a verdade reside na conformidade do espírito com o que está fora e independente dele, o que Maritain exprime com a definição: "a verdade é a conformidade do ato do espírito unificando dois conceitos em um juízo, com a existência (atual ou possível) de uma mesma coisa em que se realizam esses dois conceitos" (MARITAIN, 1930a, p. 25). A verdade é uma perfeição do espírito e está fundamentada na capacidade natural da inteligência humana. Por isso afirma Maritain: "O homem foi feito para a verdade" (MARITAIN, 1967c, p. 120).

A inteligência, enquanto humana, tem por objeto proporcionado o ser das coisas sensíveis. Todavia, enquanto inteligência, direciona-se para o ser por inteiro, elevando-se por analogia até uma verdadeira ciência das realidades espirituais, assim dizendo, do ser inteligível. Nesse movimento, é também capaz de conhecer a Deus, Ser por excelência, não em sua essência, mas por seus efeitos, com certeza e verdade próprias da condição de criatura humana (MARITAIN, 1930a, p. 324). O conhecimento racional a respeito de Deus é, portanto, possível e verdadeiro, apesar de limitado.

A este conhecimento podem ser acrescentadas as verdades reveladas, que a inteligência humana não poderia obter e às quais acede por meio da fé:

> A verdade da fé é a verdade infinitamente transcendente do mistério de Deus. E, contudo, esta verdade infinitamente transcendente, quis Deus que seja expressa (e aí temos os profetas de Israel e o ensino de Jesus, e as definições da Igreja) nos conceitos e nas palavras humanas. É isto a característica da revelação judaico-cristã. A revelação não é informulável, é *formada*. É assim porque a Segunda Pessoa da Trindade é o Verbo, e porque o Verbo se incarnou.

> Os conceitos e as palavras que nos transmitem a revelação são, ao mesmo tempo, *verdadeiros* (dão-nos realmente a conhecer o que está oculto em Deus) e essencialmente *misteriosos* ("*in aenigmate*": ficam desproporcionados com a Realidade que atingem sem a circunscrever nem a compreender) (MARITAIN, 1967c, p. 114).

As verdades reveladas não são obtidas nem sustentadas pela filosofia e não precisam ser por ela admitidas. Mas devem ser respeitadas por ela como aquisições do espírito humano em sua busca pelo Absoluto (MARITAIN, 1967c, p. 114 e 120).

Um último aspecto da inteligência parece ser oportuno tematizar. A capacidade da inteligência humana de alcançar a certeza a respeito de verdades de ordem racional torna possível a elaboração de uma doutrina que seja verdadeira, que tenha sua estrutura essencial fundada na verdade, isto é, sobre princípios verdadeiros, organizados de modo conforme ao real (MARITAIN, 1967c, p. 121). Algumas condições se impõem: uma tal doutrina não pode pretender possuir toda a verdade, mas deve ser capaz de avançar na sua busca ao longo do tempo, por meio da crítica de doutrinas divergentes ou contrastantes e da depuração de erros acidentais a que estará sujeita. Uma doutrina fundada na verdade não pode também pretender ser obra de um único pensador, como no caso dos criadores de sistemas filosóficos do passado, mas deve ser capaz de apoiar-se nas contribuições do espírito humano desde tempos remotos, abrangendo gerações de pensadores com perspectivas distintas, que possam ser unificadas por alguns pensadores de gênio (MARITAIN, 1967c, p. 121).

Isso não implica – e de fato não impede – o fim das doutrinas filosóficas contrastantes, que constantemente surgem. Procedendo por meio da crítica dessas doutrinas, a doutrina verdadeira progride constantemente obtendo novas verdades que foram descobertas por essas doutrinas. "Tem o dever de compreender inteligentemente as diversas doutrinas que se desenvolvem de idade em idade, levando-lhes oposição, assim como de desprender dela a intuição generativa e resgatar as verdades que ela tem cativas" (MARITAIN, 1967c, p. 122). As implicações dessa tese para a educação serão inevitáveis e importantes.

Como já indicado no capítulo anterior, Maritain vê nessa doutrina o tomismo, iniciado por Tomás de Aquino sobre a tradição aristotélica, continuado e desenvolvido por seus seguidores. Afirmar o tomismo como doutrina verdadeira não é afirmar que contém todas as verdades ou que o trabalho filosófico consiste em repetir São Tomás. Da mesma forma como Maritain faz com a crítica do conhecimento, que parte da obra de Tomás de Aquino, mas extrai e explicita respostas para questões atuais, a doutrina verdadeira constitui uma obra coletiva, viva, progressiva e permanente.

Cumpre finalmente abordar o tema da libertação da inteligência. No contexto da crise da civilização identificada por Maritain, a inteligência encontra-se cativa e deformada e carece de ser libertada. Vittorio Possenti sintetiza o problema:

> A inteligência é hoje, mais que nunca, acorrentada ao mito, à opinião, à falsa moeda intelectual; a libertação da inteligência consiste, portanto, no romper as correntes em que a prendem larga parte da cultura atual, para chegar a um conhecimento certo do real, dos seus primeiros princípios, em uma palavra, para chegar a uma filosofia verdadeira e a uma metafísica verdadeira (POSSENTI, 1984, p. 14).

Libertar a inteligência significa, por um lado, remover os obstáculos que a impedem de exercer sua função natural de conhecimento do real. Isso implica "[...] libertar o eros filosófico de todo o entrave idealista ou ideosófico[6]" (MARITAIN, 1967c, p. 131) representado pelo pensamento derivado de Descartes, Kant e, mais recentemente, de Husserl

---

6 Maritain esclarece o uso do conceito de ideosofia em lugar de filosofia: "Não são filósofos; são ideósofos, é o único nome exacto e com o qual devem ser chamados. Em si mesmo não é pejorativo; designa, simplesmente, uma outra via de busca e de pensamento diferente da via filosófica. [...] Uma linha de origem idealista, que de mutação em mutação recusa, cada vez mais radicalmente, o real extramental e o fundamento absolutamente primeiro do saber filosófico, não pode ser chamada uma linha filosófica" (MARITAIN, 1967c, p. 127-128).

e da Fenomenologia. Implica também o reconhecimento de que "[...] o intelecto humano, embora seja uma razão manobrando os seus conceitos e mantendo a mais estrita lógica, [...] é também um intelecto, isto é, uma potência capaz de ver na ordem inteligível como o olho vê na ordem sensível; não é, porventura, mediante uma tal intuição que ele conhece os 'primeiros princípios' de toda a demonstração?" (MARITAIN, 1967c, p. 137). Trata-se da intuição intelectual do ente, que é intuição pura e estritamente intelectual do ente enquanto *actus essendi* (MARITAIN, 1967c, p. 137-138) e que tem por objeto primário "[...] esta absolutamente primordial e universal realidade inteligível – pois é de natureza a abraçar tudo, a colher tudo e a retificar tudo" (MARITAIN, 1967c, p. 165). A intuição do ente "[...] é o bem próprio e sagrado da inteligência, como tal, [...] intuição absolutamente primeira, sem a qual não há saber filosófico [...]" (MARITAIN, 1967c, p. 137), e fundamento primeiro e princípio primeiro da filosofia (MARITAIN, 1967c, p. 139).

Por outro lado, observa Maritain, a libertação da inteligência requer atender à necessidade de conhecimento do real, frustrada e acumulada durante séculos, que deu lugar a uma necessidade patológica de "fábulas" ou "falsa moeda intelectual", enorme e insaciável, que continuamente pede "saberes" que sintetizem os problemas maiores da vida e do ser humano, nem sempre explícitos, mas reais. Na ausência de respostas adequadas vindas da ciência, da filosofia ou de níveis mais altos, essa "fome" insaciável cria a necessidade constante de novas e sedutoras respostas (MARITAIN, 1967c, p. 144).

A libertação da inteligência não se reduz, portanto, à recondução do ser humano ao uso pleno e correto da faculdade natural da inteligência. Não bastam, como supunha Kant, liberdade e *sapere aude* (KANT, 1985). É necessário também apoiá-la, em seu desenvolvimento, por meio da crítica e por meio de uma doutrina fundada na verdade.

Finalmente, não se deve esquecer que a libertação da inteligência é parte integrante da libertação da pessoa humana, empreendimento muito maior e mais desafiador, tantas vezes referido nos principais livros de Maritain, em especial em *Humanisme Intégral* (1936) e *Le Paysan de la Garonne* (1966), mas também em seus textos voltados para a Educação.

CAPÍTULO 4

A EDUCAÇÃO DA PESSOA HUMANA NO PENSAMENTO DE JACQUES MARITAIN

Filósofo dos problemas contemporâneos, com forte ênfase em sua dimensão humana e sociopolítica, analisados à luz da tradição filosófica e do pensamento tomista, Jacques Maritain não deixa à margem os problemas da educação. Professor desde jovem para prover seu sustento, teve familiaridade com os temas da educação, mas somente em etapa madura sistematizou sua reflexão com alguns importantes textos. Estes tomaram a forma de artigos e conferências, como mais frequentemente são compostos os escritos de Maritain, e foram posteriormente reunidos em livro. Não há, portanto, um tratado sobre seu pensamento educacional. Mas o conjunto dos escritos permite uma interpretação sistemática, como procura apresentar o presente trabalho.

Esta seção apresenta os principais temas do pensamento educacional de Jacques Maritain, evidenciando suas relações com a realidade multidimensional da pessoa humana, que o autor pretende considerar em sua integralidade, pois a educação, concebida como auxílio indispensável ao desenvolvimento natural da pessoa humana, endereça-se à integralidade de suas dimensões e a toda a vida humana. É também objetivo desta seção identificar e caracterizar as categorias filosófico-educacionais do pensamento de Maritain, que se correlacionam com o propósito de elaborar um instrumental analítico e propositivo aplicável às políticas públicas educacionais. Nesse sentido, sustenta-se que as categorias filosóficas de Pessoa Humana, Inteligência, Vontade, Liberdade e Educação permitem derivar diretrizes gerais para a educação, bem como indicações capazes de contribuir para análise e proposição de políticas educacionais. Tais diretrizes afirmam, com base na consideração da integralidade da pessoa humana, a necessidade da educação integral para todos, voltada para auxiliar o pleno desenvolvimento da pessoa humana segundo sua natureza própria, em especial o desenvolvimento de sua inteligência, liberdade, vontade e relação com o corpo social, de maneira a favorecer a vida espiritual e a unidade interior do indivíduo.

4.1 Os escritos de Jacques Maritain sobre a educação

Os principais escritos de Maritain sobre a educação são *Education at Crossroads*, de 1943; *Le Problème de l'École Publique en France*, de 1946; *Thomist Views on Education*, de 1955; e *Sur Quelques Aspects Typiques de l'Éducation Chrétienne*, de 1956. Esses trabalhos encontram-se reunidos em *Pour une Philosophie de l'Éducation*, de 1959, editado sucessivas vezes com importantes modificações. Outros escritos, menores em extensão e em importância, representam preparações, aplicações ou mesmo reapresentações das ideias contidas nos textos principais.

Dos escritos de Maritain sobre educação, os mais conhecidos são as quatro conferências ministradas na Universidade de Yale, em 1943, que foram reunidas no mesmo ano no livro *Education at the Crossroads*. Estruturado em quatro partes, focaliza sucessivamente os fins da educação, o dinamismo da educação, as humanidades e a educação liberal e as experiências da educação contemporânea.

Em 1947, essa obra apareceu em tradução francesa, intitulada *L'éducation à la croisée des chemins*, contendo, além das quatro conferências originais, um anexo intitulado *Le Problème de l'École Publique en France*, escrito em 1946. Às edições posteriores foram agregados um ensaio intitulado *Vues thomistes sur l'éducation*, produzido para instituições norte-americanas em 1955 e publicado nos Estados Unidos no mesmo ano, e um outro, intitulado *Sur quelques aspects typiques de l'éducation chrétienne*, publicado na França em 1956 e nos Estados Unidos em 1957.

Apesar de tratar basicamente dos mesmos temas introduzidos pelas conferências de 1943, *Vues thomistes sur l'éducation* é um texto particularmente importante, pela clareza e profundidade com que trata as teses maritainianas e as vincula à armadura conceitual tomista. Vinte anos posterior a *Education at the Crossroads* e cinco anos posterior a *Man and State* (publicado em 1951), *Vues thomistes sur l'éducation* é um texto amadurecido que reafirma temas e posicionamentos expressos anteriormente e, dessa maneira, atua como fator de consolidação do pensamento educacional de Maritain.

O conjunto desses textos constituiu o livro *Pour une philosophie de l'éducation*, publicado na França em 1959, com prefácio do autor. Em 1969, foi publicada uma edição revisada e completada, considerada como texto definitivo, sendo reproduzida na edição das *Obras Completas de Jacques e Raïssa Maritain*, publicada na Suíça entre 1985 e 2007. A edição mais recente parece ser a publicada em Paris pela Editora Parole et Silence, em 2012, com prefácio de Guy Avanzini.

É relevante observar que, na edição de 1969 de *Pour une philosophie de l'éducation*, Maritain introduziu modificações importantes, suprimindo pequenos e longos trechos, em especial a terceira parte do último capítulo, que refletia diretamente o momento da Segunda Guerra Mundial e as questões por ela colocadas. Em seu lugar, foram introduzidos quatro longos parágrafos sobre a crise da civilização, os desafios da educação contemporânea, sobre maio de 1968 e sobre a relação democracia-tecnocracia. Exprimem, portanto, o ponto de vista do autor sobre os desafios das democracias e da educação no contexto do final dos anos 1960. Nota-se também que, além disso, Maritain acrescentou diversos trechos significativos ao texto do livro, esclarecendo e desenvolvendo as ideias ali contidas (MARITAIN, 2012. Ver, por exemplo, cap. III, § 5, p. 87-89).

Nos Estados Unidos, *Education at the Crossroads* recebeu diversas edições e continua sendo publicado pela Yale University Press, compreendendo apenas as quatro conferências originais, com prefácio do autor datado de 1960. No Brasil, foram feitas duas publicações diferentes. A primeira, intitulada *Rumos da Educação*, consiste na tradução de *Education at the Crossroads*, elaborada por Inês Fortes de Oliveira, também contendo apenas as quatro conferências originais, publicada pela Livraria Agir Editora, do Rio de Janeiro, em 1947 (1ª edição), 1959 (2ª edição) e 1963 (3ª edição).

A segunda publicação, também intitulada *Rumos da Educação*, é uma tradução da edição francesa (*Pour une philosophie de l'éducation*, Fayard, 1959), elaborada pela Abadia de Nossa Senhora das Graças e publicada pela mesma editora em 1966 (4ª edição revista e aumentada). Compreende, além das conferências originais, os três textos posteriormente incorporados pela edição francesa. Contudo, não incorpora as modificações introduzidas pelo autor na edição francesa de 1969.

Apesar de breves, não devem ser menosprezadas as páginas dedicadas à educação no livro *L'homme et l'état* (MARITAIN, 1953). Publicado em 1951 nos Estados Unidos, sob o título *Man and State*, esse livro é considerado um tratado político, em que o autor sistematiza e amadurece as ideias desenvolvidas em obras anteriores. No capítulo V, dedicado à carta democrática, a seção III intitulada "L'éducation et la charte démocratique" (MARITAIN, 1953, p. 110-116) retoma as teses de *L'éducation à la croisée des chemins*, com destaque ao papel da família na educação, e discute o tema, apenas esboçado em estudos anteriores, do ensino da carta democrática na escola pluralista.

Merece especial menção o trabalho de Donald e Idella Gallagher, professores do Boston College, que publicaram em 1962 o livro *The Education of Man: The Educational Philosophy of Jacques Maritain*, pela University of Notre Dame Press (GALLAGHER, 1967). Além de um cuidadoso estudo introdutório ("Toward a Christian Philosophy of Education"), essa obra reúne alguns dos principais textos de Maritain sobre educação, trazendo excertos de *Education at the Crossroads*, os já mencionados ensaios *Thomist Views on Education*, *Some Typical*

Aspects of Christian Education e diversos outros textos publicados nos Estados Unidos e no Canadá, além de indicar outros trabalhos de Maritain, menos conhecidos, que tratam do tema da educação.

Pela importância da informação, cabe citar os textos ali indicados e que ainda não foram mencionados neste estudo, omitidos excertos e reedições (GALLAGHER, 1967, p. 185-186):

> "Preface" to *Philosophy and Education*, by Frans de Hovre (New York; Benziger Brothers, 1930), pp. v-xi.
> "On Teaching", in The Catholic Layman: On Teaching (Toronto, St. Michael's College, 1933), pp. 9-12. (No. 1 of the Pamphlet.)
> "The Conquest of Freedom", in *Freedom: Its Meaning*, planned adn edited by Ruth Nanda Anshen (New York: Harcourt, Brace & Company, 1940), pp. 631-649. (Appears in French in Principes d'une politique humaniste. New York: Éditions de la Maison Française, 1944, premier chapitre).
> "The Education of Women", taken from Address in *The Inauguration of George N. Schuster, The Fifth President* (New York: Hunter College of the City of New York, 1941), p. 31-36.
> "Moral Education", in *A College Goes to School: Centennial Lectures* (Notre Dame-Holy Cross, Indiana: St. Mary's College; and Paterson, New Jersey: St. Anthony's Guil Press, 1945) pp. 1-25.
> "Education for the Good Life", taken from *The Commonweal*, XLIV, (April 23, 1946).
> "Convocation Address", *Academic Convocation Commemorating the Tercentenary of the Birth of St. John Bapitist de la Salle* (New York: Manhattan College, 1951), pp. 15-19.
> "Education and the Humanities" (*Centenary Lecture delivered in the Fall of 1952 at St. Michael's College*, Toronto, Canada).
> "The Crucial Problem of the Education of the Human Being", taken from *Scholasticism and Politics*, by Jacques Maritain (New York, The Macmillan Company, 1954), pp. 52-54.
> "Moral and Spiritual Values in Education", *Proceedings of the Eighty-ninth Convocation of the Board of Regents of the State of New York (April 25, 1958)*, pp. 14-21.

O trabalho organizado por Donald e Idella Gallagher traz também um rol de livros e artigos que tratam da filosofia da educação de Maritain (GALLAGHER, 1967, p. 187-188), abrangendo estudos publicados nos EUA, Europa e Brasil no período de 1943 a 1959. Finaliza o livro (p. 188-191), sob o título de "Recommended Readings in Education", uma lista de textos sobre educação que foi preparada por

Jacques Maritain como um suplemento para o ensaio *Thomist Views of Education* (1955). Essa lista não apenas confirma as fontes citadas em *Education at the Crossroads* (1943), como também apresenta um quadro ampliado de referências do filósofo.

Esses textos de Maritain até aqui mencionados podem ser considerados os principais voltados à temática da educação, seja pelo tratamento explícito e aprofundado do tema, seja pela importância no conjunto da bibliografia maritainiana. Por essa razão, serão tomados como base do presente estudo, sem prejuízo das relações existentes com outros textos do autor que, sempre que possível, serão indicados.

Este estudo toma ainda como texto de referência a edição francesa de *Pour Une Philosophie de l'Éducation* de 2012, cotejada, sempre que necessário, com a edição norte-americana *Educations at the Crossroads* (1943) e com a tradução brasileira em *Rumos da Educação*, de 1966. A razão dessa escolha é a revisão feita por Maritain em 1969, a pedido da Editora Fayard, que alterou numerosos trechos, com supressões e acréscimos, buscando tornar mais claro e atualizado o sentido das reflexões do autor para leitores distanciados do contexto original. Essas alterações não constam nas edições brasileiras e norte-americanas, que são anteriores à revisão.

Desde as conferências de Yale (1943) até as *Vues thomistes sur l'éducation* (1955) percebe-se unidade e coerência nas principais teses filosófico-educacionais, não havendo mudanças significativas a assinalar nesse período. Demonstra-o o fato de esses estudos distanciados no tempo estarem reunidos num mesmo volume (*Pour une Philosophie de l'éducation*) revisado pelo autor para a edição de 1969. O presente estudo utiliza ambos os trabalhos - *Education at the Crossroads* e *Vues Thomistes sur l'Éducation* -, apoiando-se em seus textos ao longo das citações.

A tradução dos trechos citados – propositadamente mais próxima da literalidade dos textos originais e, por isso, mais pesada e menos elegante, porém um pouco mais precisa – é de nossa responsabilidade.

4.2 Conceito e objeto da educação

Maritain concebe a educação como processo – desenvolvido na escola ou fora dela, por meio de professores, familiares, grupos sociais e outros fatores – que tem como tarefa principal ajudar no desenvolvimento dinâmico pelo qual um homem forma a si mesmo como homem, durante toda sua vida (MARITAIN, 2012, p. 19-20).

Ao falar em "homem", Maritain não se refere a uma ideia abstrata, mas a indivíduos concretos, inseridos numa época histórica e numa sociedade real e singular. A palavra "homem" designa, também, o indivíduo enquanto parte do conjunto que compõe a humanidade e designa, sem dúvida, também as mulheres[1], sempre incluídas nessa forma tradicional de referir-se a qualquer ser humano (adotada neste estudo sempre que se descreve o pensamento de Maritain). Mas ao tratar do "homem", Maritain considera, sobretudo, pessoas humanas, consideradas na integralidade de seu ser, realidade que ultrapassa as determinações físicas, sociais, históricas e culturais. Embora, de acordo com Píndaro, o homem deva tornar-se aquilo que é, nada é mais importante nem mais difícil que tornar-se homem (MARITAIN, 2012, p. 19). O processo educativo aparece a Maritain como indispensável para o pleno e reto desenvolvimento das potencialidades humanas, necessário tanto para o indivíduo, quanto para a sociedade em que vive.

1 O exame dos textos de Maritain mostra que a utilização do termo "homem" para designar ambos os sexos não conota qualquer desvalorização da mulher. Veja-se, por exemplo, a seguinte passagem: "O reconhecimento da igualdade de direitos para a mulher tanto quanto para o homem marca uma grande conquista humana e o principal desses direitos é o cultivo da mente. O próprio fato de que a mesma instrução e iguais oportunidades de acesso aos mais elevados campos do conhecimento deveriam ser dados para jovens mulheres e jovens homens, com tão excelentes resultados como nós vemos neste país, é em si mesmo a refutação de noções ultrapassadas sobre as possibilidades intelectuais da mulher" (MARITAIN, 1962c, p. 156).

Por ser animal de cultura, que depende do desenvolvimento da sociedade e da civilização[2]; por ser animal histórico, que se multiplica em tipos ético-históricos diversificados; por possuir um poder ilimitado, mas gradual, de conhecer, o homem "[...] não pode progredir em sua própria vida específica, intelectual e moralmente, se não for ajudado pela experiência coletiva que as gerações precedentes acumularam e conservaram e por uma transmissão regular dos conhecimentos adquiridos" (MARITAIN, 2012, p. 20). No processo educativo, essa experiência coletiva acumulada representa para o homem disciplina e tradição, que inicialmente o limitam, mas o tornam capaz de oposição e mesmo de enriquecimento dessa tradição, permitindo-lhe alcançar a liberdade de autodeterminação para a qual é feito (MARITAIN, 2012, p. 20).

Maritain concebe a educação também como arte. O conceito requer explicações, pois pode soar estranho nos tempos atuais.

2 Donald e Idella Gallagher observam que "Maritain não distingue cultura e civilização como fazem certos sociólogos e antropólogos. Cultura, ou civilização, é a expansão da vida humana e inclui não somente uma medida suficiente de desenvolvimento material, mas também o desenvolvimento 'das atividades especulativas e práticas (artísticas e éticas) peculiarmente dignas de ser chamado um desenvolvimento humano [*Religion and Culture*, 1931]'" (GALLAGHER, 1967, p. 14-15). Entretanto, essa intepretação não parece ser a mais adequada, seja devido ao peso semântico que a palavra "civilisation" possui no idioma francês, seja porque o autor chega a utilizar ambas as palavras na mesma frase, conferindo significado distinto a elas, tanto no original inglês, quanto na tradução francesa. Por exemplo: "Os outros objetivos (transmitir a herança de cultura de uma área dada da civilização, preparar para a vida em sociedade e para a boa cidadania [...]" (GALLAGHER, 1967, p. 50; ver também MARITAIN, 2012, p. 142). Em *Religion et Culture* (MARITAIN, 1974, p. 556) o autor recusa a oposição entre cultura e civilização feita por pensadores alemães e russos, mas isso não o impede de distinguir os dois conceitos, embora pouco tenha se dedicado a descrevê-los e a diferenciá-los. Restam, pois, os esclarecimentos feitos pelo próprio autor nesse livro: "Em lugar da palavra cultura, que se relaciona ao desenvolvimento racional do ser humano em toda sua generalidade, eu poderia empregar também o de civilização, que ser relaciona a este mesmo desenvolvimento considerado em um caso eminente, quero dizer na produção da cidade e da vida civil, da qual a civilização é como o prolongamento e o alargamento" (MARITAIN, 1974, p. 555-556).

Acompanhando a tradição escolástica, Maritain distingue a categoria ampla da Ciência e a categoria ampla da Arte. A primeira abrange múltiplos saberes voltados para o conhecer, mais especificamente os que permitem um conhecimento certo a partir das causas, obtido pela luz natural da inteligência humana (MARITAIN, 1921, p. 65). Observa-se que essa categoria vai muito além da Ciência moderna, abrangendo saberes como, por exemplo, a Física, a Matemática, a Metafísica e a Teologia (MARITAIN, 1921, p. 55, 62-65). Por sua vez, a Arte abrange os saberes voltados à produção de obras materiais ou intelectuais (às vezes chamados de "ciências práticas") tão variados como a escultura e a Medicina (outrora denominada "*Ars Curandi*"):

> Qual é, pois, a característica essencial da Arte, tomada em toda sua generalidade? É dirigir uma obra a ser feita, de modo que ela seja fabricada, moldada ou disposta como deve ela deve ser e de assegurar assim a perfeição ou a bondade [...] da própria coisa ou da obra feita pelo homem. É assim que a arte pertence à ordem prática: regrando uma obra a produzir, não com relação ao uso que devemos fazer de nosso livre arbítrio, mas com relação à maneira como a obra como tal e em si mesma deve ser executada (MARITAIN, 1921, p. 187-188).

A Educação é uma arte, mas não se reduz a mero "como fazer" – é também uma sabedoria prática de caráter moral, voltada para seus fins próprios:

> A educação é uma arte, e uma arte particularmente difícil. Entretanto, ela pertence por sua natureza ao domínio da moral e da sabedoria prática. A educação é uma arte *moral* (ou melhor, uma sabedoria prática na qual uma arte determinada se incorporou). Ora, toda arte é uma tendência dinâmica para um objeto a realizar, que é o fim dessa arte. Não há arte sem finalidade; a vitalidade própria da arte é a energia com a qual ela tende para seu fim, sem se deter em algum grau intermediário (MARITAIN, 2012, p. 21).

Ao conceber a educação como arte moral e prática, Maritain não pretende deixá-la sob critérios subjetivos do educador. O educador é um artista, não no sentido de um escultor que modela a argila segundo seu próprio gosto e intenção, mas no sentido de que mobiliza suas próprias energias e executa seu trabalho inteiramente voltado para o que a obra em si mesma deve ser. Em outros termos, o educador não modela o educando[3] para que este se torne aquilo que o educador deseja, segundo seu próprio arbítrio ou segundo algum projeto sociopolítico. O trabalho do educador é auxiliar o pleno desenvolvimento das potencialidades humanas naturais do educando:

> É antes à arte médica que a arte da educação deveria ser comparada. A medicina se relaciona com um ser vivo, com um organismo que possui uma vitalidade interna e um princípio interno de saúde. O médico exerce uma causalidade real curando sua doença, sim, mas de uma maneira particular: imitando as vias da natureza em sua maneira de operar, e ajudando a natureza, aplicando um regime e remédios apropriados, que a própria natureza usará, segundo seu próprio dinamismo em ação para o equilíbrio biológico. Em outros termos, a medicina é *ars cooperativa naturae*, uma arte ministerial, uma arte a serviço da natureza. É o mesmo com a educação. Esta verdade tem implicações que vão muito longe (MARITAIN, 2012, p.50-51).

Caracterizar a educação como arte implica afirmar que ela pode encontrar luzes e fundamentos nas ciências, mas não é essencialmente uma ciência, e seus objetivos não se reduzem ao conhecer. A educação pertence ao domínio da ação prática e deve guiar-se pelas diretrizes morais e intelectuais adequadas à realidade da pessoa humana. Isso implica, como condição indispensável, o exame criterioso da realidade humana e das concepções de homem, do qual dependem os fins da educação e os meios que lhe são adequados.

Ao caracterizar a educação como arte moral incorporada numa sabedoria prática, Maritain indica também que seu fim é produzir algo bom, que não apenas pode, mas deve ser bom; e para atingir esse fim é necessário muito mais que um conjunto de técnicas, é necessário um discernimento superior do ser e dos entes, da pessoa e da sociedade em que se insere. A educação é apartada, dessa maneira, do campo da

---

3 Maritain utiliza indistintamente os termos "educando" e "aluno", assim como "educador" ou "mestre". Não utiliza, contudo, estudante nem professor.

prática sem discernimento, da produção sem finalidade nem critério, da mera técnica, bem como do conhecimento puro. Educar é conduzir uma criatura, ao mesmo tempo dependente e capaz de autonomia, ao mesmo tempo matéria e espírito, ao mesmo tempo racional e irracional, por caminhos talvez padronizados, talvez específicos para cada educando, favorecendo o desenvolvimento natural da pessoa humana, operando para que a dimensão espiritual prepondere sobre a material e atuando para que sejam alcançadas a liberdade, a inteligência e o amor.

Os resultados desse processo não são previsíveis, porque não são uniformes. Cada indivíduo possui uma identidade pessoal, que se desenvolverá e manifestará no correr do processo educativo e que deve ser ao mesmo tempo respeitada e conduzida à sua realização, evitando-se qualquer forma de desvio ou degeneração. Há sem dúvida caminhos, onde serão cumpridas jornadas individuais, mas não há modelos a reproduzir, senão a própria natureza humana.

O processo educativo, sendo arte, arte moral e sabedoria prática, comporta caráter estético no processo de fazer ou no homem a formar? Se, como Maritain afirma acima, a arte dirige o modo como uma obra é feita, a fim de assegurar sua perfeição e bondade, está necessariamente implicada a dimensão da beleza; porquanto da unidade, verdade e bondade de um ente, emerge também a beleza, como uma das propriedades transcendentais do ser. Desnecessário frisar que essa beleza não deriva da espontaneidade ou da subjetividade do artista, mas da natureza da pessoa humana educada.

4.3 Concepções de homem e os fins da educação

Maritain identifica, com relação à educação, duas classes de concepções "'honestas'" ou "'leais'" de homem[4], que descreve sinteticamente

4 O que seriam – e quais seriam – as concepções de homem não honestas nem leais? Escrevendo durante a Segunda Guerra Mundial, Maritain provavelmente se refere

como: a concepção científica e a concepção filosófico-religiosa (MARITAIN, 2012, p. 22). A concepção científica do homem baseia-se na ciência estritamente experimental, utilizando apenas conjuntos de dados mensuráveis e observáveis, de modo a ser inteiramente verificável pela experiência sensorial. Assim, fornece uma ideia fenomenalizada do homem e rejeita, por princípio, todo conteúdo ontológico e toda referência a questões como espírito e matéria, liberdade e determinismo, finalidade ou acaso, ou valores (MARITAIN, 2012, p. 22-23).

No que concerne à educação, a concepção científica do homem pode fornecer informações valiosas sobre os meios e instrumentos da educação, mas não pode fornecer "[...] nem os primeiros fundamentos nem as direções primordiais da educação, pois a educação tem necessidade de conhecer primeiro e primordialmente o que o homem é, qual é a natureza do homem e qual escala de valores ela implica essencialmente" (MARITAIN, 2012, p. 23). Por isso, fundamentar a educação e a condução da obra educativa na concepção científica do homem conduziria à falta de respostas para questões indispensáveis sobre a natureza e o destino do homem (MARITAIN, 2012, p. 24) e, por causa disso, à elaboração de uma metafísica inconfessada:

> O resultado, do ponto de vista lógico, seria uma metafísica bastarda disfarçada de ciência e desprovida de toda luz realmente filosófica; e do ponto de vista prático, uma recusa ou uma concepção errônea dessas realidades e desses valores sem os quais a educação perde toda significação humana ou se torna o adestramento de um animal em proveito do Estado (MARITAIN, 2012, p. 24).

---

aos projetos antropológicos do fascismo, do nazismo e do totalitarismo soviético, além do individualismo burguês. Em seu livro *Humanisme Intégral*, de 1936, o autor os caracteriza como humanismos falhos e inumanos, pois concebem a natureza humana e a razão como encerradas em si mesmas, autossuficientes e excludentes de toda realidade que não coincida com elas próprias. Negam, assim, a abertura do ser humano ao transcendente, à dignidade da pessoa humana e qualquer obra política que não seja a dominação (POZZEBON, 1998, p. 53-60).

A concepção filosófico-religiosa do homem aparece a Maritain não apenas como requerida, mas também como verdadeira e a única apta a fornecer a concepção integral do homem de que a educação necessita (MARITAIN, 2012, p. 24). Essa concepção é descrita como filosófica porque tem por objeto a natureza ou a essência do homem e é descrita também como religiosa porque considera o estado existencial da natureza humana em relação a Deus, do qual derivam a vocação própria da pessoa humana para o transcendente, dons especiais e provações (MARITAIN, 2012, p. 24). Não difere, senão na apresentação sintética e clara, das concepções de pessoa humana apresentadas em obras do mesmo período, em especial *Les Droits de l'Homme et la Loi Naturelle* (1942), *Principes d'une Politique Humaniste* (1944) e *La Personne et le Bien Commun* (1947).

Comentando a concepção integral de homem, tomada como referência por Maritain em todo o seu projeto filosófico, e não apenas em seus escritos pedagógicos, Massimo Roncoroni sintetiza o significado dessa concepção:

> Para tal concepção integral do homem, síntese das grandes almas da civilização ocidental e europeia, a essência do homem está no seu ser pessoa, ou seja, animal racional, livre, social, dotado de vida vegetativa, sensitiva, intelectiva e volitiva, mas também dotado de uma identidade e de um destino único e irrepetível, porque posto no ser pelo ato criador de Deus, que o cria à própria imagem e semelhança e com o qual por isso a pessoa humana está não em uma relação extrínseca como do servo para o senhor, mas em uma relação intrínseca, tão constitutiva a ponto de ser *intimior intimo meo*, como de filho para pai, portanto sobre o plano de uma paradoxal e misteriosa reciprocidade e intimidade fundada sobre a liberdade e sobre o amor (RONCORONI, 1984, p. 219).

Do ponto de vista filosófico, o homem é eminentemente pessoa. Como pessoa, o homem se conduz por sua inteligência e vontade. Além de sua existência física, possui uma superexistência espiritual, própria do conhecimento e do amor. A pessoa humana é um microcosmo, um universo em si mesmo, que pode envolver o universo pelo conhecimento e pelo amor e pode doar-se a outros que são como ela mesma. A raiz dessa condição é a alma espiritual, primeiro princípio da vida, dotada de intelecto supramaterial, lugar de habitação de Deus, que ultrapassa o tempo e a morte e é feita para a vida eterna. A noção de pessoa implica a de totalidade e independência, possui uma dignidade absoluta porque está em relação direta com o domínio do ser, da verdade, da bondade, da beleza e com Deus. E é só nisso, nesse domínio de valores absolutos, que pode alcançar sua inteira realização (MARITAIN, 2012, p. 26-27).

A pessoa humana é também caracterizada por uma individualidade material, como parcela de uma espécie animal, que vive pelos sentidos, instintos, tendências hereditárias, desejos e pulsões, ao mesmo tempo em que vive pela razão. A dimensão material se relaciona com um certo treinamento animal de hábitos psicológicos, reflexos condicionados e memorização sensorial. Mas a educação do homem, sendo evento humano, ultrapassa em muito esse treinamento (MARITAIN, 2012, p. 27).

A principal aspiração da pessoa humana é a liberdade. Não se trata do livre arbítrio, de que o ser humano é naturalmente dotado, mas da liberdade interior e espiritual de independência, caracterizada por espontaneidade, expansão e autonomia (MARITAIN, 2012, p.29; MARITAIN, 1944, p. 13-42; MARITAIN, 1947), discutida no capítulo anterior. Deve ser conquistada, e o pode ser por atividades que se realizam no interior do próprio sujeito, pela ação da inteligência e da vontade, que produzem conhecimento e amor.

A liberdade de independência se move, por meio do conhecimento e do amor, para a busca da verdade, que não deve ser aqui entendida como um conjunto determinado de crenças religiosas, mas como a busca por conhecimento efetivo do real, no domínio infinito do ser, apreensão progressiva de novas verdades e da significação crescente e renovada das verdades já conhecidas (MARITAIN, 2012, p. 30). Nas palavras do próprio autor: "[...] a verdade consiste na conformidade do espírito com a realidade – com aquilo que é ou existe independentemente do espírito. A inteligência tende a apreender e a conquistar o ser. Seu objetivo e sua alegria são essencialmente desinteressados" (MARITAIN, 2012, p. 140).

Adverte Roncoroni (1984, p. 222) que a liberdade interior consiste na conquista da verdade, indicador de um processo educativo saudável, processo que, por sua vez, representa uma "maiêutica da pessoa humana" (RONCORONI, 1984, p. 218):

> De fato, é propriamente por força da intuição intelectual do sentido do ser como *actus essendi* que o homem, enquanto pessoa, pode penetrar sempre mais profundamente na densidade inteligível da realidade criada pelas vias privilegiadas e entre si convertíveis do conhecimento e do amor, ambos compreensivos, mas não exaustivos, da realidade conhecida e/ou amada; a pessoa pode transcender assim o ambiente no qual está imersa para colher aquela verdade das coisas que é aquilo pelo qual, por força do qual e em vista do qual ela, a pessoa, perenemente se educa, se torna sempre mais humana e sempre menos desumana (RONCORONI, 1984, p. 223).

O segundo movimento da liberdade está ligado à vida social. A pessoa humana, em razão da abertura e da generosidade próprias da inteligência e do amor, requer naturalmente as comunicações da vida social. Esta libera o homem de servidões materiais e o subordina ao bem comum, que, assegurando as garantias econômicas do trabalho e da propriedade, os direitos políticos, as virtudes cívicas e a cultura do espírito propicia condições para a liberdade de expansão ou de independência (MARITAIN, 2012, p. 32-33).

Se considerado o homem na sua estrutura fundamental de pessoa, voltada à existência espiritual e à liberdade de independência e também de indivíduo, alicerçada na existência material; se considerado que as potencialidades da pessoa humana relacionadas à liberdade de independência não se desenvolvem espontânea ou automaticamente; não faz sentido entender a educação do homem como reduzida a simples treinamento, em que habilidades sensoriais, cognitivas e sociais são desenvolvidas quase que espontaneamente. Ao contrário, a educação deve referir-se ao ser humano inteiro, aí incluída sua dimensão de pessoa humana capaz de vida espiritual, centrada no desenvolvimento e na conquista da liberdade de expansão e de independência da pessoa individual (MARITAIN, 2012, p. 55).

Não se trata de processo espontâneo ou previamente assegurado. Um ser humano, individual e concreto, pode desenvolver-se no sentido da personalidade, adquirindo o domínio e independência que seu espírito lhe faculta, bem como pode desenvolver-se no sentido da individualidade, abandonando-se às tendências hereditárias que a materialidade lhe impõe (MARITAIN, 2012, p. 54). O problema crucial da educação consiste, em primeiro lugar, em distinguir adequadamente individualidade e materialidade, evitando confusões com graves consequências; em segundo lugar, em atuar para que "[...] a vida da razão e da liberdade domine sobre a vida dos instintos e dos desejos dos sentidos – o que implica sacrifício de si, esforço em busca da perfeição pessoal e do amor" (MARITAIN, 2012, p. 55). De tal sorte que "[...] na intimidade das atividades do homem, o peso das tendências egoístas diminua, e que aumente, ao contrário, o peso das aspirações próprias à personalidade e à sua generosidade espiritual" (MARITAIN, 2012, p. 56).

A conquista da liberdade de independência só pode ser feita pela própria pessoa, por meio de suas energias espirituais (MARITAIN, 1944, p. 21). À educação cabe auxiliar nesse processo, mas ela nunca pode assegurá-lo. Às diversas instâncias educativas, em especial a escola, cabe proporcionar "a autêntica liberdade para a criança se desenvolver como um ser humano" (MARITAIN, 2012, p. 150) e "um progresso autêntico para a autonomia" (MARITAIN, 2012, p. 150).

Fundamenta-se também aqui o problema da disciplina. Esta é requerida pela tarefa educacional, cabendo ao educador orientá-la, sem opressão. A confusão entre individualidade e personalidade pode levar alguns educadores a suprimir equivocadamente a disciplina, visando à liberação da personalidade. Na verdade, liberam o ego material, isto é, dão livre curso a desejos e impulsos irracionais, resultando em dispersão e desintegração do educando. A libertação da personalidade requer disciplina, esforço em vista da perfeição pessoal e do amor, ascese e até sacrifício de si para que personalidade prepondere sobre a individualidade (MARITAIN, 2012, p. 54-55).

Considerando a educação como arte ministerial e com base em uma concepção real e integral da pessoa humana, pode-se definir a finalidade da educação como:

> [...] guiar o homem no desenvolvimento dinâmico no curso do qual ele se forma como pessoa humana – provido das armas do conhecimento, da força de julgamento e de virtudes morais – enquanto, ao mesmo tempo, lhe é transmitida a herança espiritual da nação e da civilização à qual pertence, assim conservando o patrimônio secular das gerações. O aspecto utilitário da educação, que põe a criança em estado de exercer mais tarde uma profissão e ganhar sua vida, não deve ser desprezado, pois os filhos do homem não são feitos para os lazeres aristocráticos. Mas o melhor meio de obter esse resultado prático é desenvolver as capacidades humanas em toda sua amplidão. Os estudos especializados que poderão ser requeridos ulteriormente não devem jamais pôr em perigo o fim essencial da educação (MARITAIN, 2012, p. 28-29).

Portanto, a educação é um processo que guia e apoia o desenvolvimento do ser humano (*ars cooperativa naturae*), provendo-lhe recursos cognitivos e morais, transmitindo e preservando a herança cultural. Destina-se a desenvolver a totalidade das capacidades da pessoa humana, tanto quanto habilitá-la à vida social e econômica. Num discurso pronunciado em 1941, utilizando linguagem mais simples e direta, Maritain confirma essa ideia:

> O principal propósito das escolas, faculdades, universidades e da educação em geral não é ensinar-nos como *fazer* algo, mas antes fornecer-nos os meios e, especialmente, o conhecimento que nos permite aprender como *ser* em conformidade com todas as qualidades formativas e perfeições duradouras da alma e da mente (MARITAIN, 1962c, p. 155).

Não há oposição entre o objetivo primeiro da educação, que é apoiar o desenvolvimento da pessoa e de seu progresso espiritual, e o objetivo segundo, que é preparar o homem para a vida social. A relação é de hierarquização entre dois fins essenciais, que se inter-relacionam e não se separam:

> Reforcemos uma vez mais: o objetivo primeiro da educação no sentido mais largo é ajudar um filho do homem a alcançar sua plena formação de homem. Os outros objetivos (transmitir a herança de cultura de uma área dada de civilização, preparar para a vida em sociedade e para um comportamento de bom cidadão, proporcionar o equipamento mental exigido para ocupar uma função particular no todo social, para cumprir responsabilidades familiares, para ganhar sua vida) são corolários e objetivos essenciais, mas secundários (MARITAIN, 2012, p. 143)

Assim, a educação para a comunidade, ou formação do cidadão, requer, antes de tudo, a formação da pessoa humana e o desenvolvimento de suas potencialidades, entre as quais a liberdade interior ou de independência (MARITAIN, 2012, p. 34,36). Essa importantíssima relação fica clara no trecho a seguir:

> Formar o homem para levar uma vida normal, útil e devotada na comunidade, isto é, guiar o desenvolvimento da pessoa humana na esfera social despertando e fortalecendo o senso de sua liberdade como o de suas obrigações e responsabilidades, é um fim essencial da educação. [...] não devemos jamais esquecer que a liberdade pessoal está no coração da vida social, e que uma sociedade humana é na verdade um conjunto de liberdades humanas que aceitam a obediência e o sacrifício e uma lei comum para o bem comum, de maneira a tornar essas liberdades pessoais capazes de atingir em cada um uma realização verdadeiramente humana. O homem e o grupo se misturam um ao outro e se ultrapassam um ao outro sob pontos de vista diferentes. O homem se encontra a si mesmo subordinando-se ao grupo, e o grupo não atinge seu fim senão servindo ao homem e compreendendo que o homem contém segredos e uma vocação que o grupo não contém (MARITAIN, 2012, p. 33).

Formação da pessoa humana e formação do cidadão se implicam mutuamente, mas não possuem o mesmo grau de importância. Maritain deixa claro em diversas passagens que a formação da pessoa humana é o primeiro e mais elevado fim da educação, sendo a formação para a vida social[5] o segundo fim:

> O fim primeiro da educação concerne à pessoa humana em sua vida pessoal e progresso espiritual, não em suas relações com o meio social (MARITAIN, 2012, p. 33). A essência da educação não consiste em adaptar um futuro cidadão às condições e interações da vida social, mas antes, em *fazer um homem* e preparar por isto mesmo um cidadão (MARITAIN, 2012, p. 34, grifo do autor).

A razão dessa precedência, apenas indicada nas conferências de *Pour une Philosophie de l'Éducation* (MARITAIN, 2012), é trabalhada aprofundadamente em *La Personne et le Bien Commun* (MARITAIN, 1947b): o homem é parte constituinte da sociedade e dela depende quanto aos meios para sua sobrevivência. Mas, enquanto pessoa humana, dotada de vida espiritual e ordenada ao absoluto, ultrapassa a sociedade e possui direitos que devem ser reconhecidos e respeitados. É o que, entre muitas outras passagens, enfatiza o trecho a seguir:

> O homem é parte da comunidade política e inferior a esta segundo as coisas que, em si e de si, demandadas pelas exigências da individualidade material, dependem quanto à sua própria essência da comunidade política e podem ser chamadas a servir de meios para o bem – temporal – desta. [...] E de outra parte o homem ultrapassa a comunidade política segundo as coisas que, em si e de si, deriva-

5 Para melhor avaliar o significado dessas afirmações, pode ser interessante contrapor à concepção de Maritain uma definição de educação que é correntemente aceita no Brasil e frequentemente invocada ao debate das políticas públicas educacionais: "[...] o trabalho educativo é o ato de produzir, direta e intencionalmente, em cada indivíduo singular, a humanidade que é produzida histórica e coletivamente pelo conjunto dos homens. Assim, o objeto da educação diz respeito, de um lado, à identificação dos elementos culturais que precisam ser assimilados pelos indivíduos da espécie humana para que eles se tornem humanos e, de outro lado e concomitantemente, à descoberta das formas mais adequadas para atingir esse objetivo" (SAVIANI, 2011, p. 13). Produzir a humanidade é uma expressão de sentido definido: "[...] o que não é garantido pela natureza tem que ser produzido historicamente pelos homens, e aí se incluem os próprios homens. Podemos, pois, dizer que a natureza humana não é dada ao homem, mas é por ele produzida sobre a base da natureza biofísica" (SAVIANI, 2011, p.13). A perspectiva de Saviani exemplifica uma concepção de ser humano radicalmente distinta e uma concepção de educação em que a pessoa humana deve ser adaptada à sociedade em que se insere.

> das da ordenação ao absoluto da personalidade como tal, dependem, quanto a sua essência, de algo mais alto que a comunidade política e concernem propriamente a realização – supratemporal – da pessoa enquanto pessoa (MARITAIN, 1947b, p. 65-66).

Transposta à problemática educacional, essa tese fundamental tem diversas consequências. A principal delas é a exigência de respeito à personalidade do aluno, criança ou jovem, a ser concretizado em cada prática pedagógica:

> Assim, pois, é da maior importância para os educadores respeitar tanto da alma quanto o corpo da criança, o sentido de seus recursos internos e as profundezas de sua essência, e manter uma atenção amante e sagrada por sua identidade misteriosa, que é coisa oculta que nenhuma técnica pode alcançar. O que conta mais na empresa educacional é um apelo perpétuo à inteligência e à vontade livre da criança (MARITAIN, 2012, p. 28).

O valor e a dignidade da pessoa humana se sobrepõem, portanto, a quaisquer outros aspectos envolvidos na educação, inclusive a objetivos sociais.

Pode-se perguntar pela perenidade dos objetivos da educação, assim concebidos, visto que as transformações históricas das sociedades e das culturas também se refletem na esfera educacional. O objetivo primeiro da educação – desenvolver em plenitude a pessoa humana – é determinado pela natureza humana. Esta, por sua vez, não muda. Muda o conhecimento que se tem sobre ela, inclusive devido ao progresso das ciências (MARITAIN, 2012, p. 143).

> O homem evolui na história. Contudo, sua natureza como tal, seu lugar e seu valor no cosmos, sua dignidade, seus direitos, suas aspirações como pessoa e seu destino diante de Deus não mudam. Em consequência, os objetivos secundários da educação devem ser adaptados às condições mutáveis das épocas históricas sucessivas; mas para o que concerne ao objetivo primeiro, e a regulação intrínseca que ele exerce sobre os secundários, é uma pura ilusão falar de uma mudança incessante dos objetivos da educação (MARITAIN, 2012, p. 143).

4.4 Valores da educação

Os valores diretivos da educação, concebida segundo a filosofia tomista do homem e do conhecimento, são o conhecimento (em seus diferentes graus), a verdade e a inteligência, que possibilitam ao homem alcançar a liberdade, que é também um dos valores mais elevados. Maritain alinha-se, aqui, com a filosofia tomista e com seus próprios estudos, publicados anteriormente. De fato, esses conceitos são centrais na obra de Maritain e por isso continuamente retomados. As relações que mantêm entre si e com a natureza humana ficam claras nas palavras do próprio autor:

> Assim para a filosofia tomista, o conhecimento é um valor em si mesmo e um fim em si mesmo; e a verdade consiste na conformidade do espírito com a realidade – com aquilo que é ou existe independentemente do espírito. A inteligência tende a apreender e a conquistar o ser. Seu objetivo e sua alegria são essencialmente desinteressados. E o conhecimento "perfeito" ou "adulto" (a "ciência" no sentido amplo pelo qual o aristotelismo entende esta palavra) alcança certezas que são válidas em sua pura objetividade – quaisquer que sejam as inclinações e os interesses do homem individual ou coletivo – e que são inabalavelmente estabelecidas pela intuição dos primeiros princípios e pela necessidade lógica do processo dedutivo ou indutivo. Assim, este tipo superior de saber que é a sabedoria metafísica – porque ela se aplica a penetrar as primeiras e as mais universais razões de ser e a gozar, como fruição final, do deleite espiritual da verdade e do sabor do ser – responde já, no plano puramente humano, à suprema aspiração da natureza intelectual e à sua sede de libertação (MARITAIN, 2012, p. 140).

A verdade, por sua vez, é valor, objetivo e fundamento da educação, em razão de constituir um dos atributos do ser, fundamento do agir e do conhecer, além de uma das aspirações fundamentais da pessoa humana, naturalmente buscada pela inteligência:

> Uma pessoa possui uma dignidade absoluta porque está em relação direta com o reino do ser, da verdade, da bondade, da beleza e com Deus; e é somente por isso que ela pode chegar à sua inteira realização (MARITAIN, 2012, p. 27).

> No começo da ação humana, enquanto humana, existe a verdade, apreendida (ou que se crê apreender) por ela mesma, a verdade por amor da verdade. Sem fé em verdade não há eficácia humana (MARITAIN, 2012, p. 31).

Na tarefa educativa se vislumbra, com clareza, como duas das aspirações naturais do homem se entrelaçam: a verdade é requisito da liberdade e, por sua vez, potencializada por esta.

> Não há outro fundamento da tarefa educacional que a asserção eterna: é a verdade que liberta o homem. Aparece, ao mesmo tempo, que a educação não é uma educação plenamente humana senão quando ela é uma educação liberal, preparando o adolescente para exercer seu poder de pensar de uma maneira autenticamente livre e libertadora – em outros termos quando ela o equipa para a verdade e o torna capaz de julgar segundo a virtude da evidência, de gozar da verdade e da beleza por amor delas próprias, e de avançar, quando tiver se tornado um homem, para a sabedoria e alguma inteligência destas coisas que lhe trazem um antegozo da imortalidade (MARITAIN, 2012, p. 140).

Verdade é, portanto, valor absoluto e fundamento necessário da educação. Sem a verdade, a educação não realiza sua obra, dado que não contribui para a conquista da liberdade interior da pessoa humana, nem para o desenvolvimento pleno das potencialidades do conhecimento e da inteligência. Sem a liberdade, fracassa também a obra da educação, pois o homem não chegará ao pleno desenvolvimento de suas potencialidades de pessoa humana.

Observa-se também, no texto citado, a introdução do conceito de educação liberal, entendido em sentido específico: liberal é a educação que habilita o estudante a buscar a verdade e a pensar com liberdade e, por isso, é a educação plenamente humana. Esse tema, que ganha importância central na proposta educacional de Maritain, será retomado adiante.

Toda a tarefa educativa é dirigida, portanto, pelos valores do conhecimento, da verdade, da inteligência e da liberdade. O papel dos valores é conferir unidade e integração ao trabalho educativo (MARITAIN, 2012, p. 144). Para tanto, devem ser tomados em sua verdadeira e natural hierarquia: os valores do amor e do conhecimento do supratemporal sobrepõem-se ao amor e conhecimento do que pertence à ordem temporal. A sabedoria, que ordena e unifica o que está no espírito, é superior à ciência, que conhece por meio de causas particulares. O intelecto especulativo, que conhece por amor do conhecer, precede naturalmente o intelecto prático, que conhece para agir (MARITAIN, 2012, p. 145).

A consideração dessa hierarquia pode suscitar questionamentos: o objetivo da educação é formar teóricos e contemplativos? Não deve ser considerada também a necessidade de educar para o agir? Embora o conhecimento, buscado como essencial e indispensável ao processo educativo, tenha natureza teórica e contemplativa, a educação capaz de desenvolver integralmente as capacidades do ser humano deve buscar o equilíbrio das energias interiores do educando e o desenvolvimento das capacidades de conhecer e de agir. Ressalta-se, aqui, a importância da educação moral, que é também tarefa da escola, embora ultrapasse o alcance de seus recursos. Os valores da educação não constituem, portanto, uma opção intelectualista, como explicita o próprio autor:

> É claro que a educação não pretende fazer da criança e do adolescente um erudito, um sábio ou um contemplativo. Entretanto, se a palavra "contemplação" é tomada em seu sentido original e mais simples (contemplar é simplesmente ver, e se deleitar em ver), e se se deixa de lado essas conotações – metafísicas e religiosas – mais altas, é preciso dizer que o saber é de natureza contemplativa, e que a educação, na sua obra final e mais elevada, tende a desenvolver a capacidade contemplativa do espírito humano. Se ela tende a um tal objeto, não é para que o espírito se limite ao ato de conhecer e de contemplar, nem, ao contrário, que ele subordine o conhecimento e a contemplação à ação, mas é para que uma vez que o homem tenha alcançado o estádio em que a harmonia de suas energias interiores é levada a seu pleno acabamento, sua ação sobre o mundo e sobre a comunidade humana, e seu poder criador a serviço de seus irmãos possam superabundar de seu contato contemplativo com a realidade – com as realidades visíveis e com as realidades invisíveis em meio às quais ele vive e se move (MARITAIN, 2012, p. 145).

Assinala-se, finalmente, a assertiva de Maritain, diversas vezes retomada, de que na educação, como em tudo que se relaciona à vida humana, a direção indicada pelos valores e a hierarquia que implicam têm importância capital (MARITAIN, 2012, p. 138; p. 55; p. 31-32). Valores equivocados ou uma concepção inadequada do ser humano provocam, ao longo do tempo, desvios e deformações na obra educativa (MARITAIN, 2012, p. 169). Importa, portanto, não apenas ter valores com que guiar a ação educativa, mas contar com os valores corretos.

4.5 Escopo da escola no processo educativo e o problema da educação moral

Cumpre reconhecer que a tarefa educativa e o alcance do processo educativo transbordam os limites da escola e da universidade, bem como o tempo e a idade em que o educando as frequenta. Por isso, escola e universidade devem renunciar à ilusão de abarcar todo o processo educativo e reconhecer que sua participação nele representa uma preparação (MARITAIN, 2012, p. 44).

A formação da pessoa humana é tarefa para toda a vida: "Nossa educação continua até nossa morte" (MARITAIN, 2012, p. 44). Para isso, concorrem não apenas as instituições reconhecidas por encarregar-se dessa tarefa – a família, a escola, o Estado e a Igreja (MARITAIN, 2012, p. 43) –, mas também todas as esferas extraescolares, aí compreendido todo o campo da atividade humana, o trabalho cotidiano, as experiências da amizade e do amor, os costumes sociais e as leis, a sabedoria comum das tradições coletivas, a arte e a poesia e, principalmente, o apelo da figura heroica (MARITAIN, 2012, p. 44). Concorre também, é forçoso dizer, a liberdade interior efetivamente conquistada por cada indivíduo.

O que mais importa na formação do homem – e, portanto, deve ser seu objetivo principal – é a retidão da vontade, a aquisição da liberdade interior e o estabelecimento de uma relação sadia com a sociedade (MARITAIN, 2012, p. 46-47). Paradoxalmente, isso não pode ser alcançado pela escola. Amor e intuição, fundamentos da moral, da sabedoria e da experiência, não podem ser ensinados pela escola (MARITAIN, 2012, p. 42). Além disso, a aquisição das virtudes morais[6] e da liberdade interior são mais decisivamente auxiliadas pelas esferas extraescolares que pela própria escola (MARITAIN, 2012, p. 44). No trecho a seguir, Maritain aponta esse paradoxo:

> O ensino da moral, no que se refere às suas bases intelectuais, deveria ocupar um lugar importante nos programas da escola e da universidade. Mas esta apreciação exata das práticas que os antigos nomeavam *prudentia*, que é um poder interior e vital de julgamento desenvolvido no espírito e apoiado sobre uma vontade bem dirigida, não pode ser substituída por uma ciência aprendida, qualquer que seja ela. E a experiência, que é um fruto incomunicável do sofrimento e da lembrança, e pela qual a formação do homem é completada, também não pode ser ensinada em nenhum curso e em nenhuma escola. Há cursos de filosofia, mas não há cursos de sabedoria; a sabedoria se adquire pela experiência espiritual; e quanto à sabedoria prática, é preciso dizer com Aristóteles que a experiência dos velhos é ao mesmo tempo tão indemonstrável e tão esclarecedora quanto os primeiros princípios do entendimento. Há alguma coisa mais importante na educação do homem que aquilo que mais importa para o próprio homem e para a vida humana? Para o homem e para a vida humana não há, verdadeiramente, nada maior que a intuição e o amor. Nem todo amor é necessariamente reto, nem toda intuição é bem dirigida ou bem conceitualizada, mas se o amor ou a intuição existem em algum canto escondido, a vida e a chama da vida estão lá, e um pouco do céu em promessa. Contudo, nem a intuição nem o amor são matérias de instrução científica e de ensino, eles são dom e liberdade. Apesar disso, a educação deve antes de tudo cuidar deles (MARITAIN, 2012, p. 42).

Como, então, a escola pode contribuir para a formação moral das crianças e jovens a ela confiados? Maritain rejeita, desde logo, a

6 "Pode-se lembrar a este propósito a palavra melancólica de Aristóteles, contrastando com a doutrina socrática segundo a qual a virtude é somente conhecimento: 'Conhecer, dizia Aristóteles, é pouca coisa ou nada para a virtude'" (MARITAIN, 2012, p. 118).

conhecida tese da educação da vontade, produzida pela confusão entre razão prática e vontade (MARITAIN, 2012, p. 45). Desde Schopenhauer até o totalitarismo nazista e mesmo em experiências pedagógicas sem relação com esse regime, busca-se educar e fortalecer a vontade afirmando seu domínio sobre o intelecto, do que, em geral, resulta a afirmação irracionalista da vontade de crer (MARITAIN, 2012, p. 39-40).

A tarefa da educação escolar está relacionada sobretudo ao conhecimento e à inteligência e apenas indiretamente às faculdades do desejo, da vontade e do amor. A escola deve ser o domínio da verdade (especulativa e prática), no qual realidades inteligíveis são apreendidas por espíritos abertos às evidências. Seu papel próprio é atuar para o desenvolvimento da inteligência e do conhecimento, visando o objetivo supremo da sabedoria (MARITAIN, 2012, p. 45).

Não cabe à escola formar a vontade e desenvolver diretamente as virtudes morais, que são em geral desenvolvidas por fatores externos, nas esferas extraescolares. A escola deve contribuir com esse objetivo ao desenvolver sadiamente na criança e no jovem as faculdades de conhecer e de pensar racionalmente, atuando, assim, para o esclarecimento e o reto uso da razão prática. A isso Maritain dá o nome de "formação pré-moral" (MARITAIN, 2012, p. 46). Essa formação atua indiretamente na formação moral, ao possibilitar que a inteligência e a verdade guiem a criança e o jovem no uso de suas faculdades de desejo, vontade e amor, como também na conquista do controle de seu dinamismo afetivo e tendencial (MARITAIN, 2012, p. 45).

> Resta, todavia, que o principal dever na esfera educacional, tanto da escola quanto do Estado, não é formar a vontade e desenvolver diretamente as virtudes morais, mas esclarecer e fortificar a razão; é assim que a escola exerce uma influência indireta sobre a vontade, dando à razão um equipamento sadio de conhecimento e desenvolvendo sadiamente os poderes de pensamento (MARITAIN, 2012, p. 46).

No nível da prática pedagógica, muitas vezes cabe à escola tentar suprir lacunas deixadas pelas famílias. Nesse sentido, Maritain sugere a valorização de equipes de estudantes, espontaneamente reunidos, que podem ser estimulados a se encarregar da organização e manutenção de trabalhos inerentes à vida escolar. Liderados por estudantes que se reúnem regularmente para discutir e deliberar e mantendo contatos periódicos com as autoridades escolares, podem encontrar na autonomia e na responsabilidade estímulos para seu desenvolvimento moral (MARITAIN, 2012, p. 185-186).

Os mesmos fundamentos iluminam o papel da escola no que concerne às mudanças sociais e políticas. O objetivo primeiro e a função primeira da educação se definem com relação à inteligência – ajudar os alunos a se tornarem articulados, livres e autônomos –, e não com relação à sociedade e à obra social. Nesse sentido, "[...] os mestres não têm por função fazer da escola nem um bastião da ordem estabelecida nem uma arma para mudar a sociedade" (MARITAIN, 2012, p. 150). Devem buscar, como objetivo secundário, desenvolver em seus alunos uma compreensão adequada e viva da carta democrática (MARITAIN, 2012, p. 150), tema tratado mais adiante.

4.6 Oposições teóricas e divergências

O pensamento educacional de Maritain toma por fundamentação teórica a filosofia de São Tomás de Aquino. A partir dos escritos desse pensador, bem como de toda a tradição tomista posterior, Maritain constrói toda a armadura conceitual que emprega em seus livros. Praticando um tomismo aberto, dialoga com outros autores, absorvendo contribuições oriundas de outras matrizes teóricas que não se opõem à matriz tomista. Não é diferente em seus escritos educacionais. A fundamentação básica é a metafísica e a epistemologia tomistas, em que se destaca a concepção de pessoa humana, filosófica e religiosa, que vê no ser humano um ente aberto ao transcendente. Observa-se que São Tomás de Aquino não deixou, em sentido formal e explícito, uma filosofia da educação (GALLAGHER, 1967, p. 9). Maritain elabora seu pensamento educacional a partir da filosofia tomista, sem se limitar a ela. Seus escritos apresentam ideias próprias e originais resultantes de seu trabalho filosófico, que podem ser encontradas em diferentes livros.

As quatro conferências pronunciadas em Yale mostram o quanto Maritain, impressionado com as experiências das escolas norte-americanas, sem deixar de vê-las muito criticamente, cita autores e educadores norte-americanos, integrando ideias destes à proposta pedagógica veiculada pelas conferências. Merece especial menção o intercâmbio de ideias que Maritain mantém com Robert M. Hutchins[7] e John U. Nef[8], autores norte-americanos, bem como a frequentação dos escritos de Alfred N. Whitehead[9] e do Cardeal Newman[10] (DUNNAWAY, p. 87).

---

7 Robert Maynard Hutchins (1899-1977) foi um filósofo da educação norte-americano que atuou como professor e dirigente na Universidade de Yale e na Universidade de Chicago. Dirigiu o projeto Great Books of Western World, publicado em 1952 pela Encyclopaedia Britannica Inc. Publicou ao menos vinte livros de sua autoria sobre temas educacionais e culturais. As obras de Hutchins diretamente citadas por Maritain são: *The Higher Learning in America* (Yale Univesity Press, 1936) e *Education for Freedom* (Louisiana State University Press, 1943).

8 John Ulric Nef Jr (1899-1988) foi um historiador econômico e pensador social da Universidade de Chicago, cofundador, secretário-executivo e chairman do *Committee on Social Thought*, para o qual contou com a colaboração de Jacques Maritain. Foi professor visitante em Houston, Belfast e em diversas instituições francesas, inclusive o Collège de France. As obras diretamente citadas por Maritain são: *The Universities look for Unity* (Pantheon Books, New York, 1943) e *The United States and Civilization* (1942).

9 Alfred North Whitehead (1861-1947) foi filósofo, lógico e matemático britânico. Atuou na Universidade de Cambridge-Trinity College, Universidade de Londres e Universidade de Harvard (EUA). Uma de suas obras mais conhecidas é *Principia Mathematica* (1910), escrita em parceria com Bertrand Russell. Maritain cita diretamente sua obra *The Aims of Education and Other Essays* (Nova Iorque: The Macmillan Co., 1929).

10 John Henry Newmann (1801-1890), cardeal da Igreja Católica, autor de vasta obra escrita, é conhecido por suas ideias renovadoras da Teologia, além de suas

Confrontações teóricas também estão presentes nos escritos pedagógicos de Maritain. Na primeira conferência, a discussão sobre a natureza e os fins da educação leva Maritain a identificar na "educação contemporânea" (MARITAIN, 2012, p. 21) um conjunto de erros, presentes nos projetos e nas práticas educativas, que originam graves problemas e, portanto, devem ser antes de tudo evitados.

O primeiro erro consiste no esquecimento ou no desconhecimento dos fins da educação, em razão da supervalorização dos meios pedagógicos, principal objeção à educação contemporânea (MARITAIN, 2012, p. 21). Maritain tem um olhar positivo sobre os meios utilizados na educação contemporânea, considerando-os, de um modo geral, superiores aos meios da antiga pedagogia. Reprova, entretanto, que os meios sejam o foco principal do trabalho educativo em detrimento dos fins a atingir, o que retira a eficácia real da educação: "Daí a fraqueza surpreendente da educação atual, fraqueza que procede de nosso apego à perfeição de nossos meios e métodos de educação e de nossa impotência em submeter a seu fim esses meios e esses métodos" (MARITAIN, 2012, p. 21).

Fortemente relacionado ao primeiro, o segundo erro consiste em ideias falsas ou incompletas a respeito do fim da educação e de sua natureza, derivadas de concepções filosoficamente equivocadas do ser humano (MARITAIN, 2012, p. 22). Ainda que não diretamente indicadas, podem ser identificadas, no conjunto da obra de Maritain, as concepções derivadas do pragmatismo, do marxismo, do neopositivismo, do existencialismo ateu e das variadas formas de materialismo (MARITAIN, 2012, p, 25; MARITAIN, 1947).

O terceiro erro encontrado na educação contemporânea é o pragmatismo, entendido como conjunto de teorias filosóficas e pedagógicas, praticamente dominante nos ambientes educacionais

contribuições aos temas educacionais. Maritain cita diretamente *On the Scope and Nature of University Education* (Everyman's Libray).

norte-americanos no período em que Maritain escreve suas obras sobre educação. As objeções de Maritain ao pragmatismo serão adiante discutidas.

O quarto erro da educação contemporânea é o sociologismo, isto é, a tendência de tomar o condicionamento social como regra e padrão para a educação, transformando-a em adaptação dos indivíduos aos meios sociais e desviando-a do objetivo supremo de formar a pessoa humana (MARITAIN, 2012, p. 33-34). Em 1943, Maritain o associa diretamente ao pragmatismo. Considerando os textos acrescentados à terceira conferência em 1969, é possível associar o sociologismo também à tendência tecnocrática.

O quinto erro é o intelectualismo, que se manifesta tanto sob a forma tradicional, que vê a obra suprema da educação na pura habilidade dialética ou retórica, quanto sob a forma moderna, derivada do materialismo, que vê a obra suprema da educação na especialização científica e técnica (MARITAIN, 2012, p. 37). Esta última desumaniza a vida humana e representa, na esfera da política e da educação, uma negação da democracia (MARITAIN, 2012, p. 38).

O sexto erro é o voluntarismo que, desde Schopenhauer até o presente, passando pela influente obra de F. W. Foerster[11] e incluindo o totalitarismo nazista, pretende formar e fortificar a vontade do educando pelo domínio sobre o pensamento, deformando e enfraquecendo o intelecto e derivando tudo da vontade de crer (MARITAIN, 2012, p. 39-40, inclusive nota 6).

---

11 Friedrich Wilhelm Foerster (1869-1966) foi um acadêmico, filósofo e educador alemão, conhecido pelo pacifismo e pela oposição ao nazismo, do qual sofreu perseguição. Publicou mais de uma dezena de livros, em que destacam alguns títulos especificamente voltados para a educação: *Schule und Charakter: Beiträge zur Pädagogik des Gehorsams und zur Reform der Schuldiziplin* (Zurique, 1908) e *Jugendlehre: Ein Buch für Eltern, Lehrer und Geistliche* (Berlim, 1908) (disponíveis em: Internet Archive – archive.org). Maritain o menciona devido a sua influência nos meios pedagógicos europeus (MARITAIN, 2012, p. 39, nota 5).

O sétimo erro é crença de que tudo pode ser aprendido, gerando a ideia equivocada de que a escola deve ensinar todo tipo de saber útil. Paradoxalmente, observa Maritain, amor e intuição, que são fundamentos da moral, da sabedoria e da experiência, não podem ser propriamente ensinados na escola (MARITAIN, 2012, p. 41-42). A aquisição das virtudes morais e da liberdade interior são mais decisivamente auxiliadas pelas esferas extraescolares do que pela própria escola, embora esta deva também cuidar da educação moral (MARITAIN, 2012, p. 44).

As críticas de Maritain ao que ele designa como erros da educação nas conferências de 1943 – mantidas nas edições posteriores – fazem sentido, principalmente, enquanto confrontação de sua perspectiva filosófico-educacional com outras perspectivas que informavam as práticas educativas naquele momento. Entretanto, tais críticas dependem inteiramente dos fundamentos da perspectiva maritainiana. Os erros relacionados à concepção dos fins da educação (1º e 2º), ao pragmatismo (3º) e ao sociologismo (4º) decorrem de opções antimetafísicas nas teorias tomadas como base para compreensão do ser humano. Um pouco mais específicas são as críticas ao intelectualismo e ao voluntarismo: a inteligência não deve ser supervalorizada a ponto de constituir o objetivo único da educação, nem desvalorizada a ponto de a vontade se erigir como objetivo principal da educação. Entretanto, quando Maritain afirma, mais adiante, a preponderância da inteligência e da verdade na educação escolar e universitária como estratégia de influência indireta para a formação moral (MARITAIN, 2012, p. 45), ou ainda quando, ao expor as regras fundamentais da educação, afirma: "[...] que o ensino alcance a libertação do espírito pelo domínio da razão sobre as coisas apreendidas" (MARITAIN, 2012, p. 70), fica patente a necessidade de distinguir, no nível das práticas pedagógicas e das habilidades a serem desenvolvidas, o intelectualismo criticado e o proposto domínio da inteligência. Essa distinção não é suficientemente esclarecida por Maritain.

Finalmente, cabe questionar em que medida os resultados desejados pela educação proposta por Maritain deixam de ser alcançados – ou são inteiramente obstados – pelas práticas educativas então vigentes. Esse ponto, que permanece carecente de discussão, ganha importância especialmente numa sociedade democrática, em que concepções diversas de educação serão inevitavelmente difundidas e postas em prática.

Cumpre assinalar a oposição de Maritain à antropologia da Escola Freudiana. Sem citar diretamente o pensador vienense, Maritain discute o conceito freudiano de inconsciente, que considera "[...] o campo dos instintos, das imagens latentes, dos impulsos afetivos e das tendências da vida sensitiva, que deveria ser chamado o inconsciente do irracional no homem" (MARITAIN, 2012, p. 61). Conectado e entrelaçado ao inconsciente do irracional, negligenciado pelos freudianos, há um outro campo, que Maritain denomina "pré-consciente do espírito do homem", que é:

> [...] o campo da vida dos poderes espirituais, a inteligência e a vontade, tomada em suas raízes, o abismo sem fundo da liberdade pessoal e da sede do espírito que luta e faz esforço para conhecer e para ver, para apreender e para exprimir, [...] fontes do conhecimento e da poesia, do amor e dos desejos verdadeiramente humanos, escondidos na obscuridade espiritual da vitalidade íntima da alma (MARITAIN, 2012, 61-62).

Maritain não nega, portanto, a existência e a dinamicidade do inconsciente, tal qual descrito por Freud. Reprova, entretanto, o que considera "[...] a negação violenta da espiritualidade e da liberdade" (MARITAIN, 1956, p. 50). Reclama, assim, o reconhecimento de uma dimensão espiritual presente e atuante no ser humano, raiz da liberdade, da inteligência e da vontade. Em seu juízo sobre os problemas da educação contemporânea, a mais significativa crítica de Maritain se dirige ao pragmatismo. Mais uma vez, o autor refere-se à corrente filosófica que influencia os meios educacionais, e não diretamente a seu representante mais influente, que é John Dewey. Curiosamente, a única citação nominal a John Dewey, contida em *Education at Crossroads* (MARITAIN, 1971, p. 115), foi retirada na revisão de 1969 (MARITAIN, 2012). O texto suprimido afirma:

> Com essa filosofia do pragmatismo, um grande pensador como Professor John Dewey é capaz de manter uma imagem ideal de todas aquelas coisas que são caras ao coração dos homens livres; mas fora do sistema ideológico, o impacto histórico desta filosofia sobre a cultura vai naturalmente conduzir para uma pedregosa negação positivista ou tecnocrática do valor objetivo de qualquer necessidade espiritual (MARITAIN, 1971, p. 115).

É oportuno considerar também que, ao comentar teses do pragmatismo, Maritain não cita diretamente qualquer texto de John Dewey, mas o livro de John S. Brubacher[12], *Modern Philosophies of Education* (Nova Iorque/London: McGraw-Hill, 1939), que apresenta as diferentes correntes da filosofia da educação (MARITAIN, 1971, p. 7, 17).

Pode-se razoavelmente supor que, consciente da variedade de posições dentro de uma corrente ampla, que tem protagonistas influentes como Pierce, James e Dewey e que influenciou durante várias décadas o pensamento educacional nos Estados Unidos, o pragmatismo não é a obra de um único pensador, nem suas teses, que estão presentes no trabalho de professores e gestores dos sistemas escolares, são tomadas com a desejável precisão. Faz sentido, portanto, referir-se ao pragmatismo e à sua influência mais que a seus representantes.

Em seus textos, Maritain se opõe explicitamente à "superestimação pragmática da ação" (MARITAIN, 2012, p. 30) na prática educativa, à concepção do pensamento como órgão de resposta a estímulos do meio e à supervalorização dos meios pedagógicos (MARITAIN, 2012, p. 31), à constante retificação dos fins da experiência do aluno e do educador (MARITAIN, 2012, p. 36), bem como à compreensão,

12 John Seiler Brubacher (1898-1988) foi professor de História e Filosofia da Educação na Universidade de Yale. Suas duas obras mais importantes foram *Modern Philosophies of Education* (edições em 1393, 1950, 1962 e 1969) e *A History of the Problems of Education* (edições em 1947 e 1966), cf. Brubacher (2020).

que daí deriva, das relações entre ser humano e sociedade. Tais concepções comprometem teórica e praticamente os fins da educação e terminam por reduzi-los a necessidades sociais:

> Para discutir a questão de uma maneira mais precisa, eu gostaria de fazer as observações seguintes: a concepção que faz da educação uma experiência constantemente renovada, partindo de quaisquer primeiras dificuldades que se apresentam ao espírito do aluno e que ele se propõe a resolver, e desenvolvendo-se num sentido ou no outro conforme à maneira com que sua atividade de solucionar os problemas tem sucesso perante esses primeiros objetivos, e depois novos objetivos que ele se propõe e que surgem de sua experiência alargada em tal ou qual direção imprevista, esta concepção pragmática da educação tem seus méritos no que toca à necessidade de adaptar os métodos pedagógicos aos interesses da criança. Mas onde estão os critérios para julgar os objetivos e os valores que sucessivamente vão emergindo no espírito da criança? Se o educador não se propõe um objetivo geral, nem valores finais aos quais todo esse processo se encontra referido; se a educação deve crer em "não importa qual direção onde um novo futuro emergente torna o avanço mais imediatamente realizável" (BRUBACHER, *op. cit.*, p. 329); em outros termos, se a teoria pragmatista exige uma perpétua reconstrução experimental dos fins do próprio educador (e não somente da experiência do aluno), então ela ensina receitas pedagógicas mas faz desaparecer toda arte real da educação: pois uma educação que não tem finalidade própria e que não tende senão a crescer "sem outro fim que um novo crescimento" (*Ibid.*) não é mais arte do que uma arte da arquitetura que não teria nenhuma ideia do que é preciso construir e tenderia somente a fazer aumentar sua construção em não importa qual direção em que fosse possível colocar novos materiais. Na própria natureza, o crescimento biológico não é outra coisa senão um processo morfológico, isto é, a aquisição progressiva de uma forma determinada. Finalmente, a teoria pragmatista não pode senão subordinar e submeter a educação às tendências que têm chance de se desenvolver no seio da vida coletiva da sociedade, pois em última análise, os objetivos que surgirem sucessivamente numa tal "reconstrução dos fins" serão determinados somente pelos fatores precários do meio a controlar e pelos valores que predominam em cada momento, pelas condições e tendência sociais dadas, ou pelo Estado (MARITAIN, 2012, p. 35-36).

Maritain reprova também o empirismo da pedagogia pragmatista, que [...] explora frequentemente a experiência a seu proveito, e em que as mais altas funções da razão e as apercepções do pensamento abstrato são geralmente negligenciadas (MARITAIN, 2012, p. 67). Para esclarecê-lo, Maritain sustenta que há diferença de natureza entre sentidos e inteligência. Nos sentidos, "[...] o conhecimento depende de uma ação material exercida sobre os órgãos corporais e atinge as coisas em sua existência real e singular, mas somente enquanto enigmaticamente manifestadas pelas diversas energias físicas que elas manifestam [...]" (MARITAIN, 2012, p. 138). Por sua vez, a inteligência "[...] é espiritual por essência e [...] atinge, através de conceitos universais que ela retira da experiência sensível, os traços constitutivos do que as coisas são" (MARITAIN, 2012, p. 138) ou, descrevendo em termos mais precisos, separa "da experiência as conexões racionais e necessárias de que esta traz o germe e que não se tornam visíveis senão por meio da abstração e dos conceitos universais e na luz dos primeiros princípios da razão" (MARITAIN, 2012, p. 67).

Maritain entende – e o expressa diversas vezes – que o empirismo da pedagogia pragmatista gera desvios e consequências funestas para a educação – "Assim, do ponto de vista tomista, a teoria empirista do conhecimento é de natureza a deformar inevitavelmente, a longo prazo, a tarefa educativa" (MARITAIN, 2012, p. 139) –, pois gera uma forma de ceticismo escolar que, por sua vez, engendra desconfiança em relação à verdade e à sabedoria e leva a desistência da busca por uma unidade dinâmica interior (MARITAIN, 2012, p. 32).

Esclarece Maritain que a obra educativa se inicia nos sentidos e na experiência, mas deve se realizar como obra da inteligência:

> A educação deve inspirar um desejo ardente ao mesmo tempo pela experiência e pela razão, ensinar à razão a basear-se nos fatos e na experiência, e à experiência a se realizar em conhecimento racional, estabelecido sobre princípios, buscando as razões de ser, as causas e os fins e apreendendo a realidade em termos de porquê e de como (MARITAIN, 2012, p. 68).

Cumpre, entretanto, observar, que Maritain não chega a discutir uma teoria empirista-pragmatista da inteligência – nem mesmo chega a descrevê-la ou a identificar seus autores. Sem essa discussão, suas críticas permanecem superficiais e unilaterais. Aparentemente, também essa omissão resulta da abordagem do pragmatismo pela via do comentário de Brubacher.

As restrições de Maritain a considerar como estudo determinados conteúdos com forte componente lúdico (MARITAIN, 2012, p. 76-77), presentes na escola secundária, bem como a insistência no papel de agente real, ativo e diretivo do mestre, ressalvado pela sua dimensão ministerial (MARITAIN, 2012, p. 49-54), podem também ser consideradas críticas à influência do pragmatismo na educação progressiva.

As críticas de Maritain ao pragmatismo alcançam também a concepção democrática da vida, que considera incompatível com o ceticismo pragmatista:

> Nós podemos assim compreender qual conflito interno enfraquece a democracia. Sua energia motriz é de natureza espiritual – a vontade de justiça e a esperança no amor fraternal –, mas sua filosofia há muito tempo tem sido o pragmatismo, que é incapaz de justificar uma fé real em uma tal inspiração espiritual. E os filósofos hoje na moda, existencialismo, estruturalismo ou a fenomenologia erigida em sistema, são ainda mais incapazes disso. Viver num estado de dúvida no que concerne, não aos fenômenos, mas às realidades últimas cujo conhecimento é uma possibilidade natural, um privilégio e um dever para a inteligência humana, é viver mais miseravelmente que os animais que tendem ao menos com uma certeza instintiva sólida e alegre para os fins de sua vida efêmera (MARITAIN, 2012, p. 128-129).

A maior necessidade da educação é compartilhada com toda a civilização: restaurar a razão natural (MARITAIN, 2012, p. 169), em outras palavras, redescobrir o valor e a confiança na razão e na verdade, contra as diversas filosofias que operam em sentido contrário (MARITAIN, 2012, p. 128) e, com seus erros, provocam danos de longo alcance: "Isto significa que o problema mais crucial ao qual nosso sistema educacional está relacionado não é um problema de educação, mas um problema de civilização" (MARITAIN, 2012, p. 170).

Especialistas no pensamento maritainiano também assinalam convergências e divergências com Dewey, nas quais se observa residirem divergências mais em relação à concepção de ser humano e, consequentemente, aos fins da educação que lhe correspondem, do que nos planos político e pedagógico:

> É significativo que homens como Dewey, Maritain e Whitehead, que são polos separados em seus pensamentos filosóficos, encontrar-se-iam de acordo em muitos pontos de suas análises e críticas aos padrões tradicionais de educação e até em muitas de suas propostas construtivas de reforma. Eles discordam em sua compreensão fundamental do que é a natureza do homem e em vários objetivos da educação (GALLAGHER, 1967, p. 13-14).

Examinando esse debate por um outro ângulo, por meio da comparação direta dos textos de Maritain e de Dewey, Timothy S. Valentine (VALENTINE, 2004, p. 76-87), observa inicialmente pontos de convergência – necessidade de a educação possuir fins, a compreensão do método científico como fonte de conhecimento e como ferramenta para o progresso social e a valorização da ação no processo educativo (VALENTINE, 2004, p. 78-79).

Observa também diferenças irreconciliáveis nos campos da metafísica e da epistemologia: em vez de "epistemologia" e "verdade", Dewey prefere os termos 'teoria da investigação" e "assertibilidade garantida" e afirma que a ciência natural ou empírica é critério de juízo sobre declarações de verdade (VALENTINE, 2004, p. 80), tendo como resultado a oposição entre ciência e religião. Maritain, ao contrário, aceita a ciência como conhecimento fenomênico, que explica como a matéria se comporta, mas não em que consiste e sustenta o valor de explicações filosófico-religiosas na busca do conhecimento superior, que é a sabedoria (VALENTINE, 2004, p. 81).

Maritain e Dewey também se distinguem em suas concepções sobre a religião e sobre a educação moral. Segundo Dewey, o critério para o julgamento ético não reside em conceitos gerais sobre natureza humana e verdade, ou ainda em princípios universais, mas nas consequências e no equilíbrio de interesses entre partes em conflito (VALENTINE, 2004, p. 83), o que o leva a denunciar a sobrenaturalização artificialista dos valores naturais por entidades religiosas. Maritain, por sua vez, vê na experiência do bem moral um despertar do desejo humano por Deus e a intuição moral como uma forma de o ser humano perceber o transcendente por meio do ordinário (VALENTINE, 2004, p. 84-85)

Por fim, Dewey, na interpretação de Valentine (2004), entende ser missão da escola transmitir ao jovem hábitos mentais e valores sociais, eliminando comportamentos indesejáveis e preparando-o gradualmente para se tornar membro de um grupo mais amplo (VALENTINE, 2004, p. 84). Maritain, de acordo com Valentine, rejeita o propósito de adaptar o indivíduo ao grupo porque isso poderia corromper os jovens e porque vê na moralidade o único processo humano pelo qual a pessoa humana realiza seu fim (VALENTINE, 2004, p. 85).

O exame de Valentine é bastante interessante, elucidador e até mesmo acurado, na medida em que busca o posicionamento de Maritain em duas outras obras, além de *Education at Crossroads*: *Distinguer pour Unir ou Les Degrés du Savoir* e *Approches de Dieu*, mencionadas em língua inglesa, em edições norte-americanas. Entretanto, salvo *Education at Crossroads*, que menciona o nome de Dewey uma única vez, conforme acima mencionado, os demais livros consultados não mencionam "Dewey", mas apenas "*pragmatism*". Aparentemente, Valentine comete o engano de tantos estudiosos da filosofia da educação no Brasil[13]: confundir as críticas de Maritain ao pragmatismo com críticas a Dewey, que é apenas um dos autores influentes dessa corrente de pensamento. Esse último aspecto Dewey e Maritain têm em comum: ambos são frequentemente pouco lidos e pouco compreendidos.

Um último aspecto merece destaque. Como observam Donald e Idella Gallagher, a proposta maritainiana de uma nova educação

13 Ver, por exemplo, as análises de Cunha e Costa (2002) e também de Abreu (1960).

liberal representa uma contraposição ao pragmatismo e ao marxismo, que criticavam acerbamente a educação liberal por seu caráter supostamente aristocrático, literário e pouco científico:

> Progressivo-experimentalistas e marxistas atacam o tipo de educação liberal que gira em torno de um estudo dos clássicos gregos e latinos ou dos grandes livros da civilização ocidental. Tal educação, afirmam, é uma concentração estreita de valores supostamente imutáveis, ou então uma glorificação burguesa do ideal de lazer do espectador. Apontam para os períodos antigo e medieval, quando poucos se deleitavam na contemplação da beleza e da verdade enquanto os escravos ou servos faziam o trabalho. Apontam para as sociedades aristocráticas e burguesas dos tempos modernos, nas quais, dizem, os cavalheiros desfrutam de arte e cultura enquanto os proletários trabalham e produzem toda a riqueza (GALLAGHER, 1967, p. 12).

Todas essas contraposições teóricas reforçam a ideia de que o pensamento educacional de Maritain se constitui no diálogo e no confronto com os pensadores mais importantes da educação de seu tempo, em resposta aos desafios colocados à educação pelo momento histórico então vivido.

4.7 O processo educacional

Na abordagem pretendida por Maritain, a partir da pessoa humana – considerada em sua realidade integral, material e espiritual e em sua unidade fundamental – uma tese ganha importância: o principal agente do processo educativo é o próprio educando, seu princípio vital interior é o principal fator dinâmico (MARITAIN, 2012, p. 51-52, 151). A atividade própria da qual depende o processo educativo provém do educando, e o professor tem aí somente função auxiliar.

Isso significa que a atividade natural e espontânea do aluno, sua curiosidade, seus interesses, seus recursos de intuição, inteligência, discernimento e criatividade movem a aprendizagem em todas as suas dimensões e impulsionam o próprio desenvolvimento dessas faculdades (MARITAIN, 2012, p. 151-152).

Isso não significa que o educando possa prescindir do mestre e progredir sozinho. O mestre é também agente da educação, mas secundário. Sem a direção intelectual do mestre (MARITAIN, 2012, p. 51), o discípulo pode agir ao acaso e se perder (MARITAIN, 2012, p. 152). Cabe ao mestre, respeitando acima de tudo o princípio vital interior do educando, ensinar e guiar, visando sempre ao desenvolvimento das energias espirituais do aluno; cabe ao mestre encorajar e estimular o poder de intuição, criação e julgamento do aluno, de modo que, a cada etapa, ele possa dominar a matéria na qual é instruído. O autor destaca:

> Nessa perspectiva, é preciso visar, antes de tudo, a desenvolver na criança a intuitividade do espírito e suas energias espirituais de discernimento e de criação. A aventura educacional é um apelo incessante à inteligência e ao livre arbítrio dos jovens. [...] Mas o que é preciso sublinhar especialmente é o fato de que o mestre deve centrar a aquisição do conhecimento e uma sólida formação do espírito sobre a liberação do poder intuitivo do aluno (MARITAIN, 2012, p. 152).

Para tanto, o mestre[14] deve possuir um amplo e sólido conhecimento da psicologia da criança e do jovem (MARITAIN, 2012, p. 46). Deve também possuir "[...] um tipo de atenção sagrada e amorosa pela identidade misteriosa da criança, que é uma realidade oculta que nenhuma técnica pode alcançar" (MARITAIN, 2012, p. 152) e que é desconhecida para a própria criança (MARITAIN, 2012, p. 62).

O estudante tem necessidade do mestre tanto no que se relaciona ao ensino quanto, também, no que se relaciona à disciplina (MARITAIN, 2012, p. 56). Cabe ao mestre exercer sua autoridade moral sobre o educando, especialmente sobre a criança: "O direito da criança de ser educada requer que o educador tenha sobre ela uma autoridade moral, e essa autoridade não é senão o dever do adulto para com a liberdade da criança" (MARITAIN, 2012, p. 54).

14 Cumpre observar que Maritain não deixa indicações sobre como devem ser formados os professores para que sejam capazes de atuar como indicado.

Maritain destaca também que o esteio da obra da educação é o favorecimento de disposições de base da natureza humana – portanto presentes no educando –, que devem ser favorecidas e cultivadas com cuidado tanto quanto se deve evitar distorcê-las. Maritain enumera cinco disposições naturais, conjunto que, prudentemente, não pretende ser exaustivo (MARITAIN, 2012, p. 57):

a) O amor pela verdade, que é tendência primordial de toda natureza intelectual;
b) O amor do bem, da justiça e dos atos heroicos;
c) A simplicidade e abertura com relação à existência. O próprio Maritain esclarece: "[...] atitude de um ser que existe de bom grado, que não tem vergonha de existir, que se mantém ereto na existência, e para quem ser e aceitar as limitações naturais da existência são o objeto de um assentimento igualmente simples, igualmente franco e ingênuo" (MARITAIN, 2012, p. 57);
d) O senso do trabalho bem-feito, entendido como sentimento de respeito, lealdade e responsabilidade com relação à obra a fazer, primeira inclinação natural para a disciplina de si mesmo e uma das bases essenciais da moralidade humana (MARITAIN, 2012, p. 59);
e) Com relação a outras pessoas, o senso de cooperação, natural no ser humano como a tendência à vida social e política (MARITAIN, 2012, p. 59).

Massimo Roncoroni (1984, p. 217), analisando o pensamento educacional de Maritain, assinala oportunamente que as disposições naturais acima enumeradas correspondem, respectivamente, aos fins a que se orientam as dimensões teorética, prática, ontológica, "poiética" e sociopolítica-amical do ser humano.

Como resultado e síntese dessa reflexão, Maritain estabelece quatro regras fundamentais da educação, dirigidas aos professores.

Não se trata propriamente de regras, pois são genéricas e não visam diretamente à organização e funcionamento da instituição escolar, mas constituem princípios de ação pedagógica, que devem ser lembrados e observados pelos professores. Como princípios, facilmente se desdobram em numerosas outras prescrições, algumas das quais o próprio texto do autor explicita.

A primeira regra é encorajar e favorecer as disposições fundamentais que permitem à criança crescer na vida do espírito (MARITAIN, 2012, p. 59). Equivale a liberar boas energias espirituais, o que é sempre mais eficaz que reprimir as más – "o encorajamento é tão fundamentalmente necessário quanto a humilhação é perniciosa" (MARITAIN, 2012, p. 60) –, e a conduzir a atenção da criança para seus próprios recursos e capacidades, tanto quanto para "a beleza do bem-fazer" (MARITAIN, 2012, p. 60).

A segunda regra é expressa como "[...] centrar a atenção sobre as profundezas interiores da personalidade e de seu dinamismo espiritual pré-consciente, em outros termos, se preocupar mais com o interior e com a interiorização da influência educativa" (MARITAIN, 2012, p. 60). Contrapondo-se aos teóricos freudianos, que dão atenção exclusiva ao inconsciente ou subconsciente, sede das pulsões e instintos, cuja existência e importância Maritain admite e ao qual denomina "inconsciente irracional", o autor considera mais importante dar atenção ao pré-consciente do espírito, que é o campo da vitalidade interior da alma, em que se encontram em estado de fonte ou raiz a inteligência, a vontade e liberdade, das quais conceitos, julgamentos e resoluções são expressões às quais as faculdades do espírito deram forma (MARITAIN, 2012, p. 61-62).

Busca-se, com essa diretriz, despertar e liberar as fontes vitais pré-conscientes da atividade do espírito (MARITAIN, 2012, p. 63), de onde surgem a intuição criativa e a intuição intelectual (ou percepção intelectual) (MARITAIN, 2012, p. 64-65).

A terceira regra pode ser formulada como se segue: "[...] a obra inteira da educação e do ensino deve tender a unificar, não a dispersar; deve se esforçar constantemente por assegurar e nutrir a unidade interior do homem" (MARITAIN, 2012, p. 66). O espírito humano tem necessidade de se libertar na unidade (MARITAIN, 2012, p. 68), isto é, superar a multiplicidade interna das forças que o impulsionam e das energias de sua mente. Em razão disso, o ensino deve harmonizar trabalho intelectual e trabalho prático (manual) e prover uma visão de mundo mental organizada, adequada ao nível de desenvolvimento do aluno (MARITAIN, 2012, p. 70). O ensino deve ser sempre dirigido para a sabedoria, fim supremo do processo educativo, para que o educando seja auxiliado na tarefa de unificar seus conhecimentos e se torne progressivamente capaz de participar em algum grau dos benefícios intelectuais e morais da sabedoria (MARITAIN, 2012, p. 69).

A quarta regra, fortemente relacionada à terceira, requer: "[...] que o ensino chegue à libertação do espírito pelo domínio da razão sobre as coisas aprendidas" (MARITAIN, 2012, p. 70). Em outros termos, a educação não deve oprimir a razão com informações a serem recebidas passivamente, mas deve facilitar uma compreensão ativa, que fortaleça o espírito da criança e lhe permita tornar seus os conhecimentos. Essa regra implica, também, o primado do conhecimento real sobre o simples exercício das faculdades cognoscitivas, privilegiando estudos de temas escolhidos pela sua importância e necessidade (MARITAIN, 2012, p. 78).

4.8 Método

Observando os textos maritainianos, pode-se perguntar se há um método pedagógico a ser visto no ensino. Não se encontra nos escritos pedagógicos de Maritain um método claramente identificado, desenvolvido em detalhes ou apenas esboçado, que oriente a organização do trabalho pedagógico do professor, à semelhança, por exemplo, do método que dá forma ao livro *Éléments de Philosophie: Introduction à la Philosophie* (MARITAIN, 1921). Em *Pour une philosophie de l'éducation*, o próprio autor usa de forma pouco rigorosa a palavra "método" (MARITAIN, 2012, p. 147, p. 164, p. 73, nota 6), sem lhe dar prévia definição. Entretanto, pode-se interpretar a proposta de constituição curricular da educação liberal de base, adiante apresentada, como uma indicação metodológica com algum nível de detalhamento, apesar de compor um texto breve.

Há, também, indicações metodológicas presentes nos textos pedagógicos do autor que, se reunidas, permitem esboçar diretrizes metodológicas. Os itens que se seguem procuram apresentar essas diretrizes, iniciando-se pelos pontos de oposição e conflito, seguidos dos pontos de afirmação

Posicionado claramente pelo reconhecimento da realidade própria da criança, enquanto pessoa humana, mas também enquanto ser em desenvolvimento gradual, ao qual deve se voltar enorme respeito, bem como ao corpo, ao espírito e à sua misteriosa identidade espiritual, Maritain critica acerbamente algumas correntes pedagógicas tradicionais, sem identificá-las nominalmente, recusando suas práticas.

a) O caso mais notável é a pedagogia da palmatória (*pédagogie à la baguette*), expressão da equivocada concepção de que o mestre é o agente principal da educação, que deve exercer sua autoridade sempre com rigor, recorrendo por vezes ao medo e ao castigo. A esse respeito Maritain é peremptório:

> A educação da palmatória é positivamente uma má educação (MARITAIN, 2012, p. 52). [...] De qualquer forma, é verdadeiro que a palmatória e o chicotinho são maus instrumentos de educação, e que toda educação que considera o mestre como agente principal perverte a natureza mesma da obra educativa (MARITAIN, 2012, p. 52-53).

b) Maritain recusa também toda pedagogia que trate a criança como "[...] uma matéria inerte que deve ser moldada por agente externo, mas também tentar fazer dela uma redução ou uma imitação do adulto, uma espécie de anão intelectual aperfeiçoado, manufaturado pelo ensino" (MARITAIN, 2012, p. 146). Ambas as correntes tendem a fornecer um ensino puramente teórico e abstrato, conforme a um ideal de homem adulto, resultado de influências do racionalismo (MARITAIN, 2012, p. 146).

c) Recusa, ainda, a chamada educação progressiva, na medida em que, deixando-se dirigir pelo pragmatismo e pelo empirismo, incentiva experiências do aluno com objetivos descoordenados, deixando de conduzir-lo às indispensáveis elaborações racionais e sínteses. Aceita, entretanto, sua ênfase nos interesses da criança, seus recursos pedagógicos e suas técnicas de estudo psicológico da criança:

> Essa supremacia dos meios sobre o fim e o desmoronamento consecutivo de todo propósito seguro e de toda eficácia real parecem ser a principal reprovação que se pode fazer à educação contemporânea. Seus meios não são maus. Ao contrário, são geralmente melhores que os da antiga pedagogia. O mal é justamente que eles são tão bons que nós perdemos de vista o fim (MARITAIN, 2012, p. 21).

d) Recusa, por fim, manifestando-o diversas vezes em seus textos, o excesso de conteúdo ministrado nas disciplinas:

> Em resumo, o princípio diretor é: menos fatos a registrar e mais alegria intelectual a experimentar. O ensino deveria se concentrar sobre o despertar dos espíritos para algumas intuições ou percepções intelectuais, fundamentais em cada disciplina particular, graças às quais o que é essencialmente iluminador quanto à verdade das coisas aprendidas é possuído definitiva e inabalavelmente. O resultado seria ao mesmo tempo uma elevação em qualidade do ensino recebido e uma diminuição do fardo material imposto pelo programa (MARITAIN, 2012, p. 162).

Diretrizes metodológicas afirmativas também estão presentes:

e) Cada ação pedagógica deve ter fins claros, ordenados ao fim geral, bem como aos valores finais da educação.

> Ainda que não tenha relação senão com as primeiras etapas da formação do homem, a educação deve ter consciência da autêntica hierarquia dos valores intelectuais, deixar-se guiar por esse conhecimento na sua tarefa de preparação, guardar intactos nos jovens os germes naturais do que há de melhor na via do espírito e os equipar com os começos de disciplinas de conhecimento que mais importam ao homem (MARITAIN, 2012, p. 145-146). Também a filosofia tomista insiste sobre a importância da educação dos sentidos (percepção e memória ao mesmo tempo) e sobre a abordagem experimental direta do real, mas com a condição de que tudo isso seja orientado para o despertar dos poderes intelectuais e o desenvolvimento do senso de verdade (MARITAIN, 2012, p. 141). Liberação do espírito pelo domínio da razão sobre as coisas aprendidas e pelo primado do conhecimento real sobre o simples exercício das faculdades (MARITAIN, 2012, p. 78). Mas o que é preciso sublinhar especialmente é o fato de que o mestre deve centrar a aquisição do conhecimento e uma sólida formação do espírito sobre a liberação do poder intuitivo do aluno (MARITAIN, 2012, p. 152). A aventura educacional é um apelo incessante à inteligência e ao livre-arbítrio dos jovens (MARITAIN, 2012, p. 152).

f) Proceder do concreto ao abstrato, do simples ao complexo, do já aprendido para o que ainda não foi aprendido, do menos racional para o mais racional, respeitando os estágios de desenvolvimento da criança, com flexibilidade no planejamento e execução dos programas.

> Esse princípio vital interior é o que o educador deve respeitar acima de tudo; sua arte consiste em imitar as vias que a natureza intelectual segue em suas próprias operações. É assim que o mestre deve apresentar a seu aluno, sejam exemplos tirados da experiência, sejam constatações particulares que este pode julgar em virtude daquilo que já sabe e a partir das quais ele avançará para descobrir horizontes mais largos. O mestre deve, além disso, fortificar o espírito do aluno, colocando diante de seus olhos as conexões lógicas entre as ideias, que o poder de análise e de dedução do espírito do aluno não é talvez bastante forte para estabelecer por si mesmo (MARITAIN, 2012, p. 51).
> [...] a educação deve seguir o curso da natureza. Os métodos modernos compreenderam perfeitamente isso, sobretudo no que concerne à infância (MARITAIN, 2012, p. 67).

> A ação deve vir em primeiro – e o cuidado das aplicações, da significação prática, da repercussão de coisas a aprender sobre a existência do homem – não para erigir a própria ação como objetivo final, mas despertar progressivamente a criança e o adolescente a procurar e a perceber a verdade por amor da verdade, a exercer seu poder de pensar e a experimentar a alegria de compreender. *Da práxis ao conhecimento*, tal é o método normal da educação, especialmente em suas primeiras etapas (MARITAIN, 2012, p. 147).
>
> [...] desde o início e tanto quanto possível ao longo dos anos de juventude, as mãos e o espírito devem estar juntos no trabalho (MARITAIN, 2012, p. 66).

g) Engajamento do mestre na condução do processo formativo e cuidados constantes no relacionamento com os educandos.

> A educação reclama, assim, da parte do mestre, simpatia intelectual e intuição, cuidado constante dos problemas e das dificuldades com os quais a juventude se bate sem poder lhes dar expressão, prontidão a aproveitar as ocasiões de usar lógica e raciocínio que convidam à ação a razão não exercitada do aluno. Não há *truques* pedagógicos nem receitas de técnica para fazer isso, mas somente a atenção pessoal ao florescimento interior da natureza racional e, em seguida, um grande cuidado de confrontar esta razão prestes a desabrochar com um sistema de conhecimento coerente e bem fundado (MARITAIN, 2012, p. 64). [...] é com relação ao dinamismo espiritual pré-consciente ou supraconsciente da personalidade humana que é de capital importância para o mestre manter um contato pessoal com o aluno, [...] trata-se antes de tudo de dar a esta misteriosa identidade da alma da criança, que lhe é desconhecida a si mesma, e que técnica alguma pode alcançar, a segurança reconfortante de ser de alguma forma reconhecida por um olhar atento, humano e pessoal, também ele inexprimível em conceitos e palavras (MARITAIN, 2012, p. 62).

h) Disposição progressiva e hierárquica dos saberes, coerente com os princípios anteriores, proposta como estrutura para uma nova educação liberal.

> Acima da categoria do jogo [atividades lúdicas e esportivas ensinadas nas escolas primárias e secundárias, cf. p. 76] vem a categoria do estudo, reservada às matérias cujo valor principal é valor de conhecimento. Aqui, penso ainda que haveria vantagem em traçar uma linha de demarcação. Numa primeira divisão nós situaríamos as matérias cujo conhecimento se relaciona aos instrumentos intelectuais e à disciplina lógica, que são requeridos como meios para

> as obras da razão, e também o tesouro de informação experimental que deve ser reunido na memória. Numa segunda divisão situaríamos as matérias cujo conhecimento se refere diretamente à intuição perceptiva ou criativa do intelecto e a essa sede de ver de que precedentemente falamos. [...] E eu gostaria de ver na segunda divisão o domínio das Artes liberais, reformulando a antiga lista setenária da Idade Média segundo uma perspectiva estritamente educacional e conforme aos progressos modernos do conhecimento (p. 77).

Essas diretrizes devem ser somadas às disposições a serem favorecidas e às regras fundamentais, acima apresentadas, para compor um modelo metodológico geral, pois as diretrizes atuam no sentido de especificar as regras. O quadro a seguir procura apresentar essa síntese:

QUADRO 1 – MODELO METODOLÓGICO DO ENSINO

Regras fundamentais	**Diretrizes Metodológicas Afirmativas**	**Práticas Negativas: pontos de oposição e conflito**
1ª Encorajar e favorecer as disposições fundamentais que permitem à criança crescer na vida do espírito: - amor pela verdade, - amor pelo bem, justiça e atos heroicos; - simplicidade e abertura com relação à existência; - senso do trabalho bem-feito; - senso de cooperação com outras pessoas.	Proceder do concreto ao abstrato, do simples ao complexo, do já aprendido para o que ainda não foi aprendido, do menos racional para o mais racional, respeitando os estágios de desenvolvimento da criança, com flexibilidade no planejamento e execução dos programas.	Professor dirige por meio do medo ou castigo (pedagogia da palmatória).
2ª Centrar a atenção sobre as profundezas interiores da personalidade e de seu dinamismo espiritual pré-consciente.	Engajamento do mestre na condução do processo formativo e cuidados constantes no relacionamento com os educandos.	Educando considerado massa a ser modelada; criança é imitação do adulto.
3ª A obra inteira da educação e do ensino deve tender a unificar, não a dispersar; deve se esforçar constantemente por assegurar e nutrir a unidade interior do homem.	Disposição progressiva e hierárquica dos saberes, coerente com os princípios anteriores, proposta como estrutura de uma nova educação liberal.	Supremacia dos meios sobre os fins; experiências aleatórias e sem direcionamento.

4ª Que o ensino chegue à libertação do espírito pelo domínio da razão sobre as coisas apreendidas.	Cada ação pedagógica deve ter fins claros, ordenados ao fim geral, bem como aos valores finais da educação.	Excesso de conteúdos; preponderância dos fatos a registrar sobre a alegria intelectual.

Fonte: elaboração do autor, com base em Maritain (2012).

Observa-se que regras fundamentais e diretrizes metodológicas especificam o princípio maior, que é sempre conduzir, pela inteligência e pela vontade, aos níveis mais elevados e unificados da compreensão e do amor, para alcançar a contemplação que transborda em ação.

4.9 Educação liberal de base para todos

O projeto da educação liberal de base para todos tem enorme importância no pensamento educacional de Maritain, abrangendo não apenas a dimensão pedagógica, mas também as dimensões social, cultural e política que o constituem. Esse tema é extensivamente tratado em *Education at the Crossroads* (MARITAIN, 1971), de 1943, e trabalhado também num texto menos conhecido denominado *Education and the Humanities* (MARITAIN, 1962b. *In*: GALLAGHER, 1967, p. 83-102), de 1952 – que não deve ser confundido com a terceira conferência de *Education at the Crossroads*, que possui título semelhante –, e finalmente em *Thomist Views on Education* (incluído em GALLAGHER, 1967, p. 44-82), de 1955, cuja versão francesa integra *Pour une Philosophie de l'Éducation* (MARITAIN, 2012).

Ciente do enorme lastro de significados que historicamente se associou à expressão "educação liberal"[15], em especial nos Estados Unidos, onde Maritain lecionava e conferenciava quando propõe uma nova educação liberal, o autor sente necessidade de definir o conceito. Trata-se de "Uma educação orientada para a sabedoria, centrada sobre as humanidades, visando a desenvolver nos espíritos a capacidade de

15 Ver, a esse respeito, Maritain (1962b, p. 85-90).

pensar com retidão e desfrutar da verdade e da beleza, é uma educação para a liberdade, uma educação liberal" (MARITAIN, 2012, p. 159). De passagem, em outro texto, pontifica: "Educação no sentido autenticamente humano da palavra, educação liberal, não pode mais ser privilégio de poucos" (MARITAIN, 1962b, p. 89).

Que são as "humanidades" mencionadas por Maritain como centro da educação liberal? São disciplinas que, transmitindo os frutos espirituais e as realizações do trabalho de gerações anteriores – grandes princípios morais, estéticos e religiosos, como verdade, liberdade, integridade, beleza, coragem, justiça, amor e humildade –, obrigam a pensar no nível da universalidade, tornam o homem mais humano, pois atendem à aspiração natural da mente para a sabedoria (MARITAIN, 1962b, p. 84). Artes e Letras constituem a maior parte das humanidades, aí contida a literatura grega e latina, a arte, a literatura e a filosofia dos tempos modernos, bem como um pouco da tradição hebraica e as Sagradas Escrituras (MARITAIN, 1962b, p. 85-86). Com o imenso impacto da Revolução Científica e da Revolução Industrial, o conhecimento universal transmitido ampliou-se muito em quantidade e extensão. Por isso, para melhor auxiliar o homem a tomar consciência de sua própria humanidade, o estudo das humanidades deve passar a abranger conhecimentos de Antropologia, História da cultura e das civilizações, Física, História das ciências, Tecnologia e História do trabalho manual e das artes mecânicas (MARITAIN, 1962b, p. 91).

A educação liberal caracteriza-se também por ser uma educação oposta à especialização precoce, condenada com veemência por Maritain (MARITAIN, 2012, p. 85-87), visando alcançar uma universalidade compreensiva dos instrumentos do pensamento e das artes liberais por meio de um modo de ensino que, enfatizando a significação dos objetos do estudo, respeita a inteligência natural do adolescente e do jovem e, ao mesmo tempo, trabalha o espírito por inteiro (MARITAIN, 2012, p. 84-85). Nesse sentido, a educação liberal é uma forma autêntica de educação integral (MARITAIN, 2012, p.

111), isto é, educação entendida como processo de despertar e desenvolver as múltiplas dimensões – físicas, psíquicas e espirituais – que constituem a pessoa humana, mas não necessariamente levando-as a seu pleno amadurecimento. Nesse sentido, confirma Roncoroni:

> Educação, portanto, como formação integral da pessoa humana capaz, portanto, de libertar e promover a atuação das potências da sensibilidade, da imaginação, da inteligência, da vontade, da capacidade manual do homem, predispondo, portanto, a exercitar o duro e fascinante trabalho da vida em todos os seus aspectos pluridimensionais, reencontrando e não perdendo neles a sua humanidade (RONCORONI, 1984, p. 226).

O que Maritain propõe não é uma repetição da educação liberal do passado, reservada aos filhos das classes superiores e concebida como formação aristocrática (MARITAIN, 2012, p. 159) e quase exclusivamente literária (MARITAIN, 2012, p. 164). Maritain propõe a oferta de uma educação liberal de base[16] para todos os estudantes, nos sistemas público e particular, ciente das implicações políticas sociais e culturais que daí decorrem. A expressão "de base" designa o nível intermediário dos estudos, voltados para adolescentes e jovens, excluídos os estudos superiores.

Trata-se também de reformular a antiga lista das sete artes liberais, oriunda da Idade Média, "[...] segundo uma perspectiva estritamente educacional e conforme aos progressos modernos do conhecimento" (MARITAIN, 2012, p. 77), em que passam a ter lugar as ciências

16 A expressão "educação liberal de base" aparece nos textos mais tardios sobre o tema, que são *Education and the Humanities* (MARITAIN, 1962b), escrito em 1952, e em *Vues Thomistes sur l'éducation* (incluído em MARITAIN, 2012), escrito em 1955. Em *Education at the Crossroads* (MARITAIN, 1971), de 1943, a proposta é referida apenas como "educação liberal". A mudança cumpre o papel de esclarecer melhor a proposta maritainiana, em especial porque, segundo a obra *Education at the Crossroads*, a educação liberal deve se iniciar no nível secundário, abranger o nível pré-universitário e completar-se no nível superior. Após a revisão de 1969, a proposta abrange apenas os níveis secundário e pré-universitário, permanecendo como possibilidade aberta a iniciativas individuais nos estudos superiores.

naturais e as ciências humanas (MARITAIN, 2012, p. 159), compondo um programa de formação básica a ser ministrado a adolescentes e jovens do ensino secundário, dos 13 aos 15 anos de idade, e pré-universitário, dos 16 aos 19 anos de idade (MARITAIN, 2012, p. 90, 161).

Na concepção de Maritain, a educação liberal tem diversos objetivos, convergentes entre si. O primeiro é "desenvolver nos espíritos a capacidade de pensar com retidão" (MARITAIN, 2012, p. 159), apoiando o desenvolvimento da inteligência natural do adolescente e do jovem, permitindo-lhe "desfrutar da verdade e da beleza" (MARITAIN, 2012, p. 159) e voltar-se para a sabedoria e, eventualmente, para o ulterior desenvolvimento das virtudes intelectuais dos estudos superiores especializados. "[...] o objetivo mais elevado da educação liberal [...] é colocar os jovens de posse dos fundamentos da sabedoria" (MARITAIN, 2012, p. 95). Em um texto posterior, Maritain descreve esse objetivo como "[...] prover o homem com o que o faz mais verdadeiramente humano – conhecimento desinteressado, compreensão, capacidade irrestrita de pensar; outros fins particulares e aplicações são apenas corolários" (MARITAIN, 1962b, p. 88).

O segundo objetivo, estreitamente vinculado ao primeiro, é libertar a pessoa humana pelo conhecimento e pelo amor: "[...] é uma educação para a liberdade, uma educação liberal" (MARITAIN, 2012, p. 159). Nessa passagem do texto, Maritain opera uma troca sutil: a educação liberal, assim denominada outrora por ser apanágio dos homens livres ou, mais tarde, dos homens liberados do trabalho manual, torna-se agora educação para conquistar e para desfrutar da liberdade de independência, apanágio da pessoa humana, que pode e deve ser buscado por todas as pessoas humanas.

Um terceiro objetivo, de grande importância no pensamento maritainiano, é humanizar o jovem, em outros termos, levá-lo a desenvolver os traços mais elevados da personalidade humana, tornando-o apto ao exercício do juízo reto, do agir com liberdade, do trabalho humano e dos lazeres humanos (MARITAIN, 2012, p. 86), ao gozo dos benefícios do patrimônio cultural da humanidade, aos cuidados voltados para uma família e à participação na vida social e política. Nesse sentido, a educação liberal é também obra civilizadora, política e fomentadora da vida moral, claramente relacionada à cidadania:

> A educação liberal de base não olha os estudantes como futuros professores ou especialistas em todos os ramos do saber e todas as artes liberais ensinadas no programa. Ela não os olha como futuros *gentlemen* ou membros da classe privilegiada. Ela os olha como futuros cidadãos, que devem agir como homens livres e ser capazes, em situações novas e mutáveis, de emitir julgamentos retos e independentes, tocantes seja à vida política, seja a sua própria tarefa particular. Deve-se esperar também desses futuros cidadãos que velem pela educação de seus filhos e possam entreter com eles de modo competente sobre as matérias ensinadas na escola. Devem, além disso, ser preparados para dedicar seus lazeres a essas atividades de repouso pelas quais o homem desfruta da herança comum do saber e da beleza, ou destas atividades de superabundância pelas quais ele vem generosamente em ajuda de seus irmãos. (MARITAIN, 2012, p. 164-165).

Tais objetivos implicam ainda um quarto: alcançar, por meio da educação liberal, um desenvolvimento suficientemente elevado da inteligência natural do jovem que lhe permita prosseguir por conta própria na tarefa de continuar a se educar ao longo de toda a vida, valendo-se dos meios culturais disponíveis e, no que diz respeito à profissionalização, continuar seus estudos, agora especializados, em escolas técnicas ou escolas superiores. Nas palavras do autor:

> Importa bastante notar que, em nossa maneira de ver, a educação liberal dada a todos deveria atingir, durante as classes finais do Liceu prolongadas dois ou três anos [cf. a proposta curricular do autor], um ponto suficientemente elevado para que a inteligência natural dos jovens (muitos dentre eles deverão, desde a saída do Liceu, seja abraçar imediatamente um ofício, seja seguir cursos profissionais) se encontre decididamente armada para prosseguir sua educação e alargar sua cultura ao longo da vida, segundo as capacidades de cada um, graças à leitura, ao teatro, aos concertos, ao cinema etc. e à boa utilização dos lazeres (MARITAIN, 2012, p. 87-88).

Pode-se assinalar, na realização desse objetivo, tanto um ponto de inflexão que permite diferenciar os estudos básicos dos estudos superiores ou profissionalizantes, quanto um indicador do cumprimento das funções da educação básica.

Cabe assinalar também que Maritain concebe a educação liberal de base como um direito que assiste a todo ser humano – independente de sexo, raça, credo religioso ou credo político –, em virtude da dignidade inerente a toda pessoa humana:

> Qualquer que seja sua vocação particular, e qualquer que seja a especialização que essa vocação possa exigir, todo ser humano tem direito a receber uma tal educação, propriamente humana e humanista (MARITAIN, 2012, p. 159). Numa ordem social conforme à comum dignidade do homem, a educação secundária ou pré-universitária, a educação liberal, deveria ser dada a todos, de maneira a completar a preparação dos jovens antes que eles entrem em estado de homem. Introduzir a especialização nesse domínio é violentar mundo da juventude. De fato, o jovem escolherá sua especialidade por si mesmo e progredirá em sua formação profissional, científica ou técnica quanto mais rápida e perfeitamente sua educação tiver sido uma educação liberal e universal. A juventude tem direito a ser educada nas artes liberais, a fim de ser preparada para o trabalho humano e para os lazeres humanos (MARITAIN, 2012, p. 85-86).

Essa educação, entretanto, sendo de base (nível dos estudos secundários e pré-universitários), não inclui os estudos propriamente universitários (MARITAIN, 2012, p. 161-162). A principal razão é que, diferentemente dos estudos secundários e pré-universitários, que se apoiam na inteligência natural do aluno e visam apreender a significação das artes liberais, os estudos universitários se destinam a desenvolver as virtudes intelectuais, ou seja, o desenvolvimento avançado e especializado da inteligência, que permite ao estudante aprender as ciências propriamente ditas, em nível de alta especialização (MARITAIN, 2012, p. 88). Estudos universitários devem ser realizados pelos jovens que possuem vocação e habilidades para tal (MARITAIN, 2012, p. 89), pois a profissionalização também pode ser obtida por estudos especializados, seja em escolas técnicas, seja em escolas superiores profissionais (MARITAIN, 2012, p. 102).

Finalmente, cabe assinalar que a proposta de educação liberal, ao estender-se virtualmente a todos os seres humanos, e não apenas às classes privilegiadas, possui uma dimensão política relevante, que a vincula à tarefa de constituir uma sociedade autenticamente democrática por meio da formação dos cidadãos, preparando todos os jovens para a cidadania ativa e para a compreensão política do bem comum (MARITAIN, 1962b, p. 89). Nesse sentido, "[...] a concepção democrática da vida demanda primordialmente uma educação liberal para todos e um desenvolvimento humanista geral no conjunto da sociedade" (MARITAIN, 2012, p. 38). Disso resulta uma sociedade marcada pela liberdade e pela autonomia dos cidadãos:

> Uma educação democrática é uma educação que ajuda as pessoas humanas a moldarem a si mesmas, a julgarem por si mesmas, a disciplinarem a si mesmas, a amarem e valorizarem as altas verdades que são a própria raiz e salvaguarda de sua dignidade, a respeitarem em si mesmas e em outros a natureza humana e a consciência e a conquistar a si mesmos para ganhar sua liberdade (MARITAIN, 1962c, p. 158).

A educação liberal proposta por Maritain toma por base a interpretação que esse autor faz da realidade da constituição física e psíquica da criança e do adolescente. Maritain considera equivocadas todas as pedagogias que tomam a criança e o adolescente como espécies de miniaturas do adulto ou que suponham homogeneidade entre suas constituições psicológicas em formação e a constituição do adulto (MARITAIN, 2012, p. 79-81), bem como as pedagogias que não levam em conta a dimensão espiritual do conhecimento, cuidando apenas de sua dimensão psicofísica (MARITAIN, 2012, p. 80). O ensino que deve ser ministrado a crianças e adolescentes não pode ser uma simplificação dos conhecimentos do adulto, como fazem tantas pedagogias conteudistas que pretendem acumular desde a infância um conjunto de conhecimentos, mas deve "[...] atingir o máximo de perfeição no seio de seu universo de pensamento, durante um período determinado de seu desenvolvimento" (MARITAIN, 2012, p. 81).

Daí a necessidade de adequar o ensino ao estado de desenvolvimento e ao modo próprio como sentem e pensam crianças e adolescentes.

Maritain vê a criança como imersa num universo de imaginação, apreendendo por meio dessa faculdade os objetos e os valores do mundo, progressivamente evoluindo em direção à vida racional (MARITAIN, 2012, p. 81). Por isso, o conhecimento deve lhe ser ministrado "em estado de lenda e de história a contar" (MARITAIN, 2012, p. 81), em que, por meio da força inspiradora e atrativa da beleza, a vitalidade e a intuitividade naturais da criança sejam despertadas e conduzidas para a vida intelectual e moral (MARITAIN, 2012, p. 82).

Por sua vez, o universo de pensamento do adolescente é marcado pelo senso comum e pela força da inteligência e da capacidade natural de raciocinar, frescas e agudas, mas que ainda não adquiriram o desenvolvimento do julgamento e do vigor intelectuais. A força inspiradora que deve ser aproveitada pela educação do adolescente é a verdade, buscada por ele como impulso natural para a compreensão ampla das coisas, compreensão que deve ser conduzida progressivamente para o nível da reflexão crítica (MARITAIN, 2012, p. 83).

As características próprias da criança e do adolescente indicam a importância do modo como são ensinados os conteúdos, muito mais que a quantidade ou a variedade. Na educação liberal, o modo adequado à condição do adolescente é priorizar a apreensão da significação e da compreensão das ciências e das artes que são objetos de estudo, em que estão contidas a verdade e a beleza específica que oferecem a quem as conhece. Não se deve pretender que o jovem se torne um cientista, um sábio ou um artista iniciante, nem que, ao contrário, construa uma visão meramente artificial e externa dessas atividades, mas que chegue a apreender a beleza da arte (e a emoção estética que proporciona) e a verdade proporcionada pela ciência a qual está se dedicando. Na esfera prática, isso requer penetrar nas grandes realizações do espírito humano com a maior profundidade possível, evitando deter-se na erudição e na memorização fragmentada (MARITAIN, 2012, p. 84-85). Frisa o autor:

> O objetivo da educação é de velar para que a juventude apreenda esta verdade ou esta beleza pelo poder natural e dons naturais de seu espírito e pela energia natural e intuitiva de sua razão, sustentada por todo seu dinamismo sensível, imaginativo e emocional. Desse modo, uma educação liberal fará avançar a inteligência natural do adolescente sobre os traços das virtudes intelectuais que ele não possui ainda e que são o mérito eminente do sábio real e do artista real (MARITAIN, 2012, p. 84-85).

Uma educação para os jovens, assim moldada, permite alcançar a universalidade compreensiva, que deve ser sua característica, tanto quanto cultivar o espírito do aluno por inteiro, preparando-o para a vida adulta e para eventuais estudos superiores (MARITAIN, 2012, p. 85). Essa opção educativa, mesmo levando em conta as priorizações que o jovem naturalmente faz, com base em suas preferências e aptidões, opõe-se por si mesma à especialização precoce, que deve ser deixada para estudos superiores, como também a qualquer sistema que se baseie tão-somente na escolha do estudante para a composição de seu currículo (MARITAIN, 2012, p. 86-87).

4.10 Plano geral da educação segundo a proposta de Jacques Maritain

Para a construção do plano geral da educação e do programa de estudos no ensino secundário, Maritain parte de um questionamento estritamente pedagógico, isto é, historicamente referenciado, mas sem relação com um projeto sociopolítico específico:

> [...] de um ponto de vista filosófico e com relação unicamente às exigências e conveniências intrínsecas da tarefa de educar um homem, quais seriam os principais traços de um programa normal de ensino liberal pré-universitário para um jovem ocidental de hoje (MARITAIN, 2012, p. 89).

Trata-se de um "programa ideal" (MARITAIN, 2012, p. 92), entre outras razões pelo fato de demandar extensão em dois ou três anos do tempo dedicado aos estudos secundários nos Liceus franceses (MARITAIN, 2012, p. 87) e nos *Colleges* norte-americanos. Seu pleno desenvolvimento requer a duração de sete anos letivos.

Visando a facilitar a compreensão, o plano geral da educação e o currículo proposto para a educação liberal são a seguir apresentados em forma de quadro, que inexiste no texto original. Para maior fidelidade e precisão, o quadro utiliza trechos traduzidos das conferências de 1943 (MARITAIN, 2012, p. 89-91, inclusive nota n. 10). Dois textos posteriores – *Education and the Humanities* (1952) e *Vues Thomistes sur l'éducation* (1955) – retomam essa discussão, porém sem diferenças nem enriquecimentos significativos.

QUADRO 2 – PLANO GERAL DA EDUCAÇÃO

PRIMEIRA ETAPA: OS RUDIMENTOS, OU EDUCAÇÃO ELEMENTAR

Idade	Etapa
6	Educação Elementar Inicial
7	
8	
9	
10	Educação Elementar Complementar
11	
12	

SEGUNDA ETAPA: AS HUMANIDADES

Idade	Etapa	Tema anual	Disciplinas
13	Ensino preparatório: Artes Pré-liberais	O ano das Línguas	1º línguas estrangeiras, estudadas em relação com a língua nacional; 2º gramática comparada e arte da expressão; 3º história nacional, geografia e história natural (particularmente a astronomia elementar e a geologia);
14		O ano da Gramática	1º gramática, particularmente a gramática comparada e a filologia; 2º línguas estrangeiras; 3º gramática comparada.
15		O ano da História da Arte e da Expressão	1º história nacional, história da civilização, arte da expressão; 2º línguas estrangeiras; 3º gramática comparada e filologia, geografia, história natural (particularmente a zoologia).
16	Ensino final: Artes Liberais	O ano da Matemáticas e da Poesia	1º matemáticas, literatura e poesia; 2º lógica**; 3º línguas estrangeiras e história das civilizações.
17		O ano das Ciências naturais e das Belas-Artes	1º física e ciências naturais; 2º belas-artes, matemáticas, literatura e poesia; 3º a história das civilizações.
18		O ano da Filosofia ***	1º filosofia, isto é, a metafísica e a filosofia da natureza, a teoria do conhecimento e a psicologia; 2º ciências da natureza (em particular a física e a biologia), pois importa muito que o ensino científico continue durante os estudos de filosofia; 3º matemáticas, literatura, poesia e as belas-artes.
19		O ano da Filosofia moral e política ***	1º ética e filosofia política e social; 2º ciências físicas e naturais; 3º literatura, poesia, belas-artes, ciências humanas e história das ciências.

Observações:

* O ensino de línguas deve se iniciar perto dos dez anos de idade, para que, aos 16, no início do período das artes liberais, esses estudos possam ser completados "[...] na perspectiva própria das humanidades, por uma análise lógica e racional do que foi aprendido mais ou menos empiricamente" (MARITAIN, 2012, p. 89, nota 9). Os estudos de literatura e poesia reforçarão esses conhecimentos com a leitura de alguns autores estrangeiros nas línguas originais (MARITAIN, 2012, p. 89, nota 9).

** Os estudos de lógica do primeiro ano das artes liberais compreendem a Lógica Menor, focalizando as regras do raciocínio. A Lógica Maior deve ser ensina simultaneamente à Teoria do Conhecimento, no terceiro ano das artes liberais (MARITAIN, 2012, p. 94, nota 13).

***Estudos facultativos de Teologia: dois ou três últimos anos do ciclo das Humanidades.

TERCEIRA ETAPA: ESTUDOS SUPERIORES

Universidade	
Licença	3 anos
Doutorado	2 a 4 anos

ou

Escolas Profissionais Superiores
Currículos e duração específicos de cada área

Fonte: Elaboração própria, utilizando trechos extraídos do texto original. Cf. Maritain (2012, p. 89-94).

Para melhor compreensão do currículo proposto, Maritain acrescentou algumas observações importantes.

O ensino da moral deve ser considerado distinto do ensino da filosofia moral e política, sendo incorporado ao ensino religioso, que deve ser ministrado pela escola para equipar o estudante com conhecimentos que desempenham um papel essencial na vida do homem (MARITAIN, 2012, p. 167). Maritain considera pouco eficaz o ensino de uma moral puramente racional: "Se a existência d'Aquele que é o Ser absoluto e o Bem absoluto não é reconhecida, nenhuma certeza sobre o valor incondicional e obrigatório da lei moral e das normas da ética pode ser validamente estabelecida" (MARITAIN, 2012, p. 165). A moral natural e as grandes ideias éticas da humanidade devem ser ministradas, não como disciplina, mas incorporadas aos estudos de literatura, poesia, belas-artes e história, por meio da leitura cuidadosa e integral de obras clássicas antigas e modernas, valendo-se de traduções (MARITAIN, 2012, p. 91-92).

Maritain considera o estudo do latim e do grego "[...] sobretudo uma perda de tempo para o grande número daqueles que estão destinados a esquecê-los [...]" (MARITAIN, 2012, p. 93). A função de auxiliar o domínio da língua materna, tradicionalmente exercida pelo estudo das línguas clássicas, é atendida pelo estudo (em nível instrumental) da gramática comparada e da filologia, podendo as línguas clássicas serem postergadas para os estudos universitários nos cursos que delas necessitarem (MARITAIN, 2012, p. 93).

A leitura direta de alguns livros selecionados de grandes autores, acompanhada de exame sério e de cuidadosa contextualização dessas obras, constitui o principal meio de educação na literatura e na poesia e deve levar em consideração as preferências dos estudantes. Esse estudo contribui para aguçar o poder intelectual do jovem, ao mesmo tempo em que lhe permite exercitar o discernimento e o julgamento, descobrindo a verdade e a beleza que eles comportam (MARITAIN, 2012, p. 93-94, inclusive nota 13).

Contrariando a tradição mais antiga do ensino das artes liberais, Maritain considera que a física e as ciências naturais devem ser contadas entre as principais artes liberais e ensinadas tendo em vista não as aplicações práticas, mas o conhecimento e a perspectiva epistemológica própria, uma vez que estão relacionadas à história das ciências e da civilização. Dessa forma, elas "[...] fornecem ao homem uma visão do universo, uma intelecção da verdade científica e um sentido da objetividade exigente, inflexível e sagrada da mais humilde verdade, que desempenha papel essencial na libertação do espírito e na educação liberal" (MARITAIN, 2012, p. 93).

A Filosofia é considerada componente indispensável da educação liberal. Entende o autor que ninguém pode prescindir da filosofia e que "[...] a única forma de evitar os danos engendrados pela crença inconsciente em uma filosofia sem forma e que carrega o espírito com preconceitos é desenvolver conscientemente em si uma filosofia clara e seriamente examinada" (MARITAIN, 2012, p. 95). A metafísica deve ser ensinada, seja para que possa ser honestamente contestada, seja porque é o único saber humano que tem a pretensão de ser uma sabedoria (cujos fundamentos a educação liberal objetiva disponibilizar aos jovens), com profundidade e universalidade bastantes para operar unificação, cooperação e harmonia no campo das ciências. Finalmente, a filosofia é indispensável para compreender a obra dos grandes pensadores e o desenvolvimento da humanidade, da civilização, da cultura e da ciência (MARITAIN, 2012, p. 95).

Quanto aos problemas que afetam o ensino da filosofia, Maritain chama a atenção para dois. O primeiro é a contradição entre professores que pretendem que seja sua a posição filosófica correta. Além dos benefícios do debate para os alunos, que não devem se prender à crença num mestre, a solução passa pelo ensino de "[...] uma tradição comum, se bem que não formulada, de sabedoria filosófica que passa através de todo real ensino de filosofia, qualquer que seja o sistema daquele que ensina" (MARITAIN, 2012, p. 96), a qual torna sempre útil o estudo de autores como Platão, ainda que não se concorde com as teses do platonismo.

O segundo problema indicado no ensino da filosofia é a pouca experiência pessoal, haurida da ciência ou da vida, que os jovens trazem como ponto de partida para os estudos filosóficos. Entende o autor que essa carência pode ser auxiliada pela apresentação histórica dos grandes problemas filosóficos, visando mostrar a lógica interna e o desenvolvimento progressivo das soluções dadas a esses problemas (MARITAIN, 2012, p. 96). Oportuno observar que esse foi o método utilizado por Maritain no manual de introdução à filosofia

(MARITAIN, 1921) que preparou para estudantes secundaristas, a pedido de uma comissão episcopal.

Para completar sua obra de fornecer aos jovens os fundamentos da sabedoria, a educação liberal deve incorporar conhecimentos introdutórios que permitam ao jovem compreender "[...] o domínio específico e as fontes próprias da sabedoria teológica" (MARITAIN, 2012, p. 98). O autor justifica sua afirmação indicando que, ao longo da história, controvérsias teológicas impregnaram e ainda impregnam todo o desenvolvimento da cultura e da civilização ocidental. Parafraseando o argumento em defesa da filosofia, afirma Maritain que "Ninguém pode prescindir da teologia, ao menos de uma teologia oculta e inconsciente, e a melhor maneira de evitar os inconvenientes de uma teologia sub-repticiamente insinuada é lidar com uma que tem clara consciência de si mesma" (MARITAIN, 2012, p. 98). Nas escolas não confessionais, diferentes professores poderiam ministrar a disciplina segundo suas respectivas confissões religiosas, dirigindo-se cada um deles aos alunos de mesma confissão, isentando de frequentar as aulas os estudantes que não o desejarem. Observa-se, entretanto, que, devido à sua natureza intelectual e especulativa, bem como à tendência de examinar historicamente as questões, os estudos de teologia se distinguem do ensino religioso (MARITAIN, 2012, p. 97-98).

Cumpre esclarecer, então, o posicionamento de Maritain sobre o ensino religioso nas escolas. O conhecimento religioso desempenha parte essencial na vida do homem, por isso é direito da criança e do adolescente ser equipado pela escola com esse conhecimento. Não o fazer equivale, por um lado, a reduzir o ensino religioso a coisa supérflua pertencente a sentimentos privados. Por outro, equivale a iniciar, desde a infância, a ruptura entre religião e vida que está na raiz da desordem espiritual contemporânea. Por isso, o ensino religioso deve ser ministrado na escola – como matéria opcional, para que sejam respeitados os desejos dos alunos e de seus familiares

– visando, sobretudo, a restauração da razão natural e da unidade espiritual nos estudantes, feridas por correntes de pensamento materialistas que negam o acesso do ser humano ao transcendente (MARITAIN, 2012, p. 166-168).

Maritain discute também os estudos superiores que, como terceiro estágio da educação, destinam-se a adultos jovens, ou seja, aqueles que, com a razão e o livre arbítrio já formados, podem dedicar-se às tarefas da idade adulta com base em sua iniciativa pessoal, experiência e esperanças. Falando idealmente, os jovens adultos que têm "o zelo e os dons requeridos" (MARITAIN, 2012, p. 99) deveriam se ocupar apenas dos estudos superiores até a idade de 25 ou 26 anos[17].

Maritain distingue, no nível dos estudos superiores, as Escolas Superiores (*Hautes Écoles*) profissionais, as Escolas Superiores (*Hautes Écoles*) técnicas e as Universidades (*Université*) (MARITAIN, 2012, p. 99).

As escolas superiores profissionais ou técnicas se dedicam ao saber da alta especialização (MARITAIN, 2012, p. 100) no domínio das artes úteis e das ciências aplicadas, consideradas amplamente: artes e ofícios, agricultura, criação de animais, pontes e estradas, minas e cursos técnicos superiores; medicina, cirurgia, saúde pública; comércio, finanças, ciências econômicas, estatística, pedagogia, jornalismo, meios de comunicação; advocacia e magistratura; psicologia e psiquiatria clínicas (MARITAIN, 2012, p. 103).

As universidades, por sua vez, são (ou devem ser) votadas à alta especialização intelectual e ao conhecimento universal (MARITAIN, 2012, p. 100). Cada ciência, cada arte particular exige uma formação altamente especializada. A universidade deve abranger o "conjunto dos domínios mais elevados em generalidade do saber humano"

17 Não há menção, nos textos analisados, à possibilidade de adultos frequentarem universidades, nem qualquer referência ao que atualmente é designado como "extensão universitária". Aparentemente, Maritain concebe o ensino universitário como destinado a jovens.

(MARITAIN, 2012, p. 101) mantendo, em seu ensino, o espírito de universidade. Este espírito busca.

> de uma maneira inteiramente desinteressada, o conhecimento puro da verdade, por consequência, demanda aos professores que possuam e comuniquem aos estudantes o sentido das conexões e das correspondências que existem entre todas as diversas regiões do universo do conhecimento (MARITAIN, 2012, p. 101),

mostrando que as virtudes intelectuais correspondentes a cada especialização tendem conjuntamente à universalidade (MARITAIN, 2012, p. 101).

Assim concebida, a universidade deve dedicar-se ao domínio das ciências especulativas, das artes liberais e, de modo geral, do "conhecimento desinteressado da natureza e do homem e das realizações da cultura que liberam o espírito pela verdade ou pela beleza" (MARITAIN, 2012, p. 102): matemáticas, física, química, astronomia, geologia, biologia, etnologia, sociologia, pré-história, arqueologia, história, línguas e literaturas antigas e modernas, filologia, poesia de todas as épocas e países, história das artes e filosofia da arte, formação do gosto artístico, história e filosofia do direito, psicologia (enquanto ciência), psicologia comparada e psicologia filosófica e o "[...] centro animador mais elevado da arquitetura do ensino, que se relaciona com as ciências que se aproximam da sabedoria porque são universais em virtude de seu objeto e de sua própria essência [...]" (MARITAIN, 2012, p. 103): a filosofia – compreendendo filosofia da natureza, metafísica, teoria do conhecimento, filosofia moral, social e política, filosofia da cultura e da história –, a teologia e a história das religiões (MARITAIN, 2012, p. 102-103).

Maritain assinala a necessidade de constante e estreita colaboração entre universidades e escolas superiores profissionais. Essa colaboração atenderia à necessidade de esclarecimentos de ordem mais geral e elevada, em razão dos problemas de ordem moral implicados pelo exercício de atividades como medicina, pedagogia, psicologia, direito, ciências econômicas etc. Por outro lado, a colaboração permitiria às escolas profissionais contribuir com as universidades com todo tipo de dados de experiência e questões a resolver, que aproximariam o trabalho da universidade do real concreto (MARITAIN, 2012, p. 104). No interior da universidade, deve haver uma cooperação regular e organizada entre institutos e departamentos diversos, para "[...] guiar o trabalho do estudante e ajudá-lo a tomar consciência das conexões que existem entre seu domínio particular de pesquisa e os outros campos mais universais de estudos superiores" (MARITAIN, 2012, p. 105).

Devem também colaborar, mas permanecer "claramente separados" (MARITAIN, 2012, p. 108), as universidades e os institutos de pesquisa, devido às naturezas e finalidades distintas de seus trabalhos:

> Segundo a natureza das coisas, o objetivo das universidades é ensinar a juventude, e não produzir livros, artigos e contribuições sem fim ou fazer descobertas científicas, filosóficas ou artísticas. A educação do homem por meio de cursos, leituras dirigidas, dissertações a corrigir, discussões ou seminários a conduzir ou exercícios práticos em laboratório, bem como o avanço do conhecimento pela pesquisa original que implica ao mesmo tempo a concentração e os 'belos riscos' de que falava Platão, são duas coisas inteiramente diferentes – nós professores sabemos disso muito bem (MARITAIN, 2012, p. 107-108).

O último trecho da citação sugere que Maritain se baseia em sua experiência pessoal, tendo atuado como professor em diferentes instituições na França, no Canadá e nos Estados Unidos e tendo exercido atividades de escritor e de conferencista, pelas quais se definia (MARITAIN, 1965, p. 130). Seu posicionamento não interdita, entretanto, o ensino e a prática da pesquisa, que atualmente se denomina de ensino com pesquisa nos cursos de graduação. Ao contrário, o ensino e a prática da pesquisa são plenamente conformes aos objetivos da educação liberal, podendo constituir poderoso instrumento de desenvolvimento dos estudantes.

Parece oportuno um último esclarecimento. Maritain não concebe a universidade como devendo ser acessível a todas as pessoas. Ao contrário, entende que a natureza do ensino ali ministrada requer estudantes vocacionados e capacitados. Daí sua crítica ao uso do *baccalauréat* como acesso à universidade, no lugar de rigorosos exames de seleção. As escolas superiores profissionais e técnicas devem ser multiplicadas e absorver os demais interessados na educação superior, segundo suas vocações e habilidades (MARITAIN, 2012, p. 88-89).

> Todos os cidadãos de um país têm direito, porque são homens, à educação liberal pré-universitária. A universidade, por causa das qualificações particulares que ela demanda dos estudantes, como dos professores, não é para todos, longe disso (MARITAIN, 2012, p. 89).

O trecho citado foi escrito em 1969 e acrescentado à terceira conferência de 1943 (integra o mencionado § 5 do cap. III, cf. MARITAIN, 2012, p. 87-89). Não se trata de um posicionamento meramente elitista ou liminarmente excludente. Resulta de uma reflexão amadurecida a respeito do sentido do saber universitário, que, na concepção de Maritain, deve estar voltado para saberes universais, como as ciências puras, naturais, humanas ou filosóficas e para a formação dos jovens. O interesse – social ou individual – na produção de pesquisas e na profissionalização do jovem não deve se sobrepor à natureza do saber, desviando as funções da universidade. Para atender à necessidade de profissionalizar os jovens, deve ser criada uma multiplicidade de escolas superiores profissionais ou técnicas:

> O que é necessário, na verdade, é que a Universidade seja acompanhada de toda uma variedade de Escolas Superiores [*Hautes Écoles*] profissionais e de Escolas Superiores [*Hautes Écoles*] técnicas, dedicadas também elas aos estudos superiores, mas essencialmente distintas da Universidade, porque elas não têm nada a ver com "o ensino do conhecimento universal" (MARITAIN, 2012, p. 102).

É também interessante observar que a proposta das escolas superiores profissionais e técnicas foi incorporada ao texto da terceira conferência de Yale em 1969, substituindo uma proposta de organização ideal dos estudos superiores que dividia a universidade em quatro cidades universitárias, organizadas segundo a hierarquia dos saberes (MARITAIN, 1966, p. 127-134). Na revisão de 1969, Maritain indica a mudança de posição e rejeita absolutamente a posição anterior (MARITAIN, 2012, p. 100-101). Retira também do texto considerações sobre a consumação da educação liberal por meio dos estudos superiores.

4.11 Educação, sociedade e democracia

As relações entre educação, sociedade e ordem política estão sempre presentes nas reflexões de Maritain, mesmo quando sua proposta se apresenta como "ideal" e esforça-se para se fundamentar tão somente na natureza humana.

Maritain escreve sobre educação em contextos específicos: *Education at the Crossroads*, ou seja, as conferências de Yale, são de 1943, momento em que a derrota do Eixo na Segunda Guerra Mundial ainda parecia distante, apesar de já parecer certa (MARITAIN, 1943, p. 15); *Vues Thomistes sur l'éducation* (1955) e outros textos menores são dos anos 1950, momento em que os EUA se lançavam à Guerra da Coreia, a Europa lutava para se reconstruir e a Guerra Fria já determinava as relações entre países; a revisão de *Pour une Philosophie de l'éducation* foi feita em 1969, época de algumas das maiores tensões da Guerra Fria.

A consciência de uma crise da civilização ocidental e a necessidade de responder a ela unificam as reflexões feitas em momentos diferentes e mesmo distanciados no tempo. Maritain já tomara a si, muitos anos antes, a tarefa de analisar e denunciar os males dessa civilização, bem como propor novos fundamentos e novos rumos. Com o advento da Segunda Guerra Mundial e seu exílio nos Estados Unidos, passa a cumprir essa missão por meio de escritos, conferências e até mesmo programas radiofônicos. Esse trabalho é testemunhado por algumas de suas obras mais importantes: *Humanisme Intégral* (1936), *Les Droits de l'Homme et la Loi Naturelle* (1942), *Christianisme et Démocratie* (1943), *Education at the Crossroads* (1943), *Principes d'une Politique Humaniste* (1944), *La Personne et le Bien Commun* (1947) e *Man and State* (1951).

A Segunda Guerra Mundial aparece a Maritain como processo de liquidação e revolução gerais (MARITAIN, 1943, p. 15) de um mundo demasiado doente, resultado de uma crise antiga e profunda, que envenenou os princípios espirituais das sociedades europeias. Entretanto, a guerra não transforma por si só a situação, apenas abre a possibilidade de que um trabalho de redirecionamento e de purificação construa uma nova ordem e uma nova cultura. O objetivo é substituir os pseudo-humanismos, que entre si disputam o controle das sociedades e espalham sem cessar seus erros, por um verdadeiro humanismo: "[...] uma civilização personalista e comunitária fundada sobre os direitos humanos e dando satisfação às aspirações e às necessidades sociais do homem (MARITAIN, 2012, p. 111).

Anos depois da guerra, em 1969, reavaliando a situação, Maritain afirma que as democracias ocidentais não souberam aproveitar a vitória militar para operar as indispensáveis mudanças intelectuais, morais e sociais requeridas para sair da decadência em que haviam entrado (MARITAIN, 2012, p. 124). As raízes da crise não foram superadas, os males intelectuais, morais e sociais não foram sanados e a crise da civilização continua, sob nova face e com novos riscos.

> A permanência mais ou menos inconsciente dos preconceitos racistas e do antissemitismo em certas camadas de sua população é um mau sintoma. Um outro mau sintoma é a espécie de contaminação por métodos hitlerianos sofrida pelos Estados democráticos sobre um ponto tão abominavelmente típico quanto o emprego de tortura pelos serviços de inteligência para obter informações em caso de conflito armado. E o que é de uma suprema gravidade é a ausência total, nos povos livres, de uma filosofia da vida e da sociedade que lhes seja própria e que fundamente na razão sua aversão do totalitarismo de direita e de esquerda – e a total ausência simultânea de um ideal dinâmico

> suficientemente possante para dirigir a ação. (Que me permitam registrar de passagem que um livro como *Humanismo Integral*, onde por minha humilde parte me esforçava para remediar um pouco esta falta de uma filosofia democrática autêntica, foi tão mal lido pelas pessoas de esquerda – através das lentes das paixões políticas do momento –, quanto detestado pelas pessoas de direita. Um resultado da grande carência que acabo de mencionar é que, no plano do Estado, como no da vida privada, o homem de boa vontade não considera senão *interesses* em conflito, em meio aos quais ele se debate sem luz superior, na pura contingência dos eventos e no acaso das circunstâncias. Incuráveis rivalidades reinam entre nações que, contudo, se reconhecem solidárias; e se recusa a considerar, ao menos como um fim distante, mas absolutamente necessário, a ideia de uma verdadeira autoridade supranacional possuindo poderes bem definidos. O medo de uma guerra atômica assombra a imaginação. A gloriosa emancipação plena e a espécie de deificação do ser humano que nos embriaga de um delírio verbal não são senão um sonho de compensação. A despeito dos constantes progressos da técnica e da Máquina criada pelo homem para suplantar a Natureza, cada um se desgasta em um esforço diário que ultrapassa suas forças e parece sem escapatória. A maior parte dos membros das classes dirigentes e do mundo dos negócios permanecem fiéis a seu sórdido egoísmo sagrado, enquanto uma mentalidade pequeno-burguesa invade os membros mais abastados do mundo operário. O próprio Marx tem ar no presente de um velho filósofo clássico; e o comunismo, que por seu dogmatismo ideológico gozava de uma força aparente e constituía para os inimigos de toda forma de totalitarismo um adversário fácil de reconhecer, entra numa fase obscura de conflito sem misericórdia entre seitas dissidentes. O resíduo inteiramente materialista de formação social que se chama sociedade de consumo aparece, a despeito de tantos progressos parciais que seguem seus cursos, como a marca e o estandarte de uma civilização em plena desintegração. Paul Valéry tinha razão em afirmar que as civilizações são mortais e ele é confirmado nisso por um etnólogo tão experiente quanto o Sr. Lévi-Strauss. (MARITAIN, 2012, p. 124-126, grifos do autor).

Uma citação tão longa se justifica apenas por ser este um texto relativamente desconhecido do público universitário brasileiro, já que é posterior às edições brasileiras. Essa análise, que ainda não perdeu todo seu valor mesmo passados 50 anos, tem a virtude de mostrar, pela perspectiva de Maritain, a persistência dos males que mantém a civilização ocidental em crise.

No final dos anos 1960, os novos riscos mencionados por Maritain apontam para a tendência tecnocrática, que, diante da imensa necessidade de tecnologia gerada pelos progressos constantes da ciência e pelo regime industrial, transforma meios em fins e pressiona pela transformação da tecnologia em suprema sabedoria e regra da vida humana (MARITAIN, 2012, p. 127). Ao fazê-lo, a tecnocracia exclui toda consideração que não se restrinja a fenômenos calculáveis e tende a reduzir a vida humana a relações de força e a situações de prazer, resultando numa filosofia de dominação, característica de sociedades totalitárias (MARITAIN, 2012, p. 127-128), "[...] pois o prefácio ao totalitarismo é o desconhecimento da dignidade espiritual do homem e o postulado de que a vida e a moralidade humanas são regradas por valores puramente materiais ou biológicos" (MARITAIN, 2012, p. 127).

A tendência tecnocrática representa risco para a democracia. No regime democrático, o povo toma seu destino político em suas próprias mãos, por meio da escolha de seus governantes e por meio do controle que seus representantes eleitos exercem sobre os governantes. Ao contrário, num regime tecnocrático, os destinos do povo são determinados pelos chefes do setor tecnológico, segundo exigências puramente materiais (portanto inumanas) do progresso técnico e da concorrência industrial, consideradas soberanas (MARITAIN, 2012, p. 134).

Uma sociedade tecnológica pode ser também democrática. Isso exige, além de rejeitar o princípio tecnocrático, que essa sociedade seja vivificada por uma inspiração superior à tecnologia, baseada na busca da verdade e no respeito à natureza humana, e se oriente para uma tecnologia a serviço do bem do ser humano (MARITAIN, 2012, p. 128, 134).

A análise da crise da civilização ocidental, a crítica dos erros intelectuais, morais e sociais que geraram e alimentam essa crise até o presente, bem como a proposição de novos rumos e valores fundamentados na inteligência e no amor, constituem o sentido geral que serve de pano de fundo para as reflexões e propostas de Maritain no campo da educação, como de resto para a maior parte de sua extensa obra.

No contexto da crise multidimensional enfrentada – desintegração da vida familiar, crise da moralidade, ruptura entre a religião e a vida, crise do Estado e da consciência cívica – e diante da necessidade de os Estados democráticos se reconstruírem segundo um ideal renovado, a educação tem um papel reconhecidamente relevante (MARITAIN, 2012, p. 113). Por isso, escolas e educadores são frequentemente instados a contribuir para o bem das comunidades em que se inserem, muitas vezes assumindo funções suplementares, tendo em vista o bem comum.

Lembra Maritain que a tarefa primeira e principal dos educadores é assegurar o atendimento aos deveres essenciais da educação humanista, relacionados à formação do homem e à libertação interior da pessoa humana (MARITAIN, 2012, p. 113-114). Visando contribuir com a superação da crise, mas também orientar a educação num futuro concreto, Maritain coloca algumas observações importantes:

A educação deve ser integral (MARITAIN, 2012, p. 111) para ser compatível com o novo humanismo requerido, um humanismo integral. Nesse sentido, a educação deve orientar-se para atender às necessidades antropológicas e socioantropológicas, em especial à superação das dicotomias entre indivíduo e sociedade, assumindo caráter autenticamente democrático (MARITAIN, 2012, p. 112).

> A educação deve pôr fim à discordância entre a exigência social e a exigência individual dentro do próprio homem. É preciso, por conseguinte, desenvolver ao mesmo tempo o senso da liberdade e o senso da responsabilidade, o dos direitos humanos e o das obrigações humanas, a coragem para assumir riscos e para exercer a autoridade para o bem geral e, ao mesmo tempo, o respeito para com a humanidade em cada pessoa individual (MARITAIN, 2012, p. 111-112).

Maritain entende que a educação pode desempenhar um papel transformador nas relações que unem indivíduo e sociedade, unificando inspiração religiosa e vida secular, trabalho e desenvolvimento espiritual, bem individual e bem comum.

> A educação de amanhã deverá também acabar com a separação entre a inspiração religiosa e a atividade secular no homem, se é verdadeiro que um humanismo integral deve contar entre seus traços principais um esforço de santificação da existência profana e temporal. A educação de amanhã deverá igualmente acabar com a separação entre o trabalho ou atividade útil e a floração da vida espiritual e da alegria desinteressada distribuídas pelo conhecimento e pela beleza. Percebemos aqui o caráter autenticamente democrático da educação de amanhã. Cada um deve trabalhar, ou tomar sua parte do fardo da comunidade humana, segundo suas capacidades. Mas o trabalho não é um fim em si; o trabalho deve proporcionar o lazer para a alegria, a expansão e o deleite do espírito (MARITAIN, 2012, p. 112).

O lazer compreende, sem dúvida, a parada para descanso, atividades lúdicas e fruição de espetáculos (MARITAIN, 2012, p. 112). Mas essas atividades, utilizadas para compensar o desgaste físico e mental do trabalho, não esgotam as funções próprias do lazer. O lazer tem uma dimensão mais ampla e elevada, que o torna mais importante que o trabalho: a libertação da personalidade humana. Assim,

> Não há senão um lazer que convém ao que há de mais humano no homem e que tenha maior valor ou dignidade que o próprio trabalho, aquele que consiste na expansão das nossas atividades interiores aproveitando os frutos do conhecimento e da beleza. E é disso que o homem é tornado capaz pela educação liberal (MARITAIN, 2012, p. 112).

A educação liberal, por sua capacidade de libertar o espírito para o conhecimento e a beleza, representa importante meio para a realização plena do ser humano, tanto para classes abastadas quanto para classes trabalhadoras, para as quais a busca dessa realização se une à busca pela libertação social e pela maioridade histórica (MARITAIN, 2012, p. 113). Nesse sentido, destaca o autor:

> A educação de amanhã deve prover o *common man*, o homem da humanidade comum, dos meios requeridos para sua realização pessoal, não somente quanto a seu trabalho, mas quanto a suas atividades sociais e

> políticas na comunidade civil e quanto às atividades de suas horas de lazer (MARITAIN, 2012, p. 113, grifo do autor).

É clara, ainda que Maritain não faça referência direta, a aproximação tanto quanto a contraposição ao projeto antropológico marxista de transformação do ser humano pelo desenvolvimento de suas habilidades multilaterais e politécnicas, viabilizado pela liberação do tempo de trabalho ocasionado pela vigência do comunismo, tal como expresso, por exemplo, pelo Manifesto do Partido Comunista de 1848 (MARX; ENGELS, 2015). De fato, Maritain dedica páginas significativas de sua obra filosófica ao confronto crítico com Marx, com o marxismo e com o comunismo, desde os anos 1920 até o final dos anos 1960 (POSSENTI, 1979, p. 48). Não é o caso de analisá-las aqui. Assinala-se apenas que as diferentes concepções de homem, de conhecimento e de ser em Marx e em Maritain não permitem conciliação entre essas filosofias, apesar da proximidade que a crítica social e econômica da ordem burguesa e capitalista sugere entre ambas. Entre as diferenças principais, se situam a concepção de pessoa humana e o sentido de seu desenvolvimento. Vittorio Possenti sintetiza essa oposição:

> O marxismo não possui, portanto, uma adequada concepção da vida e da plenitude própria da pessoa. As relações de inteligência e de amor consigo mesmo, com os outros homens, com Deus, não são, para o marxismo, a verdadeira vocação do homem: o seu pleno desenvolvimento consiste, em vez disso na politecnicidade, em saber fazer tudo, isto é, em saber cumprir bem todas as tarefas e funções sociais. Em substância, o humanismo marxiano não pode ser o humanismo integral, um humanismo que é tal enquanto é aberto ao Absoluto e tem uma justa ideia da vida própria da pessoa (POSSENTI, 1979, p. 63).

O humanismo integral e a revolução comunista propõem, cada um a seu modo e a partir de seus fundamentos teóricos, uma renovação social, política, cultural e humana. Para além dos objetivos mais evidentes, trata-se de movimentos profundamente diferentes e irreconciliáveis. A educação liberal de base, concebida como educação integral da pessoa humana, alinha-se com o humanismo integral e permite propor objetivos que a revolução situa num futuro utópico.

Entretanto, como a educação liberal poderia se tornar universalmente acessível, de forma a promover essa transformação humana? De modo análogo à argumentação presente em *Humanisme Intégral* (MARITAIN, 1947), Maritain vê a possibilidade como pertencente ao momento histórico específico do tempo presente:

> Como é possível estender a educação liberal e o treinamento nas humanidades, não para poucos, mais ou menos destinados a uma vida de lazer, mas para todos, destinados a se envolverem nas labutas e ansiedades do trabalho diário e na difícil necessidade de ganhar a vida, e a quem precisa, para isso, de vocação e treinamento técnico? Aqui eu gostaria de observar que uma vida de lazeres, mesmo para poucos, é decididamente algo do passado. O trabalho, de uma forma ou de outra, está se tornando uma lei universal. Por outro lado, enquanto todos são chamados para o trabalho na sociedade humana, o equipamento técnico de nossa civilização industrial progressivamente proporcionará a todos, via de regra, uma possibilidade crescente de lazer e permitirá que todos os jovens continuem seus estudos até a idade que corresponde ao final dos anos de faculdade. Gostaria também de observar que a reformulação da lista de artes liberais e a ampliação das humanidades, das quais falei há pouco, resultariam em facilitar o acesso à educação liberal para todos, uma vez que a educação liberal deixaria de ser considerada uma educação quase exclusivamente literária (MARITAIN, 1962b, p. 93-94).

Observa-se, por fim, que, apesar do valor intrínseco das artes liberais, a lista desses saberes se ajusta a contingências históricas, tanto quanto reflete a extensão e a profundidade do conhecimento humanístico de cada época (MARITAIN, 1962b, p. 92).

Quanto às relações entre Estado e escola – tanto mais relevantes quanto mais grave for a crise e mais forte a tendência de o Estado encarregar a escola de solucionar magicamente todos os problemas – Maritain oferece algumas considerações relevantes.

A educação é tarefa da família, antes de qualquer outra instância. Por exigência da lei natural, a família deve gerar filhos e educá-los física e espiritualmente. Escola e Estado têm a função de auxiliar o grupo familiar na tarefa da educação, funções normais e necessárias, posto que as famílias não conseguem fornecer à juventude todo o conjunto de conhecimentos necessários à formação de um homem no contexto das sociedades atuais (MARITAIN, 1953, p. 110-111).

Essa afirmação nasce da constatação de que, nas sociedades complexas, o Estado tende a ganhar importância e reclamar para si a direção dos principais processos sociais. Maritain, entretanto, pensa que:

> [...] o corpo político encerra também em sua unidade superior os grupos familiares, cujos direitos e liberdades essenciais são anteriores, e uma multiplicidade de outras sociedades particulares que procedem da livre iniciativa dos cidadãos e deveriam ser tão autônomas quanto possível. Tal é o elemento do pluralismo inerente a toda sociedade verdadeiramente política. A vida familiar, econômica, cultural, educativa, importa tanto quanto a vida política à exigência e à prosperidade do corpo político. Todos os tipos de leis, desde as regras de grupo espontâneas e informuladas até o direito costumeiro e a lei no pleno sentido do termo, contribuem para a ordem vital da sociedade política (MARITAIN, 1953, p. 10-11).

O Estado, "máquina reguladora ocupando o cimo da sociedade" (MARITAIN, 1953, p. 12) – cujo papel é a manutenção da lei, a promoção da prosperidade comum e da ordem pública, além da administração dos negócios públicos (MARITAIN, 1953, p. 11-12) –, "[...] é inferior ao corpo político enquanto todo e está a serviço do corpo político enquanto todo" (MARITAIN, 1953, p. 12), e seu dever primordial é colocar em vigor a justiça social (MARITAIN, 1953, p. 19). Numa concepção personalista e pluralista da vida social, o Estado deve deixar aos múltiplos órgãos do corpo social a iniciativa autônoma e a direção de todas as atividades relacionadas a suas naturezas, cabendo a ele arbitrar, controlar e regulamentar essas atividades sob o ponto de vista político superior do bem comum (MARITAIN, 1953, p. 22).

Também na esfera da educação deve ser observado o princípio pluralista, "[...] que concede aos múltiplos grupos resultantes da livre associação a maior autonomia possível e funda a autoridade superior do Estado sobre o reconhecimento dos direitos desses grupos" (MARITAIN, 2012, p. 114).

Aplicado ao sistema educacional, o princípio pluralista implica fundamentalmente a liberdade acadêmica. Suscita também o direito de fundar escolas que atuem conforme a lei e estejam abertas a quaisquer interessados que possuam as necessárias qualificações. Implica ainda a liberdade de associação das instituições de ensino em organizações autorregulamentadoras. A intervenção do Estado, quando necessária, deve se pautar por acordos celebrados previamente com essas organizações (MARITAIN, 2012, p. 115). Associações de pais e de estudantes devem manter interlocução com essas associações, para que suas demandas contrabalancem as do Estado. Esses princípios devem valer tanto para instituições estabelecidas e mantidas pelo Estado, quanto para instituições mantidas inteiramente com recursos privados (MARITAIN, 2012, p. 115).

A autonomia traz a liberdade, a responsabilidade e os deveres para com o bem comum. A autoridade do Estado, quando legítima e justa, deve ser obedecida. Cabe à autoridade pública proteger a liberdade de ensino, mas cabe-lhe também intervir no sentido do bem comum, seja demandando serviços necessários à comunidade (por exemplo pesquisas), seja impedindo ações contra a vida e as instituições da sociedade democrática (MARITAIN, 2012, p. 121).

Maritain enfatiza, a esse respeito, que nenhuma demanda que vá contra os fins e a natureza da educação pode ser aceita pela escola ou pelos educadores. A educação visa essencialmente a libertar a pessoa humana e esse fim não pode ser postergado ou substituído por projetos que pretendam desenvolver qualidades sociais ou padrões culturais conforme o desejo do Estado ou mesmo da comunidade. Tal substituição, que é prática corrente em Estados totalitários e ilusão para Estados democráticos, tende a reduzir a educação a instrumento do Estado e transformar o ensino em transmissão de ideologias (MARITAIN, 2012, p. 122).

Professores e sociedade civil devem vigiar esse risco e agir em sentido contrário.

Um dos temas mais importantes para Maritain no que toca as relações com a sociedade e a política é o ensino dos valores da carta democrática, como parte da defesa da democracia contra os ataques de seus inimigos. Esse tema é preparado desde *Les Droits de l'Homme et la Loi Naturelle* (MARITAIN, 1942, p. 111-114), *Christianisme et Démocratie* (MARITAIN, 1943, p. 69-72) e *Principes d'une Politique Humaniste* (MARITAIN, 1944, p. 135-169). Tratado de forma mais amadurecida e aplicado em todas as suas consequências, está presente também em *L'homme et l'État* (MARITAIN, 1953, p. 101-116) e *Vues Thomistes sur l'Éducation* (MARITAIN, 2012, p. 152-159).

A carta democrática pode constituir ou não um documento escrito, pode estar ou não na Constituição que rege um Estado. É um conjunto de valores, crenças e convenções que, por um acordo de espíritos e vontades, constituem a base da vida comum de uma sociedade democrática, por exemplo: a dignidade da pessoa humana, os direitos humanos, a igualdade humana, a liberdade, a justiça, o respeito à lei. Maritain a chama também de "carta da liberdade" (MARITAIN, 2012, p. 152) ou ainda "credo da liberdade" (MARITAIN, 1953, p. 102). Seus componentes não possuem caráter religioso, mas são convicções do espírito e do coração, isto é, puramente humanos e racionais, relacionados ao viver junto da comunidade (MARITAIN, 1953, p. 102).

Observa o autor que "Sem uma convicção geral, firme e racional relativa aos dados de base, a democracia não pode sobreviver" (MARITAIN, 2012, p. 152). Essas convicções são práticas, em outras palavras, tradutíveis em enunciados de caráter prático, originados de "[...] percepções simples e 'naturais' das quais o coração humano se tornou capaz com o progresso da consciência moral [...]" (MARITAIN, 1953, p. 103). Maritain os descreve também como "um conjunto de conclusões práticas ou pontos de convergência práticos" (MARITAIN, 1953, p. 103).

Importa observar que, embora essas convicções sejam fundamentos da vida comum na sociedade democrática, elas não podem ser fundamentadas em comum. Isto é, a justificativa filosófica ou religiosa dessas convicções não pode ser estabelecida, pois, numa sociedade plural, indivíduos e grupos diferentes não partilham os mesmos referenciais filosóficos ou religiosos, e nenhum acordo resultaria de um debate sobre esses referenciais, menos ainda de sua imposição. Assim, cada grupo justificará a seu modo e com sua própria fundamentação a sua adesão à carta democrática:

> O corpo político tem o direito e o dever de promover junto a seus cidadãos, principalmente por meio da educação, o credo humano e temporal – e essencialmente prático – de que dependem a comunhão nacional e a paz civil. Ele não tem o direito, enquanto corpo puramente temporal ou secular, inclusive na esfera em que o Estado moderno goza de sua autoridade autônoma, de impor aos cidadãos ou de exigir deles uma regra de fé ou um conformismo da razão, um credo filosófico ou religioso que se apresentaria como a única justificação possível da carta prática na qual se exprime a "fé" comum temporal ou secular. O importante para o corpo político é que o senso democrático seja, de fato, mantido vivo pela adesão dos espíritos, por mais diversos que sejam, a esta carta moral. As vias e justificações graças às quais essa adesão comum é realizada derivam da liberdade dos espíritos e das consciências (MARITAIN, 1953, p. 103-104).

Uma democracia autêntica necessita ter consciência de si mesma e de seus princípios, necessita também ser capaz de defender e promover sua própria concepção da vida social e política (MARITAIN, 2012, p. 102). A educação, tendo como um de seus fins principais preparar para a vida em sociedade e para a cidadania, é inevitavelmente convocada para contribuir na formação ou na consolidação de uma sociedade democrática, ensinando aos jovens o conteúdo e o espírito da carta democrática.

Entretanto, alguns problemas surgem daí. A finalidade do ensino da carta dificilmente será atingida sem a tematização de seus fundamentos. Em outros termos, a carta democrática não poderá ser efetiva e eficazmente ensinada sem que se recorra a justificativas teóricas de ordem filosófica e religiosa, que provocarão o assentimento da inteligência e da vontade. Contudo, a escola deve fazê-lo para um público plural, oriundo de famílias que pautam suas vidas por credos filosóficos e religiosos diferentes e, portanto, justificam diversamente a carta democrática (MARITAIN, 2012, p. 154-155).

Maritain aponta como possíveis soluções práticas para o ensino da carta: a) utilização das justificativas teóricas dos próprios grupos, caso eles sejam culturalmente homogêneos, alocando-lhes mestres que partilhem convicções análogas; b) divisão do ensino, simultaneamente, entre vários mestres, de orientações filosófico-religiosas análogas às dos grupos que compõem o público atendido pela escola; c) associação do ensino da carta democrática a estudos de história nacional e da civilização, ciências humanas, filosofia social, filosofia do direito, literatura e outras áreas das humanidades, de modo que sua justificativa poderia ser haurida dos diferentes autores estudados (MARITAIN, 2012, p. 156-157). Nenhuma solução, entretanto, parece ao autor inteiramente satisfatória.

Maritain destaca, finalmente, que a consciência dos princípios e do estado de espírito democrático, assim como as virtudes da liberdade e da responsabilidade, podem ser aprendidos concretamente por alunos estimulados a assumirem participação ativa na organização de algumas atividades escolares, por meio de equipes autônomas que discutem problemas e buscam soluções, em contato regular com as autoridades escolares. Nessas experiências, tomariam forma nos jovens as responsabilidades da liberdade e as qualidades de espírito próprias ao convívio democrático dos cidadãos (MARITAIN, 2012, p. 158).

Uma última dimensão das relações entre educação e sociedade ganha atenção destacada de Maritain. Trata-se da reeducação moral, tornada necessidade pública no contexto de crise moral vivido pela civilização. A necessidade de educação moral das crianças ultrapassa a aquisição de uma conduta correta, que suscita o respeito à lei e o emprego da polidez. Exige, na verdade, uma autêntica formação interior. Contudo, enfrenta enorme rejeição nas escolas a educação religiosa, necessária a essa formação, uma vez que o destino supranatural do homem deve ser contemplado em todo sistema concreto de conduta pessoal (MARITAIN, 2012, p. 116).

Maritain aponta, como solução parcial e precária, a ênfase no ensino da moral natural, baseada tão somente na inteligência humana, fundamento de toda moral e capaz de bom desempenho no campo da moral política, cívica e social, baseada em virtudes naturais ordenadas para o bem da civilização (MARITAIN, 2012, p. 117).

Entretanto, sem os remédios efetivos da renovação da fé religiosa e do poder moral da razão, a degradação da inteligência moral, provocada por filosofias desumanizantes, continuará invalidando qualquer tentativa de justificação das regras morais. Mais que um problema da educação, trata-se de um problema da civilização (MARITAIN, 2012, p. 170).

Cabe aqui retomar as principais teses apresentadas, em busca de conclusões. Maritain vê a educação dos jovens em risco, devido à influência preponderante de duas correntes pedagógicas: a tradicional e a progressiva. A pedagogia tradicional, há muito instalada nos sistemas escolares, é herdeira das influências do racionalismo de Descartes e de outros pensadores. Concebe o professor como agente principal da educação e o aluno como entidade passiva a ser modelada como um adulto em miniatura, por meio de uma enorme quantidade de informações que o habilitarão, quando adulto, a inserir-se na sociedade e a exercer uma profissão.

Por sua vez, a pedagogia progressiva parte do reconhecimento das necessidades específicas da criança e de sua dinâmica psicológica própria. Influenciada pelo pragmatismo empirista, enfatiza o uso de instrumentos pedagógicos voltados para a compreensão da criança e o ensino de atividades que possam ser úteis.

Influenciando a educação com equívocos filosóficos e concepções limitadas e deformadas do ser, do conhecer e da pessoa humana, ambas as correntes contribuem para reproduzir nos sistemas escolares uma crise civilizatória ampla e grave, que se caracteriza, entre outros aspectos, pela distorção da razão natural, com consequências nos campos do conhecimento, da ética, da religião, da política e da própria concepção de ser humano.

Maritain propõe uma pedagogia construída sobre uma concepção integral da pessoa humana, voltada para o favorecimento do desenvolvimento natural de todas as dimensões constitutivas dela (*ars cooperativa naturae*), em que se destacam o desenvolvimento da inteligência e da vontade e o desenvolvimento das capacidades de intuir e de amar, origens da ação e da relação com o transcendente. O melhor modo de alcançar esses objetivos é a educação liberal, em outros termos, um plano de estudos que, apoiando-se nas diferentes etapas de desenvolvimento da criança, do adolescente e do jovem, além das disposições naturais de seu espírito, ensina as artes liberais por meio de práticas pedagógicas voltadas para a libertação do espírito.

A concepção de artes liberais na proposta de Maritain não coincide inteiramente com a tradição, por introduzir no seu ensino as ciências naturais e humanas modernas. Não se trata, então, de simples repetição da tradição da educação liberal, mas de sua continuidade, mediante atualização.

Contudo, a nova organização dos conteúdos não é suficiente para constituir uma pedagogia efetivamente capaz de desenvolver integralmente a pessoa humana. Tem papel determinante o modo como o ensino é concebido para cada etapa do desenvolvimento da pessoa humana e, especialmente, a maneira como os conteúdos são trabalhados, enfatizando sua compreensão e o domínio da inteligência do aluno. Sem essa preocupação e os constantes cuidados que dela decorrem, corre-se o risco de cair num ensino conteudista e enciclopédico.

Destaca-se o papel do professor, concebido não como especialista nos conteúdos, mas como profissional capaz de motivar e conduzir o aluno em seu processo de formação, conhecendo, respeitando e favorecendo, por meio da atividade docente, o desenvolvimento integral do aluno.

Não se confunde, entretanto, desenvolvimento integral da pessoa humana, isto é, desenvolvimento da pessoa em todas as dimensões que a constituem, com o desenvolvimento pleno de todas as potencialidades da pessoa, que, além de ser tarefa para toda a vida, muito provavelmente nunca se completa. A propósito desse ponto, é oportuno recordar que a proposta maritainiana refere-se a uma educação liberal de base, ou seja, voltada para adolescentes e jovens, na ocasião dos estudos secundários e pré-universitários. O autor, porém, considera a possibilidade de continuidade da educação liberal no nível dos estudos superiores, no contexto de desenvolvimento das virtudes intelectuais, ou melhor, da inteligência especializada, porém não chega a desenvolver esse tópico nas obras analisadas, já que uma proposta desse tipo exigiria organização especial desse nível de estudos.

Destaca-se, finalmente, que a concepção maritainiana de educação visa à formação integral da pessoa humana como primeiro e essencial objetivo, que compreende ineludivelmente a libertação do espírito. Fica em segundo lugar a capacitação da pessoa para a inserção social e econômica, que, entretanto, não deve ser entendida como simples adaptação da pessoa à sociedade em que vive e ao papel social que lhe foi reservado. Ao contrário, o adequado exercício da cidadania democrática depende da formação integral da pessoa humana.

Uma educação integral para um humanismo integral (MARITAIN, 2012, p. 111). A proposta pedagógica maritainiana procura concretizar no campo da educação o primado da pessoa humana, considerada em sua integralidade. De que modo – e em que medida

– as concepções de pessoa humana, liberdade e integralidade podem ser levadas a uma escola, uma sociedade ou uma situação histórica singular? Como se procede à transição de conceitos filosóficos para sistemas escolares estruturados e para planos pedagógicos? Como a filosofia maritainiana da pessoa humana pode relacionar-se com o trabalho de proposição e análise de uma política pública educacional? É particularmente desafiadora, porque muito ampla e complexa, a tarefa de promover o encontro entre conceitos filosóficos, inevitavelmente teoréticos, e ações planejadas a partir de conceitos científicos, diretrizes técnicas, saberes pedagógicos e percepções sociopolíticas. Ao mesmo tempo, se essa tarefa não for possível, se não houver mediações adequadas, a crítica proporcionada pela filosofia permanecerá abstrata e talvez inútil, porque distanciada da realidade concreta em que são feitas as ações educativas. A realização dessa passagem em ao menos um aspecto – contribuições filosóficas para a análise e a proposição de políticas públicas educacionais – constitui o propósito e a ousadia deste trabalho e é discutida no capítulo a seguir.

CAPÍTULO 5

CONTRIBUIÇÕES DO PENSAMENTO PEDAGÓGICO DE JACQUES MARITAIN À CRÍTICA E À PROPOSIÇÃO DE POLÍTICAS PÚBLICAS EDUCACIONAIS

A presente seção pretende aproximar as principais teses e conceitos do pensamento educacional de Jacques Maritain das discussões atuais sobre políticas públicas educacionais – ou simplesmente políticas educacionais. O objetivo é avaliar de que modo e em que proporção as soluções elaboradas por Maritain podem contribuir para o aprofundamento de tais discussões e para a elaboração de melhores políticas.

5.1 Políticas públicas

O site "Politize!", mantido por uma organização da sociedade civil com mesmo nome, voltada para a promoção da educação política da população brasileira, adota uma definição corrente de política pública com a finalidade de esclarecer o conceito:

> Conforme definição corrente, políticas públicas são conjuntos de programas, ações e decisões tomadas pelos governos (nacionais, estaduais ou municipais) com a participação, direta ou indireta, de entes públicos ou privados que visam assegurar determinado direito de cidadania para vários grupos da sociedade ou para determinado segmento social, cultural, étnico ou econômico. Ou seja, correspondem a direitos assegurados na Constituição (POLÍTICAS, 2021).

No mesmo texto, são acrescentados alguns esclarecimentos sobre sua abrangência, efeitos e importância:

> As políticas públicas afetam a todos os cidadãos, de todas as escolaridades, independente de sexo, raça, religião ou nível social. Com o aprofundamento e a expansão da democracia, as responsabilidades do representante popular se diversificaram. Hoje, é comum dizer que sua função é promover o bem-estar da sociedade. O bem-estar da sociedade está relacionado a ações bem desenvolvidas e à sua execução em áreas como saúde, educação, meio ambiente, habitação, assistência social, lazer, transporte e segurança, ou seja, deve-se contemplar a qualidade de vida como um todo. E é a partir desse princípio que, para atingir resultados satisfatórios em diferentes áreas, os governos (federal, estaduais ou municipais) se utilizam das políticas públicas (POLÍTICAS, 2021).

O interessante nessa referência não é propriamente a notável clareza e a linguagem simples e atual com que está descrito o conceito, mas o fato de registrar uma noção de política pública tão disseminada quanto questionável. De larga abrangência, o conceito exprime a nítida suposição de que as políticas públicas são programas organizados por ação governamental que possuem racionalidade, coerência, legalidade e orientação democrática, dos quais depende o bem-estar da população. Entretanto, a copiosa literatura especializada sobre esse tema traz reparos a diversos componentes dessa caracterização.

São muitas as definições que buscam caracterizar as políticas públicas, cada uma delas enfatizando um ou alguns aspectos. Gelinski e Seibel (2008, p. 228) destacam a amplitude das ações, motivadas por necessidades públicas selecionadas, e as remetem à iniciativa governamental:

> As políticas públicas são ações governamentais dirigidas a resolver determinadas necessidades públicas. As políticas podem ser sociais (saúde, assistência, habitação, educação, emprego, renda ou previdência), macroeconômicas (fiscal, monetária, cambial, industrial) ou outras (científica e tecnológica, cultural, agrícola, agrária). Usualmente o ciclo das políticas é concebido como o processo de formulação, implementação, acompanhamento e avaliação (GELINSKI; SEIBEL, 2008, p. 228).

Em direção análoga, Peters (apud SOUZA, 2007) caracteriza política pública como "[...] a soma das atividades dos governos, que agem diretamente ou através de delegação e que influenciam a vida dos cidadãos" (SOUZA, 2007, p. 68). Dye (apud SOUZA, 2007) reforça o caráter seletivo, caracterizando a política pública como "o que o governo escolhe fazer ou não fazer" (SOUZA, 2007, p. 68). Ângelo Souza (2016, p. 14) alerta para o fato de que a ação governamental característica da política pública deve ser tomada não como ação isolada e unidirecional do Estado, mas como resposta a uma demanda social, no contexto dinâmico das relações entre espaço público e privado. Celina Souza (2007, p. 80), buscando uma síntese das diversas concepções, enumera as características mais importantes:

> Das diversas definições e modelos sobre políticas públicas, podemos extrair e sintetizar seus elementos principais:
> - A política pública permite distinguir entre o que o governo pretende fazer e o que, de fato, faz.
> - A política pública envolve vários atores e níveis de decisão, embora seja materializada através dos governos, e não necessariamente se restringe a participantes formais, já que os informais são também importantes.
> - A política pública é abrangente e não se limita a leis e regras.
> - A política pública é uma ação intencional, com objetivos a serem alcançados.
> - A política pública, embora tenha impactos no curto prazo, é uma política de longo prazo.
> - A política pública envolve processos subsequentes após sua decisão e proposição, ou seja, implica também implementação, execução e avaliação.
> - Estudos sobre política pública propriamente dita focalizam processos, atores e a construção de regras, distinguindo-se dos estudos sobre política social, cujo foco está nas consequências e resultados da política.

Chama a atenção o fato de que a expressão "política pública" designou originariamente um campo de estudos dentro da ciência política que analisa a atuação dos governos (SOUZA, 2007, p. 68-70), mas o termo parece ter recebido precocemente um sentido derivado, hoje preponderante, pelo qual designa as próprias ações governamentais a proporcionar benefícios à população, como em Gelinski e Seibel (2008).

Isso leva Souza (2007, p. 69) a tratar conjuntamente as duas dimensões: "Pode-se, então, resumir política pública como o campo do conhecimento que busca, ao mesmo tempo, colocar o 'governo em ação' e/ou analisar essa ação (variável independente) e, quando necessário, propor mudanças no rumo ou curso dessas ações (variável dependente)".

Diversas dessas concepções manifestam certo racionalismo otimista, isto é, a suposição de que o planejamento, a implantação e os resultados de uma política pública obedecem a critérios e decisões inteiramente racionais dos atores envolvidos. Contrapondo-se a esse posicionamento, autores como Lindblom e Easton destacam o papel de variáveis não controláveis, como eleições, burocracias, partidos, grupos de interesse e mídia, o que leva Easton a conceber a política pública como um sistema composto por formulação, resultados e ambiente (SOUZA, 2007 p. 68).

A consideração de fatores externos e muitas vezes irracionais é sem dúvida necessária, pois as circunstâncias concretas em que comumente as políticas públicas são concebidas e implantadas são determinadas por conflitos ligados à disputa pelo poder político em todas as organizações envolvidas, quer pertençam à esfera pública, quer à esfera privada. Esse fenômeno, facilmente constatável e de ocorrência quase sempre inevitável, deve-se ao fato de políticas públicas serem programas de ações de governo[1] envolvendo direcionamento de ações e de recursos, e governar, em qualquer das esferas do Estado, implica conquistar, conservar e exercer o poder, o que requer contínua construção de relações voltadas para esse fim. Assim, "[...] a ação dos sujeitos que atuam na condução dos aparelhos do Estado ou daqueles outros que os enfrentam deve ser entendida a partir do dissenso entre eles na luta pelo poder" (SOUZA, 2016, p. 13).

1 A distinção entre Políticas de Estado e Políticas de Governo, utilizada com bastante frequência e justificada de formas bastante diversas, parece desnecessária neste momento, posto que todas as políticas consideradas de Estado dependem de decisões governamentais para sua manutenção, alteração, incremento ou depreciação.

A teoria dos três fluxos, formulada por John Kingdom (cf. CAPELLA, 2007) para explicar o modo de constituição das agendas políticas dos governos norte-americanos, permite ter uma dimensão da complexidade dos fatores envolvidos na proposição de políticas. Entende o autor que, permeando as organizações estatais, existem três principais fluxos decisórios, que normalmente seguem seu curso de forma independente. O primeiro é o fluxo dos problemas, em outras palavras, situações sociais que chamam a atenção dos formuladores de políticas e são por estes definidos como problemas a partir de indicadores sociais, eventos, crises, caráter simbólico ou relação com ações governamentais. O segundo é o fluxo das soluções (ou alternativas) disponíveis, muitas vezes criadas sem qualquer relação com problemas, que podem se transformar em agenda governamental se forem tecnicamente viáveis, representarem valores compartilhados e contarem com o consentimento público e com a receptividade dos formuladores de políticas. O terceiro é o fluxo da política, orientado por regras e dinâmicas próprias, em que as coalizões são construídas por meio de negociações políticas e que é condicionado pelo clima político, pelas forças políticas atuantes e pelas pessoas envolvidas. Em alguns momentos transitórios, os três fluxos convergem, gerando uma oportunidade de mudança que será percebida por empreendedores políticos, de cujo trabalho articulador resultará a decisão política e a mudança da agenda governamental (CAPELLA, 2007, p. 88-97) que incluirá no conjunto das políticas a busca de soluções para determinado problema.

O caráter conflitivo da posse do poder político determina, portanto, severas limitações às políticas públicas. Ainda que na esfera de sua concepção e planejamento uma política pública possa ser concebida com adequada racionalidade, coerência e fundamentação científica, cumpre admitir que a decisão de fazer ou não fazer algo para solucionar um problema percebido como tal pelo governo ou por um grupo social que pleiteia soluções está sempre imersa num ambiente de disputa política e, por isso, sujeita a uma avaliação de conveniência e inconveniência para o governo que toma as decisões. Os maiores obstáculos, não obstante, situam-se nas etapas do planejamento e da implantação, em que grupos de pressão tendem a alterar ou obstar objetivos e planos, visando ao atendimento de seus interesses. Logo, a racionalidade, a coerência, a abrangência, o caráter democrático e isonômico de uma política pública e, principalmente, os resultados produzidos dependem das características da disputa pelo poder que constitui o entorno e a base da proposição, implantação e avaliação dessa determinada política (MAINARDES; FERREIRA; TELLO, 2011, p. 157-159). Daí resultam, por exemplo, políticas em que os planos e resultados realizados são flagrantemente contraditórios.

5.2 Importância da filosofia e das ciências sociais na pesquisa acerca de políticas públicas educacionais

Políticas públicas educacionais, ou simplesmente "políticas educacionais", se inserem no quadro das políticas públicas: "a política educacional não é senão um caso particular das políticas sociais" (FREITAG, 1987; apud VIEIRA, 2007, p. 55), ou seja, são políticas públicas voltadas para a área da educação formal, embora, em hipótese, possam ser criadas também para interferir em processos informais de educação. Como parte das políticas públicas, as políticas educacionais sofrem determinações e limitações análogas. Devido à importância com que são socialmente representadas nas sociedades contemporâneas – exemplo dessas representações é o mito da escola redentora, mencionado na introdução deste trabalho –, as pressões sofridas e exercidas pelos atores das políticas públicas educacionais podem ser tão grandes ou ainda maiores que as existentes em outras áreas da gestão pública.

São abundantes, no contexto internacional, a literatura que analisa políticas públicas educacionais e a que analisa pesquisas sobre estas. No Brasil, esse campo de estudos se constituiu paulatinamente desde os anos 1930, mas vem se ampliando e consolidando somente a partir dos anos 1980, "[...] como consequência da reabertura da democracia política, da reestruturação do papel e funções do Estado e, ainda, da consolidação da pós-graduação" (SCHEINER, 2014, p. 7). Tais estudos são importantes para a compreensão em profundidade das políticas educacionais e a adequada interpretação de seus significados. São também relevantes para a avaliação dos resultados e das possibilidades de continuidade ou de redirecionamento das mesmas políticas ou de outras iniciativas congêneres. Possuem particular relevância os estudos que têm por objeto as pesquisas sobre políticas educacionais. Estas são especialmente úteis para o debate acadêmico sobre aspectos metodológicos, epistemológicos e principalmente políticos da elaboração científica nacional na área educacional. Com efeito, a identificação de falhas, lacunas e desvios, bem como de caminhos exitosos, contribui para o aperfeiçoamento das pesquisas, para o conhecimento mais amplo e aprofundado de seus objetos e, indiretamente, para proposição de novas políticas com crescentes acuidade e efetividade.

Nesse sentido, ganham importância os estudos que discutem e avaliam as pesquisas sobre políticas educacionais no Brasil e no exterior, dos quais algumas contribuições são a seguir apresentadas. Analisando políticas públicas educacionais e os estudos acadêmicos que sobre elas são feitos, o sociólogo inglês Stephen Ball (BALL; MAINARDES, 2011, p. 21-53 e 78-99) destaca pontos importantes que podem ser interpretados como lacunas e como falhas nas pesquisas sobre políticas, aí incluídas as pesquisas sobre políticas educacionais.

Um primeiro ponto é a distinção entre ciência política e políticas do conhecimento. Segundo o autor, a ciência política tende a excluir de suas análises relacionais temas como conflitos ideológicos e conflitos de valores, entendendo-os como fatores externos aos problemas, que devem ser estudados no quadro das relações em que se inserem. Já a política do conhecimento procura situar os problemas educacionais numa abordagem sócio-histórica capaz de iluminar também os conflitos culturais e ideológicos e dentro deles situar as questões educacionais (BALL, 2011a, p. 34).

Sobre essa premissa, Ball constrói a crítica de que as pesquisas sobre políticas educacionais são predominantemente marcadas pelo empirismo descritivo (BALL, 2011a, p. 42) e frequentemente desprovidas de uma teoria que as ilumine e relacione com a perspectiva das ciências sociais. Nesse sentido, indica um conjunto de problemas que detecta nessas pesquisas e que, em seu entendimento, podem comprometer a qualidade dos trabalhos. Esses problemas encontram-se a seguir descritos:

a) Em seus trabalhos (BALL, 2011a; BALL, 2015), Ball opera a distinção entre epistemologia profunda e epistemologia de superfície. A epistemologia profunda aborda a política – que é um processo social, relacional, temporal e discursivo – a partir de conceitos ontológicos e epistemológicos que constituem fundamentos para conceitos como poder, verdade e subjetividade. A epistemologia de superfície lida com aspectos de ordem metodológica, como desenho e condução da pesquisa, interpretação e conceptualização (MAINARDES, 2017, p. 5). Com base nessa distinção, Ball afirma que muitas pesquisas ficam restritas à epistemologia de superfície, quando deveriam fundar-se na epistemologia profunda. Esse é um dos aspectos da deficiência e da necessidade de teoria, conforme descreve o próprio autor:

> Penso que teoria é muito importante para o estudo de política. Precisamos de mais teoria, e de teoria de melhor qualidade. Penso que a maioria das análises de política, agora e historicamente, não tem sido muito sofisticada teoricamente ou, de fato, em muitos casos, não é embasada por teoria alguma. Isso significa que muitas das análises de teorias importam para seu trabalho pressupostos implí-

> citos sobre como o mundo funciona, sobre o que é a política, sobre o trabalho dos formuladores de políticas, sobre processos políticos – essas coisas são consideradas banais, elas não são discutidas – há um humanismo não reflexivo, um positivismo simples, uma ingenuidade sobre a linguagem – e isso significa que distorções são construídas na forma como as pessoas pensam e pesquisam [...], pensam sobre a pesquisa em políticas (MAINARDES, 2015, p. 161).

b) Pesquisas orientadas tão somente para a prática educativa, considerando essa prática separada de quaisquer relações com a política educacional, geram a percepção estreita de que a escola é a fonte dos problemas e a política pública sua solução (BALL, 2011a, p. 36). Outra faceta dessa perspectiva é a desconexão das pesquisas em política educacional com o contexto da política social, regional, nacional ou ainda mais amplo, tendendo a gerar superestimação da capacidade da educação de transformar realidades pessoais e sociais (BALL, 2011a, p. 43).

c) São também frequentes as pesquisas desprovidas de sentido de historicidade, levando a concepções de que o mais novo conjunto de reformas políticas tem precedência automática sobre todas as outras políticas que até então nortearam o funcionamento do sistema educacional, ou a concepções de que as políticas devem ser aplicadas da mesma maneira em todos os lugares, ou, ao contrário, de que políticas devem ser adaptadas às especificidades de cada lugar, nele aplicando-se diferentemente dos demais (BALL, 2011a, p. 37). São também características discutíveis, frequentemente encontradas nas pesquisas, as abordagens exclusivamente sincrônicas e a suposição de que a implantação de alterações estruturais substitui o inteiro processo de reforma educacional (BALL, 2011a, p. 39) ou permite desprezar o tempo necessário para que seus efeitos se produzam.

d) A ausência de vinculação da realidade educacional estudada com sua localização regional e com seu lugar específico, no qual o ambiente físico e cultural são fatores relevantes, tende a criar representações falsas de instituições escolares abstratas e homogêneas. A ausência de vinculação da realidade estudada com a posição na qual se insere no mundo globalizado cria também perspectivas inconsistentes de consideração dos aspectos econômicos, sociais e culturais (BALL, 2011a, p. 40-41).

e) A ausência de pessoas concretas tem sido outra marca dos trabalhos que propõem e analisam políticas públicas educacionais. Professores, pais, estudantes, formuladores de políticas, promotores e detratores são, em geral, tratados abstratamente, e seus comportamentos, atitudes e posicionamentos são tipificados (BALL, 2011a, p. 46). A "interação complexa de identidades, interesses, coalizões e conflitos nos processos e atos das políticas" (BALL, 2011a, p. 47), as forças sociais ativas envolvidas nas mudanças educacionais, bem como os efeitos sociais das políticas precisam ser adequadamente identificados, reconhecidos e considerados (BALL, 2011a, p. 47).

f) Finalmente, Ball entende que a adequada análise das políticas públicas educacionais deve pautar-se pela teoria crítica – que não pretende apenas gerar representações da ordem social, mas ser agente catalisador da mudança (BALL, 2011b, p. 89), pela ética –, entendida como compromisso com a justiça social, a igualdade e a liberdade individual (BALL, 2011a, p. 48), pelo reconhecimento de seu caráter inevitavelmente político. Balizando-se num pensamento pós-estrutural e pós-epistemológico inspirado em Foucault e Rorty (BALL, 2011b, p. 96), o autor busca uma forma de teorização que se distancie dos "esforços epistemológicos criadores da verdade" (BALL, 2011b, p. 96) e de explicações estáveis e fechadas, afirma a necessidade de construir diálogos que explorem novas ideias e ironias radicais, abrindo novas perspectivas (BALL, 2011b, p. 95-96): "[...] um tipo de teorização que repousa sobre a complexidade, a incerteza e a dúvida, além de basear-se na reflexividade sobre a própria produção e sobre suas pretensões de conhecimento do social" (BALL, 2011b, p. 97).

O severo juízo formulado por Ball sobre os estudos educacionais, embora sua base conceitual se distancie bastante dos pressupostos deste trabalho, aporta às discussões algumas críticas importantes e indicações de pontos de atenção que permitem enriquecer a análise e a proposição de políticas públicas educacionais. A concretude do objeto de pesquisa, considerado em sua historicidade, temporalidade e vinculação ao contexto social, político, econômico e cultural, sempre sob o risco de substituição por uma representação abstrata e simplificadora, permite questionar se as pesquisas têm dado conta da complexidade da realidade da educação. A perda da referência à pessoa humana, frequentemente reduzida a ponto de injunção de relações sociais, econômicas e políticas ou a meros tipos sociológicos, ocasiona a perda do objeto e do objetivo da educação. A substituição da teorização por procedimentos técnicos desprovidos de fundamentos epistemológicos e ontológicos – vale dizer, pressupostos filosóficos – leva à perda de criticidade, quando não de objetividade. Tudo isso pode contribuir significativamente para o trabalho propositivo e analítico, mesmo em conjunção (cuidadosamente crítica) com outras perspectivas epistemológicas.

Cumpre trazer também as contribuições teóricas de outro autor, brasileiro, bastante influenciado por Ball e um dos principais divulgadores de sua obra no Brasil. Jefferson Mainardes é um dos principais nomes na discussão das políticas públicas educacionais brasileiras. Estudando políticas públicas educacionais desde o início dos anos 1990, esse autor publicou diversos estudos que analisam com profundidade crescente as pesquisas a respeito deste tópico, focalizando aspectos metodológicos e epistemológicos da pesquisa educacional, que dialogam constantemente com a literatura internacional da área. Suas considerações sobre os problemas metodológicos e epistemológicos encontrados nessas pesquisas contribuem de forma relevante para o diagnóstico das dificuldades e carências da área e dos meios para a sua superação. Por isso, alguns dos trabalhos desse autor constituem interlocutores obrigatórios para este trabalho, dado seu propósito.

Num artigo de 2009, que se desdobrou em diversas publicações posteriores, Mainardes traça um panorama das pesquisas que analisam políticas públicas educacionais. Nele, constata serem escassos os trabalhos que se articulam com a literatura internacional sobre o tema, bem como a preponderância das abordagens analíticas ditas "lineares" sobre as abordagens consideradas críticas e dialéticas (MAINARDES, 2009, p. 6). Põe também em questão a inter-relação entre as pesquisas teóricas que discutem o papel do Estado e o processo de formulação de políticas públicas e políticas públicas educacionais e as pesquisas que analisam políticas específicas, propondo que as primeiras contribuam para a realização das últimas, e estas incorporem contribuições daquelas (MAINARDES, 2009, p. 6-7). Destaca também que numerosos trabalhos não explicitam seus pressupostos teóricos e registra a utilização de autores representantes de matrizes epistemológicas distintas para subsidiar e fundamentar a análise, tornando "difusos e inconsistentes os fundamentos dessas últimas pesquisas" (MAINARDES, 2009, p. 7)[2]. Registra serem poucos os autores que explicitam os valores éticos e princípios que fundamentam suas análises. E destaca a supervalorização dos processos locais, relacionando-os precariamente com o sistema político, social

2 O cuidado teórico nas pesquisas educacionais é também questionado por Marilda Schneider (2014, p. 11), que observa: "Porque a pesquisa em política educacional compreende uma área de conhecimento ainda em construção, o campo teórico está aberto a múltiplas e variadas interferências, favorecendo, em alguns casos, atitude descuidada no tocante aos parâmetros teóricos que modelam a investigação, mesmo as mais empíricas. Do mesmo modo, em alguns casos costuma-se tomar 'a indignação moral' como 'justificativa teórica'" (REIS, 2003, p. 12).

e econômico mais amplo, a frequente ausência de perspectiva histórica, a discussão pouco aprofundada sobre o papel do Estado e a falta de inter-relacionamento entre uma política em análise e as demais políticas implementadas na mesma época (MAINARDES, 2009, p. 7-8). Destaca finalmente como pouco explicitada a preocupação em elaborar pesquisas em perspectiva crítica, entendendo por isto as pesquisas que articulam seus temas com o contexto sociopolítico e econômico e com o conjunto de políticas implementadas; explicitam processos de reprodução de desigualdade, exclusão ou inclusão precária; evitam análises voltadas para justificação ou legitimação de políticas; recusam a seletividade na distribuição do conhecimento e se comprometem com a elevação do nível cultural das massas (MAINARDES, 2009, p. 8).

Num estudo publicado em 2011, Mainardes, Ferreira e Tello, ao analisarem a literatura, distinguem duas grandes classes de estudos educacionais relacionados a políticas públicas, que denominam "análise para políticas" e "análise de políticas". A primeira classe compreende os estudos realizados visando ao levantamento de informações para subsidiar a proposição de políticas educacionais, estudos visando à defesa dessas políticas nas esferas do debate político e estudos visando ao monitoramento e avaliação das políticas. A segunda classe compreende os estudos realizados para a análise dos processos de formulação de políticas, bem como as análises voltadas para o conteúdo das políticas (MAINARDES; FERREIRA; TELLO, 2011, p. 150).

A distinção entre as duas classes é relevante devido à diferença dos propósitos dos estudos nelas compreendidos: aqueles enquadrados na classe das análises para políticas visam propor, justificar e monitorar políticas, o que é feito, em geral, a partir de opções políticas prévias, como, por exemplo, o apoio ou a oposição a determinado governo e a suas políticas. Já os estudos contidos na classe de análise de políticas direcionam-se para a compreensão aprofundada das políticas formuladas e implantadas, em geral com fins acadêmicos e desprovidos de compromissos com governos. Daí deriva também a constatação de que tempo, intenções e finalidades são diferentes para os gestores do sistema (principais interessados na primeira classe) e para os pesquisadores interessados na segunda classe de estudos (MAINARDES; FERREIRA; TELLO, 2011, p. 151). Cabe mencionar também a necessidade de reflexão ética sobre o conteúdo das pesquisas, posto que podem "[...] legitimar ou intensificar situações e condições de opressão e desigualdade ou, ao contrário, desvelá-las e problematizá-las" (MAINARDES; FERREIRA; TELLO, 2011, p. 151).

Outro ponto importante trazido por esses autores é a mútua contribuição que essas duas classes de pesquisa podem realizar:

> Consideramos, além disso, que os pesquisadores, de modo geral, desenvolvem pesquisas com o objetivo de compreender uma determinada política ou um conjunto de políticas e, ao fazerem isso, oferecem ideias e elementos que poderiam ser úteis na formulação ou reorientação de políticas. No entanto, a realização de pesquisas com o objetivo específico de instrumentalizar decisões políticas pode restringir a autonomia dos pesquisadores acadêmicos (MAINARDES; FERREIRA; TELLO, 2011, p. 151).

Considerada a ressalva da autonomia acadêmica, análises para políticas e análises de políticas podem se potencializar mutuamente ao compartilhar (ao menos em parte) categorias, conceitos, dados empíricos e relações descobertas.

Destacam também os autores cujos estudos sobre as políticas públicas ganharam centralidade no Brasil a partir dos anos 1980, e desde então a área vem se expandindo e fortalecendo, em especial nos Programas de Pós-Graduação. Apesar disso, observam, "[...] o campo das políticas educacionais é relativamente novo e ainda não consolidado em termos de referenciais analíticos consistentes" (MAINARDES; FERREIRA; TELLO, 2011, p. 154). Observam também que, embora seja crescente a quantidade de pesquisas e publicações, as questões metodológicas e os fundamentos epistemológicos e referenciais analíticos delas têm sido pouco discutidos, sendo também pequena a mútua interação entre pesquisas de políticas públicas na área das Ciências Sociais e na área da educação (MAINARDES; FERREIRA; TELLO, 2011, p. 154-155).

Consideram ainda esses autores que, de modo geral, os estudos analíticos sobre políticas públicas educacionais incluem contribuições do materialismo histórico e dialético, das teorias estruturalistas, do pós-estruturalismo, das teorias feministas e das teorias pluralistas (MAINARDES; FERREIRA; TELLO, 2011, p. 156)[3]. Entretanto, são frequentes os trabalhos desprovidos de quaisquer indicações sobre perspectivas teóricas e epistemológicas, fato que dificulta e empobrece as análises. Ponderando que todos os trabalhos de pesquisa se vinculam a concepções de mundo e a concepções epistemológicas, os autores discordam da possibilidade de analisar políticas de forma neutra e da suposição de que análises que busquem neutralidade teórica possuam maior qualidade científica (MAINARDES; FERREIRA; TELLO, 2011, p. 152)[4]. Nesse sentido, propõem a adoção de três categorias (originalmente propostas por Tello) que, utilizadas e explicitadas, contribuiriam para o aprofundamento da discussão metodológica e epistemológica – perspectiva teórica, posicionamento teórico e enfoque epistemológico, exemplificadas como se segue:

> a) Perspectivas teóricas: marxismo, neomarxismo, estruturalismo, pós-estruturalismo, pluralismo etc.; b) Posicionamentos teóricos:

3 As diferentes perspectivas epistemológicas são tratadas extensamente em Mainardes; Ferreira; Tello (2011) e em Tello; Mainardes (2012).

4 Também quanto à fundamentação teórica, registra-se a crítica de Schneider: "Impõe-se, assim, não apenas como necessidade, mas também como prioridade, o exercício consciente de análise teórica, tanto em relação à perspectiva em que o trabalho de investigação está inserido, quanto em relação às discussões que confrontam essa perspectiva com outras e que, portanto, podem ser alternativas a ela. A sustentação teórica de uma pesquisa permitirá realizar escolhas metodológicas alicerçadas na construção do objeto de investigação, e não simplesmente no desejo intuitivo ou na pré-construção aparente do pesquisador" (SCHNEIDER, 2014, p. 12).

> críticos, críticos radicais, crítico-analíticos, teóricos da resistência, humanistas, economicistas etc.; c) Enfoques epistemológicos: pós-modernidade, hiperglobalista, cético, neoliberal, perspectiva transformadora, funcional-analítico; da complexidade etc. (MAINARDES; FERREIRA; TELLO, 2011, p. 152).

Por fim, num artigo publicado em 2017, em que analisa aspectos teórico-epistemológicos da pesquisa sobre política educacional no Brasil, Mainardes retoma e reafirma suas teses anteriores, em especial a necessidade de explicitação dos fundamentos epistemológicos das pesquisas e as categorias de perspectiva teórica, posicionamento teórico e enfoque epistemológico. Retoma e reforça, também, o diagnóstico de Ball sobre políticas com pouca ou nenhuma fundamentação teórica, bem como sobre a importância da teoria. Afirma, por fim, o caráter de projeto simultaneamente científico e político das pesquisas na área de políticas públicas educacionais (MAINARDES, 2017).

Reverberando um pouco as críticas de Ball, as análises de Mainardes insistem na insuficiência crítica e na insuficiente fundamentação teórica das pesquisas. Esses aspectos se relacionam diretamente, pois a capacidade crítica de uma análise depende do instrumental teórico disponível, embora não exclusivamente. O esforço crítico dirige-se, à semelhança da crítica kantiana, para a identificação das condições de validade de uma política, entendidas como a identificação das funções que uma política desempenha numa dada totalidade social:

> O termo "crítico" sinaliza que o objetivo dessas pesquisas é compreender a essência das políticas investigadas, com o cuidado para analisá-las de modo aprofundado, evitando-se toda e qualquer forma de legitimação; analisá-las de uma perspectiva de totalidade, estabelecendo os devidos vínculos com o contexto mais econômico, político e social; e analisar as relações das políticas com a justiça social (BALL; MAINARDES, 2011, p. 13).

Que essa política deva ou não ser analisada numa perspectiva de totalidade, e como deve ser concebida esta totalidade; que a política deva ou não ser vinculada ao contexto econômico, político e social e que tipo de vínculo seria esse; que deva haver ou não relações com a justiça social e que tipo de relações seriam essas; tudo isso depende de uma teoria ou de um conjunto de teorias que explique as características e as regras do funcionamento da sociedade, da política, da ação individual e coletiva e do que se entende por socialmente justo ou injusto. A crítica requer uma teoria, pois opera com os instrumentos fornecidos por ela e nos horizontes delineados por ela.

Por sua vez, a inadequada explicitação de pressupostos teóricos, frequentemente derivada de insuficiente investigação e reflexão acerca deles, priva os trabalhos de alcançar e de compreender as dimensões epistemológica, gnosiológica, ontológica, axiológica, ética e, eventualmente, estética das realidades que constituem o objeto da pesquisa, limitando a compreensão de sua constituição, dinâmica própria e relações com outros objetos. Essas dimensões do objeto, cujo exame é requerido para uma compreensão efetivamente aprofundada, são adequadamente atingidas pela análise filosófica, mediante categorias e métodos filosóficos. Com efeito, a forma de conhecimento utilizada pelas ciências – fundada na rigorosa descrição das características do objeto, dos processos de sua formação, atuação e/ou funções e deterioração – difere bastante da forma de conhecimento própria da filosofia, fundada no entendimento do ser, da natureza, das causas e do fim próprios, do valor, da existência e dos significados do objeto analisado. Filosofia e ciência são formas efetivamente distintas de conhecer e de pensar o real; os conhecimentos por elas proporcionados são qualitativamente distintos, mas válidos e verdadeiros na especificidade de suas intelecções.

Tudo isso não impede que as mesmas realidades sejam também analisadas por meio de categorias próprias das ciências sociais. Os resultados podem não ser imediatamente complementares, mas certamente não se substituem uns aos outros. Esse fato permite colocar como problemática a tentativa de compreensão aprofundada das realidades humanas com base, unicamente, nas ciências sociais, ou unicamente nas ciências humanas, assim como unicamente nas ciências naturais. A abordagem da filosofia, que de resto não pode substituir as ciências, é inevitavelmente requerida. Exemplifica esse fato o reconhecimento de Stephen Ball de que o papel de uma epistemologia profunda, apoiada em categorias epistemológicas e ontológicas, não pode ser dispensado pela adoção de uma epistemologia de superfície (MAINARDES, 2015, p. 162-163). Nesse sentido, estudos que visem compreender a realidade da educação em suas múltiplas dimensões, inclusive na dimensão da pessoa humana, não podem se apoiar apenas nas abordagens das ciências sociais. O aparato crítico da filosofia, de outras ciências e ainda de outros tipos de saberes serão sempre necessários. Assim, as análises necessárias para a proposição e defesa de políticas educacionais, bem como as análises sobre a formulação e os conteúdos, requerem um conjunto relativamente amplo de saberes, em que figuram as ciências e a filosofia.

5.3 Contribuições do pensamento filosófico de Jacques Maritain para proposição e análise de políticas públicas educacionais

A literatura da área das políticas públicas registra muitos modelos e metodologias para proposição e análise de políticas públicas, inclusive para as educacionais. Quase todos os modelos estruturam ciclos de etapas bastante abrangentes, a exemplo de Gelinski e Seibel (2008, p. 228), que preveem formulação, implementação, acompanhamento e avaliação, ou a exemplo de Easton, que assinala formulação, resultados e ambiente (SOUZA, 2007 p. 68). Alguns modelos especializam-se em determinadas etapas, como, por exemplo, o de Kingdom (CAPELLA, 2007), que aprofunda a etapa da decisão política da agenda governamental. Esses modelos fundamentam seus desenhos nas teorias sociais que lhe dão suporte. Isso não impede, como faz Souza (2007,

p. 80), de adotar um modelo geral, baseado na síntese dos diferentes modelos, estruturado pelas etapas de decisão, proposição, implementação, execução e avaliação. O presente trabalho adota esse último modelo, devido a sua abrangência e potencial funcionalidade. Complementa esse instrumental o modelo analítico proposto por Marciano Vidal (1986) para a análise da ação humana em casos éticos concretos, que, por sua vez, retoma adaptadamente a tradição das Sete Circunstâncias originada na obra ética de Aristóteles e na obra retórica de Agostinho, atualmente presente também em diversos métodos de planejamento e análise (SLOAN, 2010) em diferentes áreas do conhecimento, por exemplo sob a denominação de "ferramenta 5W2H". No texto de Vidal (1986, p. 480):

> - O que? É necessário conhecer aquilo sobre o que se vai emitir a avaliação moral;
> - Por quê? Esta pergunta refere-se aos motivos, à intenção do agente; o motivo dá um significado essencial e constitutivo à ação humana;
> - Como? Referimo-nos ao estilo da ação e aos meios empregados;
> - Quem? O sujeito constitui parte importante da realidade objetiva submetida à valoração;
> - Onde? Quando? Estas perguntas proporcionam informações complementares.

Como anteriormente exposto, Maritain é um filósofo de larga envergadura. Nele se encontram uma filosofia do ser e do existir, do conhecer, da ciência, da arte, da pessoa humana, da vida social e política e da educação, entre outros temas. Não opera, com certeza, as categorias das ciências sociais – embora não lhe sejam estranhas –, e por isso não se pode encontrar em sua obra um modelo de proposição de políticas educacionais, nem um modelo para a correspondente análise. Não se pode supor, também, completa homogeneidade entre o projeto educacional apresentado por Maritain em suas obras e a proposta de uma política pública. O projeto educacional maritainiano, ao propor educação liberal para todos – uma concepção de educação, um método pedagógico e um currículo –, constitui uma filosofia da educação consistente e organizada, que preserva seu valor mesmo transcorridas mais de cinco décadas e pode ser aproveitada para a formulação e avaliação de políticas públicas educacionais. Mas ainda não constitui propriamente uma proposta de política, porque lhe faltam os mencionados instrumentos sociológicos e politológicos, e também porque uma política pública deve ser formulada para cenários específicos: uma determinada sociedade, num momento histórico específico, para solucionar um ou mais problemas que, embora possam ter similaridade com os problemas enfrentados por outras sociedades, são também situações particulares. Além disso, o pensamento educacional de Maritain permite subsidiar não apenas uma, mas diversas políticas públicas educacionais, em diferentes contextos.

Como se pode, então, pensar a transposição das ideias educacionais da filosofia de Jacques Maritain para contextos de elaboração e de análise de políticas públicas? Uma resposta válida é a alocação, num quadro organizador de etapas baseado em Souza (2008) e Vidal (1986), das categorias, conceitos e indicadores extraídos do pensamento de Maritain, com a finalidade de direcionar e fundamentar uma proposta de política pública em cada uma de suas etapas, explicitando os elementos e as explicações teóricas possíveis. Nessa operação, evidentemente, os conceitos de Maritain são deslocados do contexto teórico e histórico para os quais foram elaborados. Entretanto, tomados os cuidados necessários, é possível deslocá-los sem adulterá-los, isto é, sem alterar sua significação filosófica, mesmo que passem a figurar ao lado de conceitos próprios das ciências sociais. Ademais, operações como essa foram realizadas muitas vezes no vasto campo da filosofia contemporânea. Os resultados podem ser examinados no quadro a seguir, bem como nas explicações que se seguem.

QUADRO 3 – ROTEIRO PARA PROPOSIÇÃO E ANÁLISE DE POLÍTICAS PÚBLICAS EDUCACIONAIS (PPEs) COM BASE NA FILOSOFIA DE JACQUES MARITAIN

I - ETAPA DA DECISÃO: Percepção e definição do(s) problema(s)

Aspectos considerados a partir do modelo de políticas públicas
Descrição do problema; consequências indesejadas; indicadores de gravidade e/ou persistência.

Elementos da filosofia de Jacques Maritain:
Problemas culturais e espirituais das sociedades modernas nos níveis espiritual, cultural e sociopolítico: pseudo-humanismos, totalitarismos, tecnicismo, invalidação da inteligência. Ocasionam opressão e cativeiro para a pessoa humana.

Elementos para análise de PPEs baseados em Maritain:
Problema(s)-alvo da PPE em análise.
Dimensões do problema educacional considerado: social e política; econômica e material; técnica; espiritual; e pedagógica, se for o caso.

Elementos para proposição de PPEs baseados em Maritain:
Necessidade de análise aprofundada, em suas diferentes dimensões, do(s) problema(s) educacional(is) a ser(em) enfrentado(s): dimensões social e política; econômica e material; técnica; espiritual; histórica; e pedagógica, se for o caso.
A análise deve ser feita a partir das ciências sociais e da filosofia, podendo envolver outras ciências e saberes.

Aspectos considerados a partir do modelo de políticas públicas
Causas – amplas ou específicas, diretas ou indiretas.

Elementos da filosofia de Jacques Maritain:
Concepções limitadas e limitadoras do ser humano;
Concepções equivocadas sobre os fins da educação;
Concepções equivocadas sobre o processo educativo;
Instituições escolares e/ou sistemas escolares que perpetuam essas concepções.

Elementos para análise de PPEs baseados em Maritain:
Concepção de causa adotada pela PPE em análise;
Causas do problema identificadas pela PPE em análise;
Concepções de ser humano, de educação, de seus fins e do processo educativo, presentes na PPE em análise;
Forma de organização das instituições escolares e dos sistemas educacionais;
Forma de atuação (social, política, cultural, pedagógica) das instituições escolares e dos sistemas educacionais.

Elementos para proposição de PPEs baseados em Maritain:
Causas formal, material, eficiente e final das realidades que constituem o problema;
Aspectos das dimensões econômica, social, política, cultural, espiritual e histórica que integram as causas do problema identificado;
Necessidade de crítica das concepções equivocadas ou limitadoras a respeito do problema e de sua constituição.

Aspectos considerados a partir do modelo de políticas públicas
Pessoas, grupos e instituições envolvidos: agente causador (se houver); vítimas das consequências.

Elementos da filosofia de Jacques Maritain:
Sistemas escolares; teóricos pragmatistas da educação; professores; estudantes e suas famílias.

Elementos para análise de PPEs baseados em Maritain:
Instâncias do sistema educacional; instituições escolares; famílias; educandos.

Elementos para proposição de PPEs baseados em Maritain:
Identificação das pessoas, grupos e instituições que deverão ser envolvidos direta ou indiretamente; agente(s) causador(es); beneficiados e lesados pela situação problemática.

Aspectos considerados a partir do modelo de políticas públicas	
Processo de constituição de resultados indesejados.	
	Elementos da filosofia de Jacques Maritain: Frutificação dos erros espirituais; Continuidade, divulgação e aceitação desses erros pela via da educação.
	Elementos para análise de PPEs baseados em Maritain: Evolução das diferentes dimensões do problema: pregressa e futura (estimada); Reações ao problema, observadas e esperadas.
	Elementos para proposição de PPEs baseados em Maritain: Evolução das diferentes dimensões do problema: pregressa e futura (estimada); Reações ao problema, observadas e esperadas.

Aspectos considerados a partir do modelo de políticas públicas	
Data de início e duração do problema;	
	Elementos da filosofia de Jacques Maritain: Século XX, com raízes na constituição da Modernidade.
	Elementos para análise de PPEs baseados em Maritain: Data ou época de início do problema; duração pregressa do problema; estimativa de duração futura do problema.
	Elementos para proposição de PPEs baseados em Maritain: Data ou época de início do problema; duração pregressa do problema; estimativa de duração futura do problema.

Aspectos considerados a partir do modelo de políticas públicas	
Local, setor organizacional atingido;	
	Elementos da filosofia de Jacques Maritain: Escolas e sistemas escolares na Europa e nos Estados Unidos.
	Elementos para análise de PPEs baseados em Maritain: Local de manifestação do problema; outros locais eventualmente envolvidos; setor organizacional envolvido.
	Elementos para proposição de PPEs baseados em Maritain: Local de manifestação do problema; outros locais eventualmente envolvidos; setor organizacional envolvido.

II – ETAPA DA PROPOSIÇÃO:

Conjunto de ações com vistas a solucionar o(s) problema(s)

Aspectos considerados a partir do modelo de políticas públicas	
Objetivos; justificativas; fundamentação teórica e técnica.	
	Elementos da filosofia de Jacques Maritain: Reconhecimento do indivíduo como pessoa humana; Concepção integral da pessoa humana (em sua realidade material, espiritual e unidade fundamental) e reconhecimento de suas aspirações (liberdade, comunicações da vida social, transcendência); Concepção adequada dos fins da educação e do processo educativo; Educação integral e pleno desenvolvimento da pessoa humana, possibilitado a todos;
	Elementos para análise de PPEs baseados em Maritain: Concepção de ser humano e pessoa humana em que se baseia a PPE analisada; Dimensões da pessoa humana reconhecidas e visadas pela PPE; Aspirações naturais e transnaturais reconhecidas e visadas pela PPE; Concepção dos fins da educação: voltada para a integralidade da pessoa humana; voltada parcialmente para a pessoa humana; voltada para fins externos à pessoa humana; Concepção do processo educativo e meios implicados; Concepção de agente do processo educativo; Relação da proposta com o corpo social e político e com o Estado;

Continua na próxima página

Relação da proposta com o corpo social e político e com o Estado; Inserção da proposta na perspectiva do bem comum; Coerência entre problemas e objetivos.
Elementos para proposição de PPEs baseados em Maritain: Concepção integral da pessoa humana como referência para as ações propostas: Reconhecimento e afirmação da dignidade da pessoa humana, de sua igualdade fundamental e dos direitos humanos; Necessidade e tendência à vida social, devido às carências naturais e às comunicações da inteligência e do amor; Orientação ao bem comum e ao bem supremo; A pessoa humana integra a sociedade devido a carências, mas ultrapassa a sociedade devido às suas aspirações supratemporais; Aspiração à liberdade em seus diferentes graus: livre-arbítrio, conduta autônoma fundada na vida intelectual e independência dos condicionantes, obtida através da união ao Transcendente; Função natural da inteligência: apreender, julgar e raciocinar sobre o ser das coisas, proporcionando conhecimento verdadeiro. Concepção de educação adequada à realidade e dignidade da pessoa humana: Educação concebida como arte de cooperar com o desenvolvimento da pessoa humana; Educação tem por fim principal o pleno desenvolvimento da pessoa humana; fins secundários são a preparação para a vida social e a cidadania e a qualificação para o trabalho; Objetivos maiores da educação: retidão da vontade, aquisição da liberdade interior e estabelecimento de relação sadia com a sociedade. Processo educativo: educação deve ser distinta para crianças, adolescentes e jovens, devido ao estado de desenvolvimento de suas faculdades naturais. Os objetivos se adaptam a cada etapa desse processo. O principal agente do processo educativo é o educando, que deve ser incentivado a isso. O professor é agente subsidiário e indispensável; Percepção da criança em sua especificidade, não como homogênea ao adulto. Os objetivos, resultados esperados e critérios de avaliação das ações propostas, sejam de escopo amplo ou restrito, devem situar-se no campo delimitado por esses referenciais e se relacionar com eles.

Aspectos considerados a partir do modelo de políticas públicas Agentes e destinatários.
Elementos da filosofia de Jacques Maritain: Sistemas escolares, escolas, professores, estudantes, famílias e instituições cooperadoras do processo educativo.
Elementos para análise de PPEs baseados em Maritain: Funções e atuação de sistemas escolares, escolas, professores, estudantes, famílias e instituições cooperadoras do processo educativo.
Elementos para proposição de PPEs baseados em Maritain: Educando como principal agente: sua atividade natural e espontânea, sua curiosidade, seus interesses, seus recursos de intuição, inteligência, discernimento e criatividade movem a aprendizagem em todas as suas dimensões e o próprio desenvolvimento dessas faculdades; O professor deve possuir conhecimento da psicologia da criança e do jovem, atenção e respeito pela identidade em formação da criança; deve exercer autoridade moral e suscitar disciplina; deve favorecer as disposições de base da natureza humana no educando e seguir as regras fundamentais da educação. Cabe ao professor ensinar e guiar, visando sempre ao desenvolvimento das energias espirituais do educando; encorajar e estimular o poder de intuição, criação e julgamento do educando, de modo que, a cada etapa, este possa dominar a matéria na qual é instruído; Escolas são instituições indispensáveis, devido aos recursos humanos e pedagógicos que reúnem; Famílias, agremiações religiosas e outras instituições são cooperadoras do processo, devem ser reconhecidas, orientadas e incentivadas; Sistemas educacionais devem atuar para proporcionar a educação integral voltada para o desenvolvimento integral da pessoa humana.

Aspectos considerados a partir do modelo de políticas públicas Estratégias e táticas selecionadas; ações programadas; duração e cronograma;
Elementos da filosofia de Jacques Maritain: Educando como agente principal da educação, guiado pelo educador; Etapas e dinâmica do desenvolvimento do educando; Regras fundamentais da educação, voltadas para o favorecimento das disposições de base do educando; Diretrizes metodológicas afirmativas; Educação liberal de base para todos, organizada conforme um plano geral do percurso educativo: educação elementar inicial e complementar; educação liberal de base para todos em etapas preparatória e final; ensino superior nas formas de universidade e escolas profissionais superiores.
Elementos para análise de PPEs baseados em Maritain: Funções e papel do educador; Papel do educando; Reconhecimento e respeito às etapas de desenvolvimento do educando; Reconhecimento e respeito às disposições de base do educando; Diretrizes metodológicas afirmativas; Currículo estruturado e "estratégias" didático-pedagógicas; Plano geral do percurso educativo; Conceitos e estratégias para uma educação integral; Coerência entre objetivos, estratégias e ações; Presença e influência dos principais equívocos pedagógicos e educacionais: intelectualismo, voluntarismo, conteudismo, empirismo pragmatista que não conduz o processo educativo e não favorece a inteligência e a razão.
Elementos para proposição de PPEs baseados em Maritain: Regras Fundamentais da Educação: 1ª Encorajar e favorecer as disposições fundamentais que permitem à criança crescer na vida do espírito: Amor pela verdade; amor pelo bem, pela justiça e pelos atos heroicos; simplicidade e abertura com relação à existência; senso do trabalho bem-feito; senso de cooperação com outras pessoas; 2ª Centrar a atenção sobre as profundezas interiores da personalidade e de seu dinamismo espiritual pré-consciente; 3ª A obra inteira da educação e do ensino deve tender a unificar, não a dispersar; deve se esforçar constantemente por assegurar e nutrir a unidade interior do homem; 4ª Que o ensino chegue à libertação do espírito pelo domínio da razão sobre as coisas aprendidas. Diretrizes Metodológicas: 1-Proceder do concreto ao abstrato, do simples ao complexo, do já aprendido para o que ainda não foi aprendido, do menos racional para o mais racional, respeitando os estágios de desenvolvimento da criança, com flexibilidade no planejamento e execução dos programas; 2-Engajamento do mestre na condução do processo formativo e cuidados constantes no relacionamento com os educandos; 3-Disposição progressiva e hierárquica dos saberes, coerente com os princípios anteriores, proposta como estrutura de uma nova educação liberal; 4-Cada ação pedagógica deve ter fins claros, ordenados ao fim geral, bem como aos valores finais da educação. Currículo deve abranger: ensino elementar; língua nacional; línguas estrangeiras; gramática; expressão escrita; filologia, literatura, poesia; geografia; história nacional; história das civilizações; história da arte; belas artes; matemática; lógica; ciências (astronomia elementar, geologia, zoologia, biologia, física, ciências físicas e naturais); filosofia (metafísica, filosofia da natureza, teoria do conhecimento, psicologia, filosofia política e social, filosofia moral); ética. Plano Pedagógico desenvolvido com base nas indicações acima e nos referenciais da concepção integral da pessoa humana, voltado para a intervenção no problema específico.

Aspectos considerados a partir do modelo de políticas públicas Local; instituições ou setores.
Elementos da filosofia de Jacques Maritain: Sistemas escolares, escolas, instituições cooperadoras do processo educativo.
Elementos para análise de PPEs baseados em Maritain: Constituição do sistema escolar; Constituição da escola (pessoal, equipamentos, organização do ensino); Instituições cooperadoras do processo educativo: Prefeitura, Polícia, Câmara Municipal, Vara da Infância, conselhos municipais, Igrejas, associações culturais.
Elementos para proposição de PPEs baseados em Maritain: Sistema educacional abrangente: educação infantil, fundamental, média, superior, permanente; deve favorecer educação integral em todos os níveis; Sistema escolar contido no sistema educacional: infantil, fundamental, médio, superior; Clara identificação e vinculação das instituições que cooperam com o processo educativo; formas de atuação previstas, acordadas com o sistema escolar e periodicamente avaliadas.

Aspectos considerados a partir do modelo de políticas públicas Recursos humanos, materiais e técnicos.
Elementos da filosofia de Jacques Maritain: Os custos devem ser suportados pela prosperidade das sociedades industriais.
Elementos para análise de PPEs baseados em Maritain: Agentes previstos para a PPE em análise: Quantidade de professores; Formação e qualificação dos professores e dos gestores educacionais; Funcionários de apoio técnico e administrativo; Autores de materiais didático-pedagógicos. Recursos materiais e técnicos para a PPE em análise: Instalações físicas adequadas a cada etapa da formação e ao currículo adotado; Material pedagógico adequado ao currículo e às atividades complementares; Biblioteca, galeria de arte, espaço musical; Fontes e formas de custeio.
Elementos para proposição de PPEs baseados em Maritain: Agentes previstos para a PPE específica: Quantidade de professores; Formação e qualificação dos professores; Gestores educacionais; Funcionários de apoio técnico e administrativo; Autores de materiais didático-pedagógicos; Recursos materiais e técnicos para a PPE em análise: Instalações físicas adequadas a cada etapa da formação e ao currículo adotado; Material pedagógico adequado ao currículo e às atividades complementares; Biblioteca, galeria de arte, espaço musical; Fontes e formas de custeio.

III – ETAPA DA IMPLEMENTAÇÃO:
Apresentação, divulgação, sequência de ações iniciadas

Aspectos considerados a partir do modelo de políticas públicas: Agente implementador; destinatários; Estratégias e táticas efetivamente utilizadas; Tempo transcorrido; Local; instituições ou setores; Recursos humanos, materiais e técnicos.
Elementos da filosofia de Jacques Maritain: Professores, escolas, currículos, disciplinas; Adequação de meios e fins e recusa do maquiavelismo; Vinculação da proposta educacional com as necessidades e aspirações da sociedade democrática; Acordo prático em torno dos valores e instituições democráticos.

Continua na próxima página

Elementos para análise de PPEs baseados em Maritain: Agentes implementadores; Destinatários e beneficiários; Estratégias e táticas efetivamente adotadas; Local; instituições ou setores; Recursos humanos, materiais e técnicos; Coerência da implantação com a proposta; Duração da implementação.
Elementos para proposição de PPEs baseados em Maritain: Agentes implementadores; Destinatários e beneficiários; Estratégias e táticas efetivamente adotadas; Local; instituições ou setores; Recursos humanos, materiais e técnicos; Coerência da implantação com a proposta; Duração da implementação.

IV – ETAPA DA EXECUÇÃO

Atividades regulares plenamente implantadas

Aspectos considerados a partir do modelo de políticas públicas: Ações efetivamente realizadas; Agente; destinatários; Estratégias, táticas e ações operacionais; Duração do processo; tempo transcorrido; Recursos humanos, materiais e técnicos regularmente utilizados.
Elementos da filosofia de Jacques Maritain: Professores, escolas, currículos, disciplinas; Adequação de meios e fins e recusa do maquiavelismo; Vinculação da proposta educacional com as necessidades e aspirações da sociedade democrática; Acordo prático em torno dos valores democráticos e ensino da carta democrática.
Elementos para análise de PPEs baseados em Maritain: Ações regularmente realizadas; Ações esporadicamente realizadas; Agentes participantes, contínuos e temporários; Coerência entre meios e fins; eticidade dos meios; Coerência entre a execução e a proposta; Coerência entre destinatários previstos e beneficiários efetivos; Modificações introduzidas em relação à proposta e correspondentes justificativas; Tempo decorrido desde a implementação.
Elementos para proposição de PPEs baseados em Maritain: Ações regularmente realizadas; Ações esporadicamente realizadas; Agentes participantes, contínuos e temporários; Coerência entre meios e fins; eticidade dos meios; Coerência entre a execução e a proposta; Coerência entre destinatários previstos e beneficiários efetivos; Modificações introduzidas em relação à proposta e correspondentes justificativas; Tempo decorrido desde a implementação.

V – ETAPA DA AVALIAÇÃO

Análise e valoração das ações realizadas e dos resultados obtidos

Aspectos considerados a partir do modelo de políticas públicas:
Cumprimento do plano.

Elementos da filosofia de Jacques Maritain:
Aspecto não discutido por Maritain.

Elementos para análise de PPEs baseados em Maritain:
Destinatários efetivamente atendidos;
Agentes efetivamente participantes;
Atividades regulares efetivamente realizadas;
Recursos efetivamente utilizados;
Cronograma cumprido.

Elementos para proposição de PPEs baseados em Maritain:
Destinatários efetivamente atendidos;
Agentes efetivamente participantes;
Atividades regulares efetivamente realizadas;
Recursos efetivamente utilizados;
Cronograma cumprido.

Aspectos considerados a partir do modelo de políticas públicas:
Resultados obtidos e respectivos indicadores.

Elementos da filosofia de Jacques Maritain:
Constituição física e psicologia da criança e do adolescente.

Elementos para análise de PPEs baseados em Maritain:
Desenvolvimento do educando em cada uma das etapas consideradas;
Desenvolvimento do educando em cada uma das dimensões consideradas.

Elementos para proposição de PPEs baseados em Maritain:
Os resultados esperados são que a criança, o adolescente e o jovem realizem aquilo que sua natureza lhes faculta em cada etapa do desenvolvimento. E que evoluam para as etapas posteriores, rumo a seu pleno desenvolvimento.
Criança: deve apresentar a natural imersão no universo da imaginação; vitalidade; intuitividade; atração pela beleza; apreensão dos objetos e valores do mundo natural e social; desenvolvimento das habilidades racionais e das forças morais; transição para etapas posteriores.
Adolescente: deve apresentar impulso e tendência natural para a busca da compreensão ampla das coisas e para a verdade; inteligência e capacidade de raciocínio; transição para a capacidade de reflexão crítica. Deve chegar a apreender a beleza e a emoção da arte, a verdade proporcionada pela ciência e pela filosofia, experimentar a virtude, os valores e os ideais éticos, ampliar a compreensão da vida em sociedade; deve desenvolver seu livre-arbítrio e adquirir as bases da conduta autônoma fundada na vida intelectual; deve apresentar uma vontade reta (voltada para o bem); deve experimentar a aspiração pela independência dos condicionantes e pela união ao Transcendente.
Jovem adulto: Transição para a vida adulta, deve apresentar maior força e capacidade de inteligência e de conhecimento, valorização e busca da verdade, maior sensibilidade artística, capacidade de livre arbítrio e de conduta autônoma, vontade firme e reta, aspiração pelo Transcendente. Deve apresentar a confiança resultante da posse dessas características e aspiração pela realização de um projeto de vida pessoal e engajamento na vida social, política e cultural.

Aspectos considerados a partir do modelo de políticas públicas: Grau de resolução do problema e probabilidade de continuidade ou retorno.
Elementos da filosofia de Jacques Maritain: Aspecto não discutido por Maritain.
Elementos para análise de PPEs baseados em Maritain: Coerência entre resultados obtidos e resolução esperada para o problema; Grau de resolução do problema; Estimativa de continuidade do problema; Perspectivas para o replanejamento da PPE.
Elementos para proposição de PPEs baseados em Maritain: Coerência entre resultados obtidos e resolução esperada para o problema; Grau de resolução do problema; Estimativa de continuidade do problema; Perspectivas para o replanejamento da PPE.

As etapas indicadas e os aspectos considerados se baseiam no modelo de políticas públicas de Souza (2007) e no esquema de análise de Vidal (1986). Fonte: Elaboração do autor.

O quadro acima se destina a mostrar que o pensamento de Maritain pode ser integrado produtivamente ao ferramental de análise e proposição de políticas públicas educacionais. Com efeito, os temas tratados em seus textos educacionais têm correspondência parcial com as etapas e categorias do planejamento de políticas, de certa forma corroborando com o tratamento filosófico das categorias consagradas pelos trabalhos de planejamento e análise realizados pelas ciências sociais e políticas. Não se trata de equiparar categorias das ciências sociais e categorias da filosofia, mas de mostrar que o tratamento filosófico permite, com seus recursos próprios e perspectiva própria, aprofundar a abordagem realizada pelas ciências sociais e, assim, potencializar a compreensão do objeto analisado. Também não se trata de buscar soluções prontas nos textos de Maritain, mas elementos a partir dos quais formular soluções atuais para problemas atuais. As considerações a seguir abordam os principais pontos do quadro, mostrando como categorias e conceitos utilizados por Maritain podem auxiliar e enriquecer a proposição e a análise de políticas públicas educacionais.

5.3.1 Problemas espirituais e política educacional

A etapa de decisão das políticas públicas educacionais, ao diagnosticar um problema e caracterizar seus efeitos e consequências indesejados, causas e agentes, evolução e duração, pessoas e instituições envolvidas, frequentemente é limitada pela importância dada aos aspectos materiais, como, por exemplo, a quantidade de vagas ofertadas, a distribuição geográfica e socioeconômica dessas vagas, o equipamento das escolas, a remuneração de professores e outros aspectos cuja importância é primordial, pois constituem condições indispensáveis para a implantação da política educacional. Nos últimos anos, aspectos como qualidade dos serviços educacionais prestados, serviços de proteção social aos educandos e qualificação dos professores têm ganho maior foco. Ficam, entretanto, reduzidos a aspectos periféricos as questões de caráter cultural e as questões de caráter filosófico. Temas como as relações entre indivíduo e sociedade, Estado e sociedade, fins e objetivos da vida humana, relações entre finalidade e objetivos da educação, identidade sociocultural e étnica, entre outros, permanecem subsumidos às preocupações imediatas de proteção social e de educação para o trabalho. Em que pese a imensa importância desses aspectos e a urgência em atendê-los, especialmente se considerados o contexto socioeconômico brasileiro e a crônica precariedade da escola pública, cumpre observar que os diagnósticos dos problemas a serem enfrentados pelas políticas públicas não alcançam a profundidade nem a abrangência necessárias.

A obra de Maritain chama a atenção para a presença, na esfera da educação, de problemas espirituais, em outras palavras, problemas relacionados à dimensão espiritual que constitui e está presente em cada ser humano e que costumeiramente é designada como "espírito humano". Pertencem a essa dimensão, entre outras características humanas, as aspirações conaturais por conhecimento, amor, convivência social e liberdade de independência. Pertencem também a esta esfera as aspirações transnaturais pela liberdade de autonomia e pela participação na vida divina que transcende o humano. Problemas espirituais surgem, por exemplo, quando essa dimensão da pessoa humana não é reconhecida como merecedora de atenção e cuidados no processo formativo e, por isso, é deixada sem o necessário estímulo e direção que lhe podem proporcionar desenvolvimento pleno, restando-lhe recursos casuais ou limitados para buscá-lo. Situação ainda mais difícil pode ser observada quando a dimensão espiritual é liminarmente negada, levando à desqualificação de toda busca pelo absoluto ou transcendente e de toda manifestação religiosa. Ou quando concepções equivocadas distorcem realidades e desviam o espírito humano de seu desenvolvimento[5]. Na ausência do reconhecimento e da adequada consideração da dimensão espiritual, esses temas são reduzidos a questões de foro íntimo ou a preferências estéticas, em geral consideradas indiscutíveis.

Não tendo manifestações físicas imediatas, como, por exemplo, a fome ou a doença, tais problemas deixam de ser considerados na proposição e na análise das políticas públicas educacionais e, às vezes, no próprio trabalho educativo. Entretanto, tais problemas são reais e não deixam de produzir suas consequências. Alguns exemplos auxiliam a compreender essa relação. A ausência de uma educação da

5 Um trecho de *Pour une philosophie de l'éducation* (MARITAIN, 2012), já citado anteriormente, exemplifica com clareza esse processo: "Nós podemos assim compreender qual conflito interno enfraquece a democracia. Sua energia motriz é de natureza espiritual – a vontade de justiça e a esperança no amor fraternal –, mas sua filosofia há muito tempo tem sido o pragmatismo, que é incapaz de justificar uma fé real em uma tal inspiração espiritual. E os filósofos hoje na moda, o existencialismo, o estruturalismo ou a fenomenologia erigida em sistema são ainda mais incapazes disso. Viver num estado de dúvida no que concerne não aos fenômenos, mas às realidades últimas cujo conhecimento é uma possibilidade natural, um privilégio e um dever para a inteligência humana, é viver mais miseravelmente que os animais, que tendem ao menos com uma certeza instintiva sólida e alegre para os fins de sua vida efêmera" (MARITAIN, 2012, p. 128-129).

vontade (faculdade volitiva), em geral resultante da indistinção entre vontade e desejos, ou entre sentimentos e paixões, produz consequências éticas e psíquicas inevitáveis. O relativismo ético e gnosiológico, frequentemente professado em todos os níveis da educação, pode gerar, além de confusão conceitual, indiferença, individualismo, tendência ao irracionalismo, acídia e desídia. A equivocada concepção filosófica que vê na pessoa humana apenas indivíduos que desempenham funções sociais e econômicas pode gerar concepções pedagógicas profundamente autoritárias e anti-humanistas, que, ao invés de contribuir para a libertação da pessoa humana por meio do desenvolvimento de suas potencialidades naturais, contribuem para a frustração de suas aspirações e para sua submissão a regimes políticos e a organizações econômicas.

Daí a importância, no conjunto da obra de Maritain, do combate às teses filosóficas que considera erros por meio da crítica e da proposição de teses filosóficas que considera verdadeiras. No campo da educação, enumera os já assinalados erros que, presentes nos projetos e práticas educativas, acarretam problemas graves: o desconhecimento dos fins da educação, as ideias falsas ou incompletas a respeito desses fins, derivadas de concepções equivocadas do ser humano, o pragmatismo, o sociologismo, o intelectualismo, o voluntarismo e a crença de que tudo pode ser aprendido e tudo o que é útil deve ser ensinado. A essa lista Maritain acrescenta, anos mais tarde, a tecnocracia e reafirma a importância do combate a erros que, espalhando-se e produzindo seus frutos, comprometem a vida dos indivíduos e da sociedade: "Isto significa que o problema mais crucial ao qual nosso sistema educacional está relacionado não é um problema de educação, mas um problema de civilização" (MARITAIN, 2012, p. 170). Importa, para Maritain, restaurar a inteligência em seu reto uso e desenvolvimento, e a verdade, como guias para a vida humana e como valores a serem buscados. O diagnóstico operado por Maritain, focalizando os erros espirituais (filosóficos, culturais, políticos e pedagógicos) dos períodos que precedem e sucedem a Segunda Guerra Mundial, está em parte invalidado pelas profundas mudanças que desde então alteraram o contexto histórico ocidental. Contudo, as ideias principais conservam seu valor, desde que transpostas sem distorção para o novo contexto. Políticas públicas educacionais que se fundamentem ou se orientem por filosofias equivocadas e desviem a pessoa humana da vida da inteligência e da verdade não poderão alcançar objetivos adequados ao ser humano. Somente uma filosofia baseada na verdade e na inteligência pode levar a educação a atuar no sentido da libertação do ser humano.

5.3.2 Pessoa humana e política educacional

Concepções de educação relacionam-se diretamente com concepções de ser humano. O que é a educação? Quais são seus objetivos? Como se dá o processo educativo? As respostas a estas questões dependem de concepções sobre o que é o ser humano, qual é a sua atividade própria, sua dignidade e seu fim. Diferentes concepções de ser humano geram diferentes concepções de vida social, econômica, política e cultural, o que, por sua vez, requer uma concepção de educação que lhes corresponda e que contribua para a efetivação dessas mesmas concepções no processo social e no processo educativo. Considerando o sentido inverso, uma teoria da educação, atuando por meio das práticas e dos instrumentos próprios, não contribui para a concretização de objetivos inerentes a uma concepção de ser humano, sociedade e cultura que não lhe corresponde. Embora um tanto óbvias, essas colocações parecem oportunas para esclarecer algumas questões presentes nas discussões educacionais atuais. Boa parte do que nelas se afirma deriva da utilização de diferentes teorias de ampla aceitação política que, combinadas livremente e sem prévio exame, terminam associando concepções nem sempre compatíveis. Nesse sentido, o pensamento de Maritain auxilia a operar distinções ontológicas e epistemológicas que contribuem para o esclarecimento das concepções de ser humano e de educação.

Chama particularmente a atenção, devido à sua enorme difusão e múltiplas combinações no debate educacional contemporâneo, a concepção marxista de ser humano e de educação. Com base numa ontologia realista e materialista, o ser humano é concebido como entidade biológica e psíquica que suporta relações sociais e que se perfaz pelo seu trabalho em situação econômica-social e histórica determinada. O marxismo pensa a educação como processo direcionado ao desenvolvimento multidimensional do indivíduo, que o habilita não apenas ao trabalho, mas também à ação revolucionária de transformação social. Trata-se de uma forma de educação integral, que, entretanto, baseando-se numa concepção estreita de pessoa humana, devido à premissa materialista, vê a liberdade a ser alcançada como produto da transformação social. Nesse sentido, a pedagogia histórico-crítica de Saviani alinha-se com a tradição marxista e explicita algumas de suas características:

> Dizer, pois, que a educação é um fenômeno próprio dos seres humanos significa afirmar que ela é ao mesmo tempo uma exigência do e para o processo de trabalho, bem como é, ela própria, um processo de trabalho (SAVIANI, 2011, p. 11).
>
> Consequentemente, o trabalho educativo é o ato de produzir, direta e intencionalmente, em cada indivíduo singular, a humanidade que é produzida histórica e coletivamente pelo conjunto dos homens. Assim, o objeto da educação diz respeito, de um lado, à identificação dos elementos culturais que precisam ser assimilados pelos indivíduos da espécie humana para que eles se tornem humanos e, de outro lado e concomitantemente, à descoberta das formas mais adequadas para atingir esse objetivo (SAVIANI, 2011, p. 13).

O trecho citado ilustra com clareza como a concepção de educação corresponde à concepção de ser humano. Não há uma natureza humana permanente a ser compreendida, respeitada ou desenvolvida, mas a produção social e histórica das características humanas. A educação, por sua vez, é a assimilação, pelos indivíduos, de determinados elementos culturais socialmente selecionados, elementos que os habilitam a serem considerados humanos. Observa-se, portanto, total preponderância da sociedade sobre o indivíduo: relações sociais levam à sua constituição biológica, o papel social o constitui como humano, e a seleção cultural operada pela sociedade lhe determina o que pensar e com quem se identificar. O indivíduo, em si, tem pouco valor, e a individualidade não parece ser cultivada ou valorizada. Por conseguinte, essa concepção de ser humano e de educação ignoram – ou negam – inteiramente a natureza de pessoa humana nos indivíduos.

As teses marxistas, associadas a outras vertentes derivadas do marxismo, interpretadas um tanto livremente, conduzem à ideia, bastante difundida no Brasil e de ampla aceitação política, de que a finalidade da educação é a transformação social. Essa afirmação raramente é acompanhada de especificações de um projeto político e social claramente elaborado. Foge aos objetivos deste trabalho discutir esse fenômeno. Entretanto, ele pode ser facilmente detectado na literatura educacional, conforme exemplificam as citações a seguir:

> Este trabalho tem por objetivo proporcionar uma reflexão acerca da constatação da necessidade da transformação da sociedade e do próprio processo de ensino-aprendizagem por meio da Educação. Tem como objetivo geral a proposta de diagnosticar elementos que corroboram a necessidade da conscientização do ensino crítico para a transformação social. Como objetivos específicos, propõe-se a apresentar práticas educacionais que são contrárias ao processo de mudança da sociedade; analisar elementos que orientam a percepção do homem como sujeito; e destacar dados que norteiam a mudança dos indivíduos e da sociedade (ALVES, 2020).

> Agindo dessa maneira, a escola reforça o condicionamento à ideologia dominante. Ignora que pode ter um papel decisivo e diferenciado na transformação da sociedade, repensar sua forma de conceber a produção de conhecimento, percebendoo como um processo em construção e seu aluno sujeito ativo nesse processo (VIEGAS; OSÓRIO, 2007, p. 102).

> Isso significa promover um ensino que ressalte a natureza concreta das necessidades dos alunos, para criar condições de trabalho, buscar caminhos que possibilitem a manifestação de suas aprendizagens em contexto real. Para que o sujeito da aprendizagem seja capaz de fazer parte de uma transformação social, por meio do exercício pleno da cidadania, uma condição do Projeto Político Pedagógico que é "[...] um projeto político por estar intimamente articulado ao compromisso sócio-político com os interesses reais e coletivos da população majoritária. É político no sentido de compromisso com a formação do cidadão para um tipo de sociedade" [VEIGA, 2006, p. 13] (VIEGAS; OSÓRIO, 2007, p. 111).

Ao tomar a transformação social como objetivo da educação sem que ao menos um projeto político e social definido possa dar sentido e significado ao processo transformador e, por conseguinte, à educação, perde-se, de certa maneira, o fim da educação, que se desvanece em ideias vagas.

O pensamento de Maritain se contrapõe a essas concepções, com uma filosofia clara e rigorosamente estruturada, conforme se pretendeu expor nos capítulos anteriores. O ser humano é concebido como entidade biológica e psíquica, submetido a determinantes próprios dessas estruturas, mas também como ser dotado de espírito, sede de vontade e de inteligência, capaz de alcançar a liberdade não apenas de escolha (seu grau mais elementar), mas também os graus elevados de independência e autonomia; capaz de compreender que possui um fim último e é por ele atraído, bem como capaz de livremente buscá-lo; capaz de agir como parte do meio social em que se insere, mas também de pensar e agir para sua transformação, tendo em vista criar uma organização social compatível com as aspirações do ser humano e com sua dignidade, que ultrapassam a esfera do social e não podem ser reduzidas a ela.

Maritain concebe a educação como arte ministerial de auxiliar o processo natural de desenvolvimento da pessoa humana, isto é, apoiar o desenvolvimento por meio de um processo educativo que proveja à pessoa humana recursos cognitivos e morais, bem como a transmissão da herança cultural. Esse processo objetiva o pleno desenvolvimento da pessoa humana, mas também, secundariamente, habilitá-la à vida social e econômica. O primeiro objetivo tem precedência sobre o segundo, pois a formação para a cidadania e para a vida econômica supõe o desenvolvimento das potencialidades humanas. O processo educativo deve se dar ao longo de toda a vida, apoiando-se nas primeiras etapas na escola, mas também na família, no Estado e nas agremiações religiosas. Deve ainda ser norteada pelos valores do conhecimento, da verdade e da inteligência, que possibilitam à pessoa humana alcançar a liberdade. Trata-se, portanto, de uma concepção de educação que pretende respeitar a natureza humana e potencializar seu desenvolvimento, não a modelar segundo um plano vigente de sociedade atual ou futura. Além disso, afirma a suprema dignidade da pessoa humana, da qual decorrem sua inviolabilidade e as corretas relações com a sociedade.

Este ponto relaciona-se indiretamente com a observação de Stephen Ball, que indica a ausência de pessoas concretas como deficiências dos trabalhos que propõem e analisam políticas públicas educacionais. Considerando o caráter abstrato do indivíduo nas teorias de inspiração marxista, reduzido a suporte de relações econômico-sociais e a objeto de políticas educativas socialmente construídas, a observação de Ball é plenamente pertinente. A perspectiva maritainiana permite responder a essa observação, não, decerto, indicando indivíduos e grupos empiricamente definidos, como deve fazer uma política pública determinada, mas, antes, considerando a integralidade da pessoa humana, ou seja, considerando indivíduos e grupos na integralidade das dimensões que constituem as pessoas humanas e, no caso de políticas educacionais, indicando instrumentos pedagógicos para isso.

Assim, políticas públicas que pretendam considerar a pessoa humana em sua integralidade devem observar, no mínimo:

a. A pluridimensionalidade dos seres humanos, sempre considerados a partir de sua realidade mais importante, que é a de serem pessoas humanas.
b. Necessidades, capacidades ou virtualidades, tendências naturais, aspirações naturais e transnaturais, produções ou criações materiais, espirituais e culturais.
c. Dimensão físico-biológica: necessidades de alimentação, vestuário, moradia, segurança pessoal, prevenção e tratamento de doenças, necessidade sexual; capacidade física (força, resistência, rapidez) aplicada ao trabalho, ao lazer, à guerra; capacidade de reprodução biológica; capacidade de adaptação.
d. Dimensão psíquica: necessidades de afeto, reconhecimento, identidade pessoal e social; necessidade de lazer; capacidade de amar e de dar afeto; capacidade de estabelecer relacionamentos pessoais; capacidade de cultivar sentimentos; capacidade de concentração e empenho numa atividade.
e. Dimensão social: necessidade de comunicação, interação e relacionamento com outras pessoas, grupos e comunidade; capacidade de organização e colaboração com outras pessoas; capacidade de ação política; capacidade de ação e organização econômica.
f. Dimensão espiritual: elaboração de valores e de símbolos; arte; cultura; uso da inteligência; capacidade de racionalização; necessidades religiosas; pensamento projetista e utópico.

É necessário levar em consideração todas as dimensões da pessoa humana e seus desdobramentos na formulação de uma política pública ou de uma política pública educacional? A resposta é dupla, negativa e afirmativa. A resposta pode ser negativa quando uma determinada política pública não adota como estratégia prover serviços ou bens que se relacionem com todas as dimensões. Por exemplo, uma política de saúde provavelmente se preocupará em prover insumos médicos, mas não considerará estimular o desenvolvimento artístico ou prover assistência religiosa aos beneficiados. Entretanto, a resposta deve ser afirmativa sempre que se tiver de elaborar ou utilizar um conceito dos beneficiários enquanto seres humanos. Ao planejar uma política pública deste tipo, a pessoa humana que será beneficiária deve ser considerada em sua multidimensionalidade e unidade, para que a política produza seu benefício sem ocasionar efeitos indesejados ou violar a dignidade da pessoa. Ao se pensar na pessoa humana que a sociedade civil e a sociedade política devem considerar e respeitar, na pessoa humana que cada indivíduo deve reconhecer nas suas interações sociais e econômicas, na pessoa humana cujo desenvolvimento é em parte confiado à escola, na pessoa humana cuja ideia e representação é a base do ensino, da arte e das produções culturais, fica claro que se deve levar em consideração a multidimensionalidade da pessoa humana, tanto quanto se possa conhecê-la.

5.3.3 Pedagogia e política educacional

Conforme exposto nos capítulos anteriores, a pedagogia de Maritain considera o aluno como principal agente do processo educativo, mas não único, pois necessita do professor para guiá-lo ao longo do processo. A base do processo educativo é o favorecimento de cinco disposições de base da natureza humana: o amor pela verdade; o amor pelo bem, pela justiça e pelos atos heroicos; atitude de simplicidade e abertura diante da existência; sentimento do trabalho bem-feito e da obra por fazer; senso de cooperação com outras pessoas. Com base nisso, Maritain fixa quatro diretrizes pedagógicas fundamentais: encorajar e favorecer as disposições fundamentais (citadas) que permitem à criança crescer na vida do espírito; centrar a atenção sobre as profundezas interiores da personalidade e o dinamismo espiritual pré-consciente da criança, com a interiorização da influência educativa; educar para unificar e assegurar a unidade interior do homem; facilitar a compreensão ativa que leve o aluno ao domínio racional sobre todas as coisas aprendidas.

De Maritain se extraem também algumas diretrizes metodológicas, derivadas das diretrizes pedagógicas fundamentais:

a) Negativas: não usar medo, castigo e dor para conduzir a criança; não tomar a criança como matéria a ser moldada e nem tentar fazer dele uma miniatura do adulto; evitar experiências descoordenadas sem direção educativa; evitar excesso de conteúdo;
b) Afirmativas: cada ação pedagógica deve ter fins claros; proceder do concreto ao abstrato, do simples ao complexo, do aprendido ao ainda não aprendido, do menos racional ao mais racional, com flexibilidade e respeito aos estágios de desenvolvimento da criança.
c) Além dessas, merece ainda destaque a importância dada à disposição gradual e hierárquica dos saberes e ao engajamento do professor na condução processo formativo.

Uma questão desde logo se coloca: como os princípios e diretrizes de uma pedagogia podem se transformar numa política educacional? Ou mesmo subsidiá-la? Decerto não há correspondência direta entre diretrizes pedagógicas e os elementos constitutivos do plano de uma política educacional. Esta mobiliza recursos humanos, materiais e técnicos segundo um plano estratégico com a finalidade de viabilizar e promover ações educativas capazes de beneficiar grupos ou populações. Por sua vez, as ações pedagógicas dirigem-se a indivíduos, isto é, pessoas humanas em processo de desenvolvimento, sobre as quais os professores agem diretamente para guiar sua formação. Entre essas duas formas de ação, política e pedagógica, são distintos os recursos, estratégias, objetivos e a natureza dos resultados. Possuem funções diferentes e não podem pretender substituir uma à outra. Daí decorre sua mútua implicação: por um lado, a política educacional requer uma pedagogia para que a ação propriamente educativa aconteça junto aos seus destinatários, além disso, deve ser uma pedagogia adequada aos objetivos pretendidos. Prescindir de uma pedagogia ou adotar uma pedagogia qualquer torna a política educativa ineficaz. Por outro lado, a pedagogia, para que desenvolva plenamente sua ação própria e alcance seus objetivos, requer recursos e pessoas adequadamente alocados, que a viabilizem e favoreçam.

Apesar de constituírem ações tão distintas, princípios e diretrizes pedagógicas podem fornecer indicativos e subsídios para o macroplano da política educacional, em especial para as etapas de definição do problema, formulação e avaliação. Podem fazê-lo de duas maneiras principais: indicando categorias de pensamento que, apesar de muitas vezes omitidas, devem ser de alguma forma contempladas pelas políticas educacionais e também oferecendo referências (ou pontos de comparação) como subsídio para a discussão dos objetivos e ações previstos por uma política.

O primeiro ponto a observar, nesse sentido, é que, não apenas a pedagogia, mas também a política pública educacional deve partir de adequadas concepções do ser humano e do processo educativo, em outros termos, concepções que compreendam verdadeiramente a realidade multidimensional do ser humano, especialmente sua realidade de pessoa humana, e que compreendam também a especificidade do processo educativo adequado à pessoa humana. Concepções distorcidas de um e de outro, ou concepções díspares, não poderão levar a bons resultados. Uma política que veja o educando como ente passivo a ser modelado para servir como mão de obra proverá meios e estratégias pedagógicas diferentes daqueles requeridos por uma política que vê no educando uma pessoa humana cuja natureza deve ser estimulada e orientada para um pleno desenvolvimento e cuja dignidade deve ser acima de tudo respeitada. Tomando como base o pensamento pedagógico humanista de Maritain, é necessário indicar que uma política pública educacional deve trabalhar com base no respeito à natureza de pessoa humana do educando e ao seu processo evolutivo. Isso porque a educação é a arte de cooperar com a natureza humana, devendo distanciar-se de todas as concepções que tomem o educando como ente passivo a ser modelado[6] ou que pretendam negar a especificidade dessa natureza.

Ainda tomando por base o pensamento de Maritain, uma proposta educacional compatível com a dignidade da pessoa humana deve possuir alguns determinantes mínimos:

a) Deve estar a serviço das pessoas humanas que são as suas destinatárias – sejam elas crianças, jovens ou adultos –, recusando-se a servir de instrumento para ideologias políticas ou religiosas, em aparelhos do Estado ou da sociedade civil;
b) Deve ter como objetivo o pleno desenvolvimento dessas pessoas humanas (o qual abrange a preparação para a vida social e econômica) sem desviá-lo para a preparação para o trabalho, ou para a apatia política, ou para servir a regimes políticos (por exemplo, como observado nos totalitarismos do século XX). O pleno desenvolvimento da pessoa humana implica libertar o espírito humano para o conhecimento, o amor e a busca pelo Absoluto.
c) A dignidade da pessoa humana requer também que o objetivo do pleno desenvolvimento seja estendido a todas as pessoas,

6 Nesse sentido, parece válido dispor de uma carta de direitos do educando, que, baseada numa concepção do ser humano e da educação adequada à realidade, oriente políticas educacionais e, principalmente, que estabeleça limites éticos, políticos e jurídicos para as ações dos professores, das escolas, das entidades mantenedoras e do Estado. Promulgada como norma legal ou como simples carta de princípios, poderia ser adotada por organizações educacionais públicas e privadas.

sem distinção de classe social, etnia, religião, ideologia ou costume. Isso pode concretizar-se por meio da oferta de educação escolar para crianças e jovens, estudos superiores para a formação técnica ou especializada e educação permanente para todos os demais interessados. Nesse sentido, deve ser compreendida a proposta de Maritain de educação liberal para todos.

O segundo ponto a observar, que se refere tanto à formulação quanto à avaliação de políticas educacionais, é a indispensável coerência entre premissas e objetivos, tanto quanto entre meios e fins. Coerência deve ser entendida como a compatibilidade e a correta concatenação de elementos conceituais, materiais, lógicos, cronológicos e propositivos. A coerência entre objetivos, estratégias pedagógicas, procedimentos, valores e fundamentos teóricos deve ser buscada em todas as etapas do processo didático-pedagógico: planejamento de atividades, escolha de materiais didáticos, elaboração de avaliações etc. De modo análogo, a coerência entre objetivos, recursos[7] e estratégias tem de estar presente em todas as etapas do ciclo da política educacional: decisão, planejamento, implantação, execução e avaliação. Além disso, deve haver coerência também entre a política educacional e a pedagogia proposta. Se a política não provê os meios necessários, a ação pedagógica não acontece. Se a ação pedagógica não se realiza de modo satisfatoriamente completo e tecnicamente suficiente, a política não atinge seus objetivos. Em se tratando de educação, a necessidade de coerência se torna um pouco mais exigente. O agente da educação é externo (o educador), mas é também interno (o

---

7 Inevitável observar que importa diretamente no planejamento e na implantação de políticas educacionais a qualificação dos professores. Estes devem estar capacitados para desenvolver ações pedagógicas que correspondam aos princípios e diretrizes pedagógicos tanto quanto aos objetivos da política, que, de resto, devem ser coerentes com os primeiros. As etapas de planejamento, implantação, execução e avaliação devem levar em consideração esse ponto.

educando); os recursos são externos (recursos didático-pedagógicos), mas também internos (as potencialidades do educando). A ação educativa é tanto exercida externamente, pelo educador, quanto internamente, pelo educando. O objeto da educação (educando), o objetivo maior da educação (realização do educando) e seu beneficiário maior (o próprio educando) se identificam quando a educação é concebida como arte de cooperar com o desenvolvimento da pessoa humana. Ao contrário, objeto, objetivo e beneficiário se segregam irreconciliavelmente se a educação for concebida como preparação apenas para o trabalho ou, pior, como submissão a objetivos de um terceiro, seja ele um líder político, o Estado ou as forças políticas e sociais dominantes. Da primeira concepção resulta a libertação da pessoa, da segunda resultam formas variadas de servidão. A dignidade intrínseca à pessoa humana é incompatível com quaisquer formas de servidão. Em quaisquer níveis, a obra educativa requer coerência com a natureza e a dignidade da pessoa humana.

O último ponto que cumpre observar é a questão dos indicadores dos resultados obtidos pela implantação e execução da política educacional. Além dos indicadores quantitativos e qualitativos normalmente considerados pelas políticas educacionais (destinatários efetivamente atendidos; agentes efetivamente participantes; atividades regulares efetivamente realizadas; recursos efetivamente utilizados; cronograma cumprido; indicadores de desempenho escolar e outros), devem ser considerados também os indicadores relacionados ao desenvolvimento integral do educando.

Os resultados esperados de uma política educacional que, apesar de focalizar em problemas específicos, esteja fundamentada numa concepção de educação integral consistem principalmente em possibilitar que a criança, o adolescente e o jovem experimentem, realizem e adquiram as capacidades que sua natureza humana lhes proporciona em cada etapa do desenvolvimento e que evoluam para as etapas posteriores, na direção de seu pleno desenvolvimento. Por sua vez, os indicadores da obtenção dos resultados consistem na manifestação de características físicas e mentais, de comportamentos e na realização de ações que demonstrem a aquisição das capacidades naturais e sua utilização sadia. A criança deve apresentar sua imersão natural no universo da imaginação, bem como sua vitalidade, intuitividade, atração pela beleza, a apreensão dos objetos e valores do mundo natural e social, o desenvolvimento das habilidades racionais e das forças morais, bem como a transição para etapas posteriores. O adolescente, por sua vez, deve apresentar impulso e tendência naturais para a busca da compreensão ampla das coisas e para a verdade, a inteligência e a capacidade de raciocínio, agudos e imaturos, mas capazes de desenvolver-se até atingir a reflexão crítica. Deve também chegar a apreender a beleza e a emoção da arte, a verdade proporcionada pela ciência e pela filosofia, experimentar a virtude, os valores e os ideais éticos, ampliar compreensão da vida em sociedade. E ainda desenvolver seu livre-arbítrio e adquirir as bases da conduta autônoma fundada na vida intelectual. Finalmente, deve experimentar a aspiração pela independência dos condicionantes e pela união ao Transcendente. O jovem, vivenciando a transição para a vida adulta, deve manifestar maior força e capacidade de inteligência e de conhecimento, valorização e busca da verdade, maior sensibilidade artística, capacidade de livre arbítrio e de conduta autônoma e aspiração pelo Transcendente, bem como manifestar a confiança resultante da posse dessas capacidades e as aspirações pela realização de um projeto de vida e pelo engajamento na vida social, política e cultural.

Esses indicadores têm objetividade e podem ser obtidos no plano pedagógico, por meio de atividades que envolvam a pluralidade das dimensões humanas e favoreçam as manifestações individuais. No plano das políticas educacionais, podem ser considerados como indicadores de desenvolvimento humano, a serem avaliados ao lado dos indicadores de aprendizagem, nunca submetidos a eles. O trabalho de tipificação dos comportamentos, expressões e desempenho de habilidades que permita a elaboração de um sistema estruturado desses indicadores e que permita inclusive sua descrição por meio de escalas é trabalho a ser realizado por uma equipe de pedagogos, psicólogos, especialistas em saúde e desenvolvimento, sociólogos e filósofos. As dimensões da tarefa excedem as possibilidades deste trabalho.

5.3.4 A questão dos meios na política educacional

A educação, sendo obra prática humana, está essencialmente ligada à ética em todos os seus níveis, incluindo os níveis da teoria e da prática pedagógicas e o nível da política educacional. Nesses dois, entre numerosas outras questões, coloca-se como relevante a questão dos meios. Sinteticamente, esta pode ser descrita pelas perguntas: Que meios podem ser utilizados para a consecução de uma obra educativa? Que meios são bons, e quais são nocivos para a obra educativa?

A filosofia de Maritain traz algumas contribuições para iluminar essa discussão, originalmente desenvolvidas para o campo da política, com o que denomina "Doutrina dos meios" (MARITAIN, 1933b; MARITAIN, 1947a; MARITAIN, 1944; MARITAIN, 1953):

> Não é um axioma universal e inviolável, um princípio fundamental evidente, que os meios devem ser proporcionados e apropriados ao fim, porque são as *vias para o fim* e, de certa forma, o próprio fim em devir? Tanto que empregar meios intrinsecamente maus para atingir um fim intrinsecamente bom é um erro e um contra-senso. Sim, nós sabemos disso, mesmo sem a ajuda das notáveis obras de Aldous Huxley. E sabemos também que os homens, em seu comportamento prático, não deixam, em geral, de desprezar esse axioma evidente e venerável, em particular em tudo aquilo que toca à política (MARITAIN, 1953, p. 49-50, grifado no original).
>
> É antes de tudo à questão da *hierarquia dos meios* que se relaciona essa doutrina. Ela repousa sobre o axioma *a ordem dos meios corresponde à ordem dos fins*. Ela requer que um fim digno do homem seja buscado

> por meios dignos do homem. Ela insiste primeiramente sobre a vontade positiva de suscitar meios, não somente bons em geral, mas verdadeiramente proporcionados a seu fim, portando verdadeiramente em si a marca e o selo de seu fim; meios nos quais essa justiça que é da essência do bem comum, e esta santificação da vida profana que se relaciona à perfeição do bem comum se encontrem efetivamente na obra (MARITAIN, 1953, p. 57, grifos no original).

Nos trechos citados, extraídos de seu livro mais amadurecido sobre a política, Maritain sintetiza seu posicionamento sobre o tema. É perfeitamente possível transpor esse conceito para a área da educação. No campo das teorias e das práticas pedagógicas, desde que o fim seja um bem para seu destinatário (mais uma vez, tudo depende da concepção de ser humano e de educação), os meios a serem mobilizados para realizá-lo devem ser, além de proporcionados e adequados, também intrinsecamente bons. Isso significa que não se fará adequada pedagogia utilizando medo, violência, castigos, intimidações e humilhações, tão frequentes na escola da primeira metade do século XX, dos quais ainda hoje se veem alguns resquícios. Só meios bons, isto é, lastreados nos valores éticos, nas virtudes pessoais e no respeito à pessoa humana que é o educando, podem trazer resultados bons. Se a criança aprende para satisfazer a um adulto que lhe traz medo ou faz ameaças, esse aprendizado representará, na menos ruim das hipóteses, apenas uma fonte de desprazer que tende a ser esquecida assim que as ameaças cessarem. Além disso, não será possível ensinar valores éticos praticando contravalores em sala de aula. Humilhações não produzem autoconfiança em quem ainda não a tem, e castigos dificilmente produzirão colaboração.

No campo das políticas educacionais, marcado por conflitos de interesses e disputas pelo poder, a adequação ética entre meios e fins é igualmente necessária. Mentiras, propaganda enganosa, fraudes e corrupção não produzem credibilidade, nem cooperação, nem atraem aliados. Qualquer política implantada por meio dessas práticas será alvo de desconfiança e evasivas e dificilmente produzirá em plenitude os objetivos almejados. No campo das disputas políticas, são necessárias estratégias, negociações e acordos de acomodação de interesses para construir consensos, maiorias ou apoios. Fazê-lo é próprio da ética política, que é distinta da ética das ações individuais (MARITAIN, 1944, p. 194). Entretanto, a política nunca pode ser concebida como separada da ética nem perder de vista seu fim, que é o bem comum. Por conseguinte, a bondade dos meios é requisito para consecução de bons fins: "[...] não é nunca permitido fazer o mal tendo em vista um bem, qualquer que seja ele" (MARITAIN, 1944, p. 195). Maritain justifica com uma explicação metafísica: o mal perpetrado pelo maquiavelismo político pode trazer sucesso imediato, mas nunca uma vitória real e duradoura, pois sua ação destrói o ser e o bem dos objetivos a serem buscados (MARITAIN, 1944, p. 199), sendo incapaz de construir qualquer coisa durável. Por isso o bem comum, buscado em seus aspectos específicos por políticas educacionais, não pode ser realizado por meios que não sejam bons.

O terceiro aspecto dessa questão decorre do que foi exposto acima e nas páginas anteriores. Uma política pública, ao ser enunciada e proposta, em geral enfrenta oposição e resistências, relacionadas à diversidade de interesses das forças em conflito. Parece natural que, buscando a efetivação do projeto nas instâncias políticas, se negociem adaptações e acomodações. Por outro lado, a necessária coerência entre premissas e objetivos e entre meios e fins alerta para o fato de que tais negociações e acomodações podem introduzir concepções equivocadas de ser humano e de educação, ou mesmo a adoção de meios incompatíveis com a ética e a dignidade da pessoa humana, distorcendo e comprometendo a obra educativa buscada. Outro lado desse problema é a provável discordância entre grupos cultural e politicamente divergentes sobre os fundamentos das propostas, ou melhor, sobre as concepções de ser humano, de seu fim último e, consequentemente, sobre a natureza e objetivos da educação. É inevitável a questão: uma política educativa pode ser negociável? Até que ponto? Como propor uma política educacional se parte do corpo político ou das populações beneficiárias discordar de seus fundamentos e objetivos? O pensamento de Maritain proporciona algumas indicações para responder a essas questões, presentes em sua obra política e em sua obra educacional.

Discutindo o caráter e as instituições dos regimes democráticos, Maritain alerta para uma oposição que pode se tornar problemática. Sociedades democráticas devem reconhecer que são constituídas por pessoas que pertencem a afiliações religiosas, filosóficas e culturais muito diferentes, que influenciam perspectivas e comportamentos individuais e coletivos. Não obstante, essas pessoas devem colaborar entre si e contribuir para a vida comum e para o bem comum dessa sociedade. Um dos equívocos das democracias burguesas ocidentais dos séculos XIX e XX foi crer que a completa neutralidade seria uma resposta válida a essa dificuldade. Neutras até mesmo no que tange à liberdade, tais democracias eram destituídas de um pensamento comum, que lhes permitisse resistir às forças desintegradoras de seus inimigos (MARITAIN, 1953, p. 101-102). Diametralmente oposta foi a resposta dos Estados totalitários, ao impor suas doutrinas políticas como única opção de pensamento a seus cidadãos. Maritain repudia essa conduta como inaceitável: "Uma democracia autêntica não pode impor a seus cidadãos ou exigir deles, como condição de seu pertencimento à cidade, um credo filosófico ou religioso" (MARITAIN, 1953, p. 102).

A resposta de Maritain a essa questão é o estabelecimento de um "pacto fundamental de uma sociedade de homens livres" (MARITAIN, 1953, p. 104), ou seja, um acordo prático sobre as bases da vida comum[8]:

---

8 O tema do acordo prático como fundamento da sociedade democrática aparece, na obra de Maritain, em diversos textos de diferentes momentos históricos. A primeira abordagem aparece em *Principes d'une Politique Humaniste* (1944), no ensaio

> Uma democracia autêntica implica um acordo fundamental de espíritos e de vontades sobre as bases da vida comum; ela é consciente de si mesma e de seus princípios, e deve ser capaz de defender e de promover sua própria concepção da vida social e política, *ela deve trazer em si um credo humano comum, o credo da liberdade* (MARITAIN, 1953, p. 101-102).

O acordo em questão é prático, isto é, refere-se principalmente à esfera da ação. As justificativas racionais que o fundamentam pertencem à esfera das convicções filosóficas e religiosas que, sendo distintas, não alcançarão consenso. Não obstante, podem produzir conclusões práticas ou pontos de convergência práticos sobre os quais a vida comum, a comunhão nacional e a paz civil se viabilizem:

> Assim ocorre que homens situados em perspectivas metafísicas ou religiosas diferentes, mesmo opostas, possam, não em virtude de alguma identidade de doutrina, mas em virtude de similitude analógica nos princípios práticos, se encontrar nas mesmas conclusões práticas e compartilhar a mesma "fé" secular prática, posto que reverenciam semelhantemente, possivelmente por razões diferentes, a verdade e a inteligência, a dignidade humana, a liberdade, o amor fraternal e o valor absoluto do bem moral (MARITAIN, 1953, p. 103).

O acordo prático é um pacto, expresso na forma de uma "carta democrática" (MARITAIN, 1953, p. 104) à qual os cidadãos devem aderir livremente. Os preceitos de moralidade social e política, bem como os valores nela contidos, devem ser em si mesmos verdadeiros (MARITAIN, 1953, p. 104) e podem ser justificados sobre bases religiosas e filosóficas distintas. Justificativas teóricas não poderão ser assumidas nem exigidas pelo Estado, somente o serão as ações

---

Qui est mon prochain?. Em 1947, Maritain retoma o tema no discurso de abertura da Segunda Conferência Internacional da UNESCO, realizada no México. Sob o título *Les possibilités de coopération dans um monde divisé*, esse texto foi publicado no livro *Le Philosophe dans la cité* (1960). Em 1951, o tema é desenvolvido em *Man and State*. Finalmente, o tema é retomado no capítulo IV do livro *Le Paysan de la Garonne* (1966). As dificuldades do tema, entretanto, parecem não ter sido superadas. Uma abordagem crítica do tema foi feita por Adolpho Crippa, no ensaio *A possibilidade de um acordo prático entre os homens*, publicado em 1975 num número especial da Revista Convivium (ano XV, v. 16, n. 5), dedicado a Jacques Maritain.

práticas resultantes, fixadas pelas leis. O conteúdo dessa carta, assumida pelo pacto, é descrito em linhas gerais pelo autor:

> Uma tal carta conteria, por exemplo, os pontos seguintes: direitos e liberdades da pessoa humana, direitos e liberdades políticas, direitos sociais, liberdades sociais e responsabilidades correspondentes; direitos e deveres das pessoas na sociedade familiar, liberdades e obrigações desta perante o corpo político; direitos e deveres mútuos dos grupos e do Estado; governo do povo, pelo povo e para o povo; funções da autoridade numa democracia política e social; obrigação moral, vinculando em consciência, diante de leis justas e da Constituição que garante as liberdades do povo; exclusão do recurso à violência ou aos golpes de Estado numa sociedade que é verdadeiramente livre e regida por leis cuja mudança e evolução dependem da maioria popular; igualdade humana, justiça entre as pessoas e o corpo político, justiça entre o corpo político e as pessoas, amizade civil e ideal de fraternidade, liberdade religiosa, tolerância mútua e respeito mútuo entre as diversas comunidades espirituais e escolas de pensamento, devotamento cívico e amor pela pátria, respeito à sua história e à sua herança e compreensão das tradições variadas que contribuíram para criar sua unidade; obrigações de cada pessoa para com o bem comum do corpo político e obrigações de cada nação para com o bem comum da sociedade civilizada; necessidade de tomar consciência da unidade do mundo e da existência de uma comunidade dos povos (MARITAIN, 1953, p. 104-105).

Como se pode observar, a carta democrática proposta não é neutra nem vazia de valores e de opções, antes, possui um conteúdo nitidamente vinculado aos valores da tradição democrática, do constitucionalismo e dos direitos humanos. Corresponde, como não poderia deixar de ser, à teoria maritainiana da política personalista, da democracia e do bem comum. Também pode ser justificada por diferentes tradições filosóficas, religiosas e políticas. Permanece, porém, incompatível com a tirania, com o totalitarismo e, de modo geral, com as linhas de pensamento que não reconhecem o valor e a dignidade da pessoa humana.

A possibilidade de um acordo em torno de pontos práticos, capaz de unir uma sociedade democrática e afastar conflitos violentos, não é insusceptível a críticas. Pode-se questionar sua viabilidade concreta, que, apesar de múltiplas tentativas de organizações como a ONU, não foi alcançada historicamente no século XX. As contínuas divergências em torno da Declaração Universal dos Direitos Humanos da ONU fornecem eloquente testemunho das dificuldades. Pode-se questionar também em que medida um acordo prático poderia prescindir de princípios teóricos – ontológicos, epistemológicos e éticos. Pode-se ainda perguntar quanto tempo perduraria um acordo como esse e como poderia ser renovado em diferentes momentos históricos. Mesmo colocando reparos ao otimismo que dá origem a essa proposta, cabe destacar que se trata de uma solução contratada entre forças políticas e sociais que podem divergir até o ponto de deflagrar violência. O pacto não suprime o tema da verdade nem ignora sua importância, mas, reconhecendo a impossibilidade de consenso em torno dele, o desloca para a periferia da questão, mantendo no centro objetivos de paz, concórdia e convivência social. Quais seriam as alternativas a tal pacto: a imposição? A violência? A propaganda? A história mostra que pactos não perduram indefinidamente e não podem impedir as guerras. Mas os pactos constituem soluções possíveis para alcançar consensos limitados.

Como essas ideias podem contribuir para as questões em torno das políticas públicas educacionais? A ideia proposta por Maritain de um acordo em torno de princípios práticos, que prescinde de justificativas como forma de viabilizar consensos limitados, constitui solução válida para duas classes de problemas na formulação e na implantação das políticas educacionais. Na primeira classe, situam-se os problemas da disputa política em torno de interesses específicos, que pressionam por alterações orçamentárias e adaptações nas políticas propostas, que arriscam desfigurá-las e torná-las inócuas. Na segunda classe, situam-se os problemas derivados do conflito de concepções de ser humano, sociedade, escola e ética. Conflitos em torno de temas como reprovação, educação política, inclusão, educação sexual, respeito à diversidade de gênero e identidade e até mesmo os objetivos da educação escolar, entre outros, frequentemente opõem famílias e sistema educacional, famílias e professores, sistema educacional e professores. A realização de acordos com base em um conjunto fixo de crenças práticas comuns e de objetivos de aceitação comum, tendo como objeto elementos concretos das políticas educacionais, expressos em termos e condições transparentes, pode representar solução efetiva – sem dúvida parcial e temporária – para dissensos e disputas em torno da formulação e da implantação de políticas públicas. As vantagens residem na transparência, que é geradora de credibilidade; no diálogo, que pode gerar cooperação e minimizar resistências; e, principalmente, na substituição de expectativas amplas e muitas vezes quiméricas (como o já mencionado mito redentor da educação e as crenças que, em geral, se associam a ele) por perspectivas reais e planos de ação concretos.

As considerações feitas nesta seção, embora menos alentadas e aprofundadas que o requerido pela importância do tema, indicam com clareza que a obra filosófica de Jacques Maritain pode fornecer contribuições de valor para o pensamento acerca de políticas educacionais, em especial no que se refere a sua análise e proposição. Não se trata, como exposto, de buscar um projeto de política educacional dentro da obra filosófica do pensador francês, nem de substituir categorias das ciências sociais por categorias filosóficas. Trata-se, sobretudo, de, buscando pensar políticas educacionais a partir da integralidade da pessoa humana, indicar categorias filosóficas, conceitos, diretrizes e realidades concretas que possibilitem tornar mais completo – e, portanto, mais efetivo para conhecer o real e para intervir sobre ele – o quadro de ferramentas para análise e proposição de políticas educacionais.

CONCLUSÃO

Tema sempre candente e inevitavelmente eivado de conotações políticas e ideológicas, as políticas públicas educacionais são objeto de enorme produção acadêmica e de intensas discussões. Sobre elas, em geral, repousam as esperanças da sociedade brasileira de obter soluções para problemas recorrentes, bem como de obter progresso efetivo na situação educacional do país.

Apesar dos elevados valores e relevantes propósitos, as políticas públicas educacionais brasileiras padecem com falhas e lacunas abundantemente registradas pela literatura especializada: incongruência entre objetivos, recursos e estratégias, finalidades estreitas, pressões políticas, descontinuidades na implantação e execução. De outro lado, a literatura crítica que analisa e discute as políticas educacionais brasileiras também mostra suas falhas: insuficiente embasamento ontológico e epistemológico, teorização superficial, referências abstratas aos agentes, destinatários, beneficiários e ao contexto sociopolítico e cultural. O exame de alguns trabalhos e também as considerações críticas de Mainardes, Ball e Schneider tornam patente a necessidade e a ausência de abordagem filosófica que potencialize e aprofunde a crítica e que permita direcionar a proposição de políticas.

Com o propósito geral de contribuir por meio da abordagem filosófica para o tratamento do problema, este trabalho investigou, a partir do pensamento filosófico e filosófico-educacional de Jacques Maritain, categorias e conceitos que permitem derivar diretrizes, indicações e critérios objetivos capazes de contribuir para a análise, o planejamento e a avaliação de políticas públicas educacionais.

Da análise dos textos maritainianos sobre a pessoa humana e a educação emergem as categorias de:

I. Pessoa Humana: totalidade independente capaz de se autoconduzir pela inteligência e pela vontade, cuja dignidade é absoluta e deve ser respeitada pela sociedade, pelo Estado e por todas as instituições;

II. Inteligência: faculdade do espírito humano de apreensão do ser das coisas, elabora conhecimentos e alcança a verdade. Necessita desenvolver-se de forma reta e adequada para alcançar a plenitude de suas capacidades;

III. Vontade: entendida como apetição radical inerente ao ser humano, livre e sensível às indicações da razão.

IV. Liberdade interior: a ser conquistada pela pessoa humana em seu processo de desenvolvimento. Alicerça-se na liberdade de escolha (livre-arbítrio); estende-se como liberdade de independência, que permite conduta livre fundada na inteligência e no amor; por fim, impulsionada pelas aspirações naturais e transnaturais do ser humano, busca a autonomia completa e a liberdade da vida divina.

V. Educação: entendida como arte de cooperar com a natureza humana, visando o desenvolvimento de cada indivíduo. Requer, por isso, relacionar-se com a totalidade das dimensões constitutivas da pessoa humana. Deve ser pensada sempre como educação integral.

Essas categorias, eminentemente filosóficas, estão voltadas para a compreensão profunda do ser humano, entendido como pessoa dotada de inteligência e vontade, capaz de empreender uma vida livre por meio do conhecimento e do amor. A pessoa humana, entretanto, não nasce com posse da plenitude de suas potencialidades e, em seu desenvolvimento, pode desviar-se ou deter-se num estágio de desenvolvimento parcial. Daí a necessidade universal da educação, entendida como educação integral, isto é, aquela que favorece o desenvolvimento da pessoa em todas as suas dimensões constitutivas. Nesse sentido, o fim primeiro e mais importante da educação é o desenvolvimento da pessoa humana; a qualificação para o trabalho e para a cidadania colocam-se como fins secundários e derivados do primeiro.

Para alcançar tais fins, a proposta educativa de Maritain baseia-se nas disposições naturais fundamentais do ser humano, que devem ser favorecidas pela educação:

i. O amor pela verdade, que é a tendência primordial de toda natureza intelectual;
ii. O amor pelo bem, pela justiça e pelos atos heroicos;
iii. A simplicidade e abertura com relação à existência;
iv. O senso do trabalho bem-feito, responsabilidade com relação à obra a fazer;
v. O senso de cooperação com relação a outras pessoas.

Sobre essas disposições fundamentais, Maritain erige quatro regras fundamentais, que sintetizam sua concepção da educação:

1ª – Encorajar e favorecer as disposições fundamentais (acima indicadas) que permitem ao educando crescer na vida do espírito;
2ª – Centrar a atenção sobre as profundezas interiores da personalidade e de seu dinamismo espiritual pré-consciente;
3ª – Dedicar a obra inteira da educação e do ensino a assegurar e nutrir a unidade interior do ser humano;
4ª – Favorecer a libertação do espírito pelo domínio da razão sobre as coisas aprendidas.

Finalmente, em consonância com as regras gerais e visando guiar a ação pedagógica, Maritain estabelece diretrizes metodológicas gerais para o ensino:

a) Proceder do concreto ao abstrato, do simples ao complexo, do já aprendido para o que ainda não foi aprendido, do menos racional para o mais racional, respeitando os estágios de desenvolvimento da criança, com flexibilidade no planejamento e execução dos programas;
b) Engajamento do mestre na condução do processo formativo e em cuidados constantes no relacionamento com os educandos;
c) Disposição progressiva e hierárquica dos saberes, coerente com os princípios anteriores, proposta como estrutura de uma nova educação liberal;
d) Cada ação pedagógica deve ter fins claros, ordenados ao fim geral, bem como aos valores finais da educação.

Para dar um corpo organizado a essa proposta educativa, Maritain divide o processo educativo em três etapas:

1ª etapa – Educação elementar, para crianças entre seis e doze anos;
2ª etapa – Ensino das humanidades, dividido em artes pré-liberais, dos treze aos quinze anos, e artes liberais, dos dezesseis aos dezenove anos, para a qual estrutura um currículo razoavelmente detalhado;
3ª etapa – Estudos superiores sob as formas alterativas de estudos universitários ou de estudos profissionais superiores.

Cabe ressaltar que as duas primeiras etapas se destinam a todos, uma vez que são todos pessoas humanas. Os estudos superiores destinam-se aos jovens vocacionados e capacitados para se dedicarem a eles.

A proposta educativa de Maritain consiste, então, em favorecer o pleno desenvolvimento da pessoa humana por meio do favorecimento guiado de suas tendências naturais, em que inteligência e vontade sustentam por meio do conhecimento e do amor o percurso para a conquista da liberdade da pessoa individual. A libertação da pessoa humana significa, em primeiro lugar, a preponderância da inteligência e da vontade livre sobre instintos e desejos e, de forma superior, a libertação do espírito pela inteligência capaz de conhecer o ser e a verdade, pelo amor capaz de doar-se e pela comunhão com o Transcendente.

Levados para o campo das políticas públicas educacionais, normalmente delimitado por categorias das ciências sociais e humanas, as categorias e conceitos filosóficos permitem abordagens distintas de realidades que são comumente descritas tão somente pelos procedimentos científicos. Em vez de descrever as realidades no nível fenomênico, as categorias filosóficas pretendem descer até a natureza essencial das mesmas, reconhecendo que a existência individual porta a tendência e a postulação de alcançar a plenitude de sua natureza. Essa abordagem permite, portanto, uma compreensão mais profunda e mais completa (porém nunca exaustiva) das realidades que constituem a pessoa humana e a educação e, por isso, uma compreensão mais verdadeira. Categorias e conceitos filosóficos não substituem categorias e conceitos das ciências naturais, humanas e sociais, nem com eles se fundem, devido às diferenças metodológicas e ontológicas de suas bases. Ressalvada a ausência de homogeneidade entre filosofia e ciência, a associação de ambas – tensa, dialogal e profícua – contribui para dar maior acuidade às análises e mais profundidade na proposição de políticas públicas educacionais.

Nesse sentido, as categorias e conceitos filosóficos permitem derivar diretrizes e apontamentos que se somam produtivamente ao ciclo das políticas públicas educacionais formulado pelas ciências sociais – estruturado nas etapas de decisão, proposição, implementação, execução e avaliação –, contribuindo para construir um ferramental mais amplo e preciso. As diretrizes e indicações daí obtidas podem ser resumidas nos itens que se seguem:

1) Todas as análises, decisões sobre problemas, proposição de objetivos, ações e critérios de avaliação de resultados integrantes de uma política educacional, sejam de escopo amplo ou restrito, devem situar-se no campo delimitado pelas categorias e diretrizes derivadas da concepção integral da pessoa humana e relacionar-se direta ou indiretamente com elas. Em outras palavras, embora políticas públicas educacionais pretendam, em geral, organizar recursos e ações para obtenção de resultados desejados numa situação problemática, é indispensável a contribuição de uma filosofia da pessoa humana e da educação para a formulação das políticas tanto quanto para sua análise.
2) Em razão da constituição multidimensional dos seres humanos, em que se destaca sua realidade de pessoa, políticas educacionais devem orientar-se para a educação integral e, ainda quando possuem escopo restrito e específico, devem estruturar suas ações como inseridas na perspectiva ampla da educação integral.
3) A educação integral deve ser compreendida como o percurso formativo voltado para o pleno desenvolvimento da pessoa humana, tomada na integralidade e multidimensionalidade de seu ser. Embora centrada na instituição escolar, a educação integral recebe indispensável colaboração de outras instituições, como a família, o Estado, associações culturais e agremiações religiosas. Assim compreendida, a educação integral distingue-se da educação escolar oferecida em tempo integral e da rede de proteção social da criança, frequentemente designadas por "educação integral" na literatura contemporânea, cuja necessidade e contribuição são inegáveis como meios para a realização da educação integral propriamente dita.
4) Políticas educacionais coordenam estratégias, recursos e ações para a resolução de problemas. Por isso atuam, quase sempre,

no nível macroestrutural do sistema educacional e necessitam de uma pedagogia adequadamente desenvolvida que lhes permita realizar-se no ambiente escolar, por meio de atividades didático-pedagógicas concretas. Políticas educacionais requerem as atividades concretas da pedagogia, e esta, por sua vez, requer a sustentação material e organizacional da política.

5) Políticas educacionais devem buscar continuamente a manutenção da coerência entre problemas, objetivos, estratégias, recursos, ações e critérios avaliativos, em outras palavras, a compatibilidade e a correta concatenação de elementos conceituais, materiais, lógicos, cronológicos e propositivos entre seus fins e seus meios.
6) A coerência entre fins e meios abrange a dimensão da eticidade. Fins e meios devem ser bons, isto é, devem representar um bem para seus destinatários, além de serem eticamente justos e lícitos. Fins eticamente justificáveis requerem meios eticamente justificáveis para sua realização efetiva.

A tese que este trabalho procura sustentar afirma que as categorias filosóficas Pessoa Humana, Inteligência, Vontade, Liberdade e Educação, apreendidas no conjunto do pensamento filosófico de Jacques Maritain, permitem derivar diretrizes e indicações passíveis de integração aos instrumentos conceituais das políticas públicas educacionais, ampliando-os e aprofundando-os, de modo que, aplicados principalmente à análise e à proposição de políticas, possibilitem um conhecimento mais amplo, completo e preciso, virtualmente mais efetivo para intervir sobre as situações problemáticas singulares escolhidas como objeto de tais políticas, além de mais adequados à interação com pessoas humanas, que são os destinatários, agentes e beneficiários das políticas educacionais.

Cumpre realizar uma breve avaliação dos resultados obtidos. As categorias e conceitos filosóficos extraídos do pensamento de Jacques

Maritain são conhecidos dos especialistas, mas frequentemente interpretados com superficialidade nos meios acadêmicos. Procurou-se, neste trabalho, caracterizá-los com a precisão desejável e necessária para poder operar com eles sem trair seu autor. Espera-se haver alcançado razoavelmente esse propósito.

Uma pequena, mas real, contribuição, resultante da fundamentação das discussões deste trabalho no pensamento maritainiano, é voltar a lançar luz e afirmar o valor de um autor cujo pensamento pode não apenas inspirar com seu humanismo, mas principalmente instrumentalizar e potencializar, com sua filosofia, as reflexões sobre a educação contemporânea. Indevidamente esquecido nos meios acadêmicos brasileiros, devido a interpretações equivocadas e usos políticos sofridos no passado, é certamente oportuno retomar no tempo presente o pensamento de Maritain e, a partir dele, voltar a estranhar certezas inquestionadas e hábitos arraigados.

A derivação de diretrizes e indicações a partir das categorias e conceitos maritainianos, que se apresenta como ferramental para a análise e proposição de políticas públicas educacionais, representa uma empreitada susceptível de ampliação, aprofundamento e, provavelmente, de ajustes. Com efeito, o desdobramento de conceitos em indicações e critérios objetivos, aplicáveis a diferentes situações escolares e a grupos culturalmente distintos requer maior desenvolvimento, especialmente para o nível das atividades pedagógicas. Desse desenvolvimento depende, em parte, o valor das contribuições buscadas para a análise e proposição de políticas públicas educacionais. Trata-se de tarefa factível, que os limites deste trabalho forçam a deixar para empreitadas futuras.

REFERÊNCIAS

ABBAGNANO, Nicola. *Dicionário de filosofia*. Trad. Alfredo Bosi e Maurice Cunio. 2. ed. São Paulo: Mestre Jou, 1982.

ABREU, Jayme. "Atualidade de John Dewey". *Revista Brasileira de Estudos Pedagógicos*, MEC/INEP, XXXIV (89): 8-16, out.-dez. 1960.

AGOSTINIS, S. *et al. Jacques Maritain e il pensiero contemporâneo: il destino dell'uomo e l'esigenza della verità*. Curadoria e introdução de M. L. Buscemi e P. Rizzuto. Milão: Massimo, 1985 (Problemi del nostro tempo, 65).

AGOSTINHO, Santo. *Confissões*; *De Magistro* (*Do Mestre*). 2. ed. São Paulo: Abril Cultural, 1980 (Os Pensadores).

ALMEIDA, Phillipe Oliveira. "Lima Vaz: hegeliano ou tomista?". *In*: FERREIRO, Héctor; HOFMANN, Thomas Sören; BAVARESCO, Agemir (orgs.). *Os aportes do itinerário intelectual de Kant a Hegel: Comunicações do I Congresso Germano-Lationamericano sobre a filosofia de Hegel*. Porto Alegre, EDIPUCRS: Editora Fi, 2014, p. 1171-1192 (Série Filosofia, 225).

ALVES, Alexandre. "A tradição alemã do cultivo de si (*Bildung*) e sua significação histórica". *Educação & Realidade*, 44 (2): e83003, 2019 (Porto Alegre).

ALVES, Francisco Marcos. "Educação e transformação da sociedade". *Revista Educação Pública*, 20 (34), 8 set. 2020. Disponível em: <https://educacaopublica.cecierj.edu.br/artigos/20/34/educacao-e-transformacao-da-sociedade>. Acesso em: 6 ago. 2021.

AMADO, Casimiro Manuel Martins. *História da pedagogia e da educação: guião para acompanhamento das aulas*. Évora: Universidade de

Évora, 2007. Disponível em: <http://home.dpe.uevora.pt/~casimiro/HPE-%20Guiao%20-%20tudo.pdf>. Acesso em: 20 nov. 2018.

ARISTÓTELES. *Política*. Ed. bilíngue. Lisboa: Veja, c1998.

ARMAO, G. *et al. Jacques Maritain protagonista del XX secolo*. Curadoria de Rossana Carmagnani e Patrizia Rizzuto. Milão: Massimo, 1984 (Problemi del nostro tempo, 60).

AYUSO, Miguel. "Los antimairainianos de la rive droite". *Verbo: revista de formación cívica e de acción cultural, según el derecho natural e Cristiano*, (529-530): 839-874, 2014. (Madrid). Disponível em: <https://dialnet.unirioja.es/servlet/articulo?codigo=6133124>. Acesso em: 8 set. 2021.

BACZINSKI, Alexandra Vanessa de Moura *et al. A implantação da pedagogia histórico crítica no Paraná: considerações a partir de uma atividade de extensão*. Disponível em: <http://www.histedbr.fe.unicamp.br/acer_histedbr/jornada/jornada11/artigos/5/artigo_simposio_5_600_alexandra.vanessa@hotmail.com.pdf>. Acesso em: 16 dez. 2018.

BALL, Stephen. "Sociologia das políticas educacionais e pesquisa crítico-social: uma revisão pessoal das políticas educacionais e da pesquisa em política educacional". *In*: BALL, Stephen; MAINARDES, Jefferson (orgs.). *Políticas educacionais: questões e dilemas*. 1.ed., 5. reimp. São Paulo: Cortez, p. 21-53, 2011a.

______. "Intelectuais ou técnicos? O papel indispensável da teoria nos estudos educacionais". *In*: BALL, Stephen; MAINARDES, Jefferson (orgs.). *Políticas educacionais: questões e dilemas*. 1.ed., 5. reimp., São Paulo: Cortez, p. 78-99, 2011b.

BARRÉ, Jean-Luc. *Jacques et Raïssa Maritain, les mendiants du ciel*. Paris: Stock, 1996.

BARS, Henry. *Maritain em notre temps: essai*. Paris: B. Grasset, 1959.

______. *La politique selon Jacques Maritain*. Paris: Les Éditions Ouvrières, 1961 (Collection Points d'Appui).

BARS, Henry. "Introduction – Note sur le choix et présentation des oeuvres – Chronologie – Bibliographie". *In*: MARITAIN, Jacques. *Oeuvres* (1912-1939). Escolha, apresentação e notas por Henry Bars. Bruges: Desclée de Brouwer, 1975, p. 7-67 (Bibliothèque Européenne).

BERNARDO, Hector et al. *Estudos sobre Jacques Maritain*. Recife: Tradição, 1944.

BEUCHOT, Mauricio. "Actualidad de la filosofia tomista en la posmodernidad". *In*: SANTOS, Ivanaldo (org.). *Estudos tomistas para o século XXI*. João Pessoa: Ideia, 2013, p. 22-30.

BOBBIO, Norberto. *O futuro da democracia*. Rio de Janeiro: Paz e Terra, 2006.

BORGES, Liliam Faria Porto. "A análise das políticas educacionais brasileiras de 1995 a 2002 e o Marxismo – hipóteses sobre Frigotto, Gentili e a social-democracia". *In*: COLÓQUIO INTERNACIONAL MARX ENGELS, 5, 2007, Campinas. *Anais*. Campinas: Unicamp, 2007. "Comunicações". GT 5: "Educação, capitalismo e socialismo". Disponível em: <http://www.unicamp.br/cemarx/anais_v_coloquio_arquivos/arquivos/comunicacoes/gt5/sessao2/Liliam_Borges.pdf>. Acesso em: 17 out. 2017.

BOTO, Carlota. "A educação escolar como direito humano de três gerações: identidade e universalismos". *Educação e Sociedade*, Campinas, 26 (92): 777-798, out. 2005. Disponível em: <http://www.cedes.unicamp.br>. Acesso em: 25 jun. 2019.

BRASIL. *Constituição da República Federativa do Brasil de 1988*. Disponível em: <http://www.planalto.gov.br/ccivil_03/Constituicao/Constituicao.htm>. Acesso em: 20 nov. 2018a.

______. "Dispõe sobre o Estatuto da Criança e do Adolescente e dá outras providências". Lei n. 8.069, de 13 de julho de 1990. Disponível em: <http://www.planalto.gov.br/ccivil_03/LEIS/L8069.htm>. Acesso em: 20 nov. 2018b.

BRASIL. "Estabelece as diretrizes e bases da educação nacional". Lei n. 9.394/96, de 20 de dezembro de 1996. Disponível em: <http://www.planalto.gov.br/ccivil_03/LEIS/L9394.htm>. Acesso em: 20 nov. 2018c.

______. "Dispõe sobre o Programa Mais Educação". Decreto n. 8.073, de 27 de janeiro de 2010. Disponível em: <http://www.planalto.gov.br/ccivil_03/_Ato2007-2010/2010/Decreto/D7083.htm.>. Acesso em: 20 nov. 2018e.

______. *Instrumento de avaliação de cursos de graduação: presencial e a distância: reconhecimento, renovação de reconhecimento*. Brasília: Ministério da Educação. Instituto Nacional de Estudos e Pesquisas Educacionais Anísio Teixeira. Diretoria de avaliação da Educação Superior., 2017. Disponível em: <http://download.inep.gov.br/educacao_superior/avaliacao_cursos_graduacao/instrumentos/2017/curso_reconhecimento.pdf'>. Acesso em: 20 nov. 2018d.

BRITO, Emilio. "La 'philosophie chrétienne' a-t-elle un avenir?". *Révue théologique de Louvain*, 36 (4): 508-538, 2005. Disponível em: <https://www.persee.fr/docAsPDF/thlou_0080-2654_2005_num_36_4_3470>. Acesso em: 02 jan. 2020.

BRUBACHER, John. John Seiler Brubacher Facts. *Your Dictionary*. Encyclopedia of World Biography/The Gale Group. 2010c. Disponível em: <https:// biography.yourdictionary.com/john-seiler-brubacher>. Acesso em: 19 jul. 2020.

CAMPANINI, Giorgio. *L'utopia della nuova cristinanità: introduzione al pensiero politico di Jacques Maritain*. Brescia: Morcelliana, 1975.

CAMPOS, Fernando Arruda. *Tomismo hoje*. São Paulo: Loyola, 1989.

______. *Tomismo no Brasil*. São Paulo: Paulus, 1998.

CAMPOS, Névio de. "Por uma história da filosofia da educação de Jacques Maritain". *Revista Sul-Americana de Filosofia e Educação*, (18): 199-221, maio-out. 2012.

CANNABRAVA, Euryalo. *Ensaios filosóficos*. Rio de Janeiro: Ministério da Educação e Cultura, Instituto Nacional do Livro, 1957 (Biblioteca de Divulgação Cultural, B-II).

CAPALBO, Creusa. "A influência de Jacques Maritain no pensamento filosófico brasileiro". *Convivium*, XVII, 21 (3): 281-289, 1978 (São Paulo).

CAPELLA, Ana Cláudia. "Perspectivas teóricas sobre o processo de formulação de políticas públicas". *In*: HOCHMAN, Gilberto; ARRETCHE, Marta; MARQUES, Eduardo (orgs.). *Políticas públicas no Brasil*. Rio de Janeiro: FIOCRUZ, 2007, p. 87-122.

CAVALIERE, Ana Maria Villela. "Educação integral: uma nova identidade para a escola brasileira?". *Educ. Soc. Campinas*, 23 (81): 247-270, dez. 2002.

COELHO, Lígia Martha. "História(s) da educação integral". *Em aberto*, 22 (80): 83-96, abr. 2009 (Brasília).

COELHO, Nelly Novaes. "Maritain e os rumos da educação". *Convivium*, XV, 16 (5): 457-461, set.-out. 1973 (São Paulo).

COLOMBO, Giuseppe *et al*. *Jacques Maritain e la liberazione dell'intelligenza*. Curadoria de Paolo Nepi. Brescia: Morcelliana, 1983 (Quaderni di Humanitas).

COMENIUS, Iohannis Amos. *Didactica magna*. Lisboa: Calouste Gulbenkian, 2001. Versão digital de eBooksBrasil.com.

COMTE, Auguste. *Comte: Os Pensadores*. São Paulo: Abril, 1978 (Os pensadores).

COMPAGNON, Olivier. "Maritain et l'Amérique du Sud: regard sur le catholicisme extrême-occidental". *Nuevo Mundo, Mundos Nuevos*. 14 fev. 2005. Disponível em: <https://journals.openedition.org/nuevomundo/604#tocto1n1>. Acesso em: 16 out. 2019.

COUTINHO, Afrânio *et al*. *Jacques Maritain*. Rio de Janeiro: Agir, 1946.

CUNHA, Marcus Vinícius; COSTA, Viviane. "John Dewey, um comunista na Escola Nova brasileira: a versão dos católicos na década de 1930". *História da Educação*, ASPHE/FaE/UFPel, (12): 119-142, set. 2002 (Pelotas).

DELGADO, José Luiz. "Jacques Maritain e o tomismo no século XX". *Ágora Filosófica*, 5, (1): 1-13, jan.-jun. 2005 (Recife). Disponível em: <http://maritain.org.br/jacques-maritain-e-o-tomismo-no-seculo-xx/>. Acesso em: 15 out. 2019.

DUBREUCQ, Francice. *Jean-Ovide Decroly*. Recife: Fundação Joaquim Nabuco. Editora Massangana, 2010. (Educadores MEC). Disponível em: <http://www.dominiopublico.gov.br/download/texto/me4668.pdf>. Acesso em: 16 dez. 2018.

DUNAWAY, John. *Jacques Maritain*. Boston: Twayne Publishers, 1978.

ENCONTRO com Jacques Maritain: homenagem da Pontifícia Universidade Católica de São Paulo. São Paulo, 1983.

FERRATER, José Mora. *Diccionario de Filosofia*. 5. ed. Buenos Aires: Sudamericana, 1971, t. I.

FLAVEL, John H. *A psicologia do desenvolvimento de Jean Piaget*. 5. ed. São Paulo: Pioneira, 1996 (Biblioteca Pioneira de Ciências Sociais).

FLOUCAT, Yves. "Lettre à Frédéric Martel". *In*: MARTEL, Frédéric. *Pour le fondateur du centre Jacques Maritain, ce dernier avair une "indéniable tendence homophile"*. Août, 2019. Disponível em: <http://fredericmartel.com/jacques-maritain-etait-homophile/>. Acesso em: 15 out. 2019.

FRANCA, Leonel. *O método pedagógico dos jesuítas: o Ratio Studiorum – introdução e tradução*. Rio de Janeiro: Agir, 1952 (Obras completas do Pe. Leonel Franca SJ).

GADOTTI, Moacir. *Pensamento pedagógico brasileiro*. 3. ed. São Paulo: Ática, 1990.

GALEAZZI, Giancarlo (cura). "Il pensiero politico di Jacques Maritain". *Atas do Congresso Internacional organizado pelo Circolo Culturale "Jacques Maritain" de Ancona* (Ancona, 29 de nov.-1 de dez. 1973). 2. ed. atualizada. Milão: Massimo, 1978.

GALEAZZI, Giancarlo (cura). "Il problema della 'filosofia Cristiana' in Jacques Maritain". *In*: ARMAO, G. *et al. Jacques Maritain protagonista del XX secolo*. Curadoria de Rossana Carmagnani e Patrizia Rizzuto. Milão: Massimo, 1984, p. 148-160 (Problemi del nostro tempo, 60).

______. "Introdução". *In*: MARITAIN, Jacques. *Por um humanismo cristão*. São Paulo: Paulus, 1999.

GALLAGHER, Donald and Idella (ed.). *The education on man: the educational philosophy of Jacques Maritain*. Notre Dame: University of Notre Dame Press, 1967.

______. "Introduction". In: GALLAGHER, Donald and Idella (ed.). *The education on man: the educational philosophy of Jacques Maritain*. Notre Dame: University of Notre Dame Press, 1967b, p. 9-36.

GALLO, Sílvio; MENDONÇA, Samuel (orgs.). *A escola: uma questão pública*. São Paulo: Parábola, 2020.

GALVÃO, Roberto Carlos Simões. "O humanismo de Jacques Maritain e a educação". *Odiseo: revista electrónica de pedagogía*. 2006. Disponível em: <http://odiseo.com.mx/bitacora-educativa/o-humanismo-jacques-maritain-e-educacao>. Acesso em: 25 out. 2017.

GELINSKI, Carmen Rosario Ortiz; SEIBEL, Erni José. "Formulação de políticas públicas: questões metodológicas relevantes". *Revista de Ciências Humanas*, 42 (1, 2): 227-240, abr.-out. 2008 (Florianópolis: EDUFSC).

GONÇALVES, Antônio Sérgio. "Reflexões sobre educação integral e escola de tempo integral". *Cadernos CENPEC*, 1 (2): 129-135, 2006.

SILVA, Maria Cristiani Gonçalves. "A educação integral: a escola como direito na perspectiva da humanização e da cidadania". *Filosofia e Educação*, 10 (1): 136-153, jan.-abr. 2018 (Campinas). Disponível em: <https://periodicos.sbu.unicamp.br/ojs/index.php/rfe/article/view/8652002>. Acesso em: 25 jun. 2019.

GRAMSCI, Antonio. *Os intelectuais e a organização da cultura*. 3. ed. Rio de Janeiro: Civilização Brasileira, 1991.

HABERBERGER, Clara. "A return to understanding: making liberal education valuable again". *Educational Philosophy and Theory*, 50 (11): 1052-1059, 2018. Disponível em: <https://www.tandfonline.com/doi/pdf/10.1080/00131857.2017.1342157?needAccess=true>. Acesso em: 22 jan. 2019.

"History of a liberal arts education". *Liberal Arts College Review*, 31 mar. 2017 (Nova Iorque). Disponível em: <http://www.liberalartscollegereview.com/articles/11>. Acesso em: 22 jan. 2019.

Jacques Maritain oggi: Atti del Convegno Internazionale di studio promosso dall'Università Cattolica nel centenário della nascita (Milão, 20-23 out. 1982). Introdução e curadoria de Vittorio Possenti. Milão: Vita e pensiero, 1983.

"Jacques Maritain vu par lui même". *Cahiers Jacques Maritain*, (2-4), nov. 1982 (Estrasburgo). 1882-1982 Le Centenaire du Philosophe.

JAEGER, Werner Wilhelm. *Paideia: a formação do homem grego*. 4. ed. São Paulo: Martins Fontes, 2001.

KANT, Immanuel. "Resposta à pergunta: Que é 'Esclarecimento'?". *In*: *Textos seletos*. 2. ed. Petrópolis: Vozes, 1985.

______. *Crítica da razão pura*. 3.ed. Lisboa: Calouste Gulbenkian, 1994.

LACOMBE, Olivier. "Testimonianza sulla vita e sull'opera di Jacques Maritain". *In*: *JACQUES Maritain oggi: Atti del convegno Internazionale di studio promosso dall'Università Cattolica nel centenário della nascita* (Milão, 20-23 out. 1982). Introdução e curadoria de Vittorio Possenti. Milão: Vita e pensiero, 1983. p. 35-44.

LARROYO, Francisco. *História geral da pedagogia*. 4. ed. São Paulo: Mestre Jou, 1982, t. I.

LEPARGANEUR, Hubert. "Continuidade e descontinuidade no pensamento de J. Maritain". *Convivium*, XV, 16 (5): 401-413, set.-out. 1973.

______. "Evocação de uma vida e obra: Jacques Maritain". *Revista de História* 48 (98): 489-522 (São Paulo: USP, Faculdade de Filosofia, Letras e Ciências Humanas, Departamento de História).

Disponível em: <http://www.revistas.usp.br/revhistoria/issue/view/9727>. Acesso em: 15 out. 2019.

LEPARGANEUR, Hubert. "Maritain, Jacques (1882-1973) e Raissa (1883-1960)". *Atualização,* (263): 493-513, set.-out. 1996 (Belo Horizonte).

CHERVEL, André. "Les agrégés de l'enseignement secondaire. Répertoire 1809-1960", 2015. Disponível em: <http://rhe.ish-lyon.cnrs.fr>. Acesso em: 15 out. 2019.

MACEDO, Ubiratan de. "Maritain e a filosofia no Brasil: notas preliminares". *Convivium,* XV, 16 (5): 492-498, set.-out. 1973. (São Paulo).

MACIEL, Antonio Carlos; JACOMELLI, Mara Regina Martins; BRASILEIRO, Tânia Suely Azevedo. "Fundamentos da educação integral politécnica: da teoria à prática". *Educação e Sociedade,* 38 (139): 473-488, abr.-jun. 2017 (Campinas).

MAINARDES, Jefferson. "Análise de políticas educacionais: breves considerações teórico-metodológicas". *Contrapontos,* 9 (1): 4-16, jan.-abr. 2009 (Itajaí).

MAINARDES, J.; TELLO, C. "A pesquisa no campo da política educacional: Explorando diferentes níveis de abordagem e abstração". *Arquivos Analíticos de Políticas Educativas,* 24 (75), 18 jul. 2016. (Arizona: Arizona State University). Disponível em: <http://dx.doi.org/10.14507/epaa.24.2331>. Acesso em: 25 out. 2017.

MAINARDES, Jefferson; FERREIRA, Márcia dos Santos; TELLO, César. "Análise de políticas: fundamentos e principais debates teórico-metodológicos". *In*: BALL, Stephen; MAINARDES, Jefferson (orgs.). *Políticas educacionais: questões e dilemas.* 1. ed., 5. reimp. São Paulo: Cortez, 2011, p. 143-192.

MAINARDES, Jefferson. "Entrevista com o Professor Stephen J. Ball". *Olh@ares,* 3 (2): 161-171, nov. 2015 (Guarulhos).

______. "A pesquisa sobre política educacional no Brasil: análise de aspectos teórico-epistemológicos". *Educação em Revista,* (33): e173480, 2017 (Belo Horizonte).

MARITAIN, Jacques. *Éléments de Philosophie: I- Introduction Générale à la Philosophie.* 6. ed. Revisado e corrigido. Paris: Pierre Téqui, 1921.

______. *Antimoderne.* Nova edição revisada e ampliada. Paris: La Revue des Jeunes, 1922.

______. *Trois réformateurs: Luther - Descartes - Rousseau.* 13. ed. Paris: Plon, 1925.

______. *Réflexions sur l'intelligence et sur sa vie propre.* 3. ed. Bruges: Desclée de Brouwer, 1930a.

______. *Le docteur angélique.* 6. ed. Paris: Desclée de Brouwer, 1930b (Bibliothèque Française de Philosophie, nouvelle série).

______. *Du régime temporel et de la liberte.* Paris: Desclée de Brouwer, 1933.

______. *Sept leçons sur l'être et les premiers príncipes de la raison spéculative.* Paris: P. Téqui, 1934 (Cours et documents de Philosophie).

______. "Sept leçons sur l'être et sur les premiers príncipes de la raison spéculative (1934)". *In: Oeuvres 1912-1939.* Bruges: Desclée de Brouwer, c1975 (Bibliothèque Européenne).

______. *Le crépuscule de la civilisation.* Ottawa: Éditions de l'Arbre, 1941.

______. *Les Droits de l'Homme e la Loi Naturelle.* Nova Iorque: Éditions de la Maison Française, 1942 (Collection Civilisation).

______. *Christianisme et Démocratie.* Nova Iorque: Éditions de la Maison Française, 1943a (Collection Civilisation).

______. *Sort de l'homme. Neuchâtel.* Ed. la Baconnière, XVIII, set. 1943b (Les Cahiers du Rhône – série blanche).

______. *Principes d'une politique humaniste.* Nova Iorque: Éditions de la Maison Française, 1944 (Civilisation).

______. *Distinguer pour unir ou les degrés du savoir.* 4. ed. Paris: Desclée de Brouwer, 1946.

______. *Humanisme Intégral: problèmes temporels et spirituels d'une nouvelle chrétienté.* Nova edição. Paris: Fernand Aubier, 1947a.

______. *La Personne et le Bien Commun.* Paris: Desclée de Brouwer, 1947b (Questions Disputées).

MARITAIN, Jacques. *Raison et Raisons: essais détachés*. Paris: Egloff, 1947c.

______. *De Bergson à Thomas d'Aquin: essais de métaphysique et de morale*. Paris: P. Hartmann, 1947d.

______. *L'homme et l'état*. Tradução do inglês por Robert e France Davril. Paris: Presses Universitaires de France, 1953 (Collection Bibliothèque de la Science Politique).

______. *Quatre essais sur l'esprit dans as condition charnelle*. Novas edições revisadas e ampliadas. Paris: Alsatia, 1956.

______. *Réflexions sur l'Amérique*. Paris: Arthème Fayard, 1958 (Les idées et la vie).

______. *Le philosophe dans la cité*. Paris: Alsatia, 1960.

______. *A pessoa e o bem comum*. Lisboa: Morais, 1962a (O tempo e o modo, 17).

______. "The Education and the Humanities". *In*: GALLAGHER, Donald and Idella (ed.). *The Education of Man: the educational philosophy of Jacques Maritain*. Notre Dame: University of Notre Dame Press, 1962b, p. 83-102.

______. "The education of women". *In:* GALLAGHER, Donald and Idella (ed). *The Education of Man: the educational philosophy of Jacques Maritain*. Notre Dame: University of Notre Dame Press, 1962c, p.154-158.

______. *Court traité de l'existence et de l'existant*. 2. ed. Paris: Paul Hartmann, 1964.

______. *Rumos da educação*. 4.ed. Rio de Janeiro: Agir, 1966.

______. *Os direitos do homem e a lei natural*. 3. ed. Rio de Janeiro: J. Olympio, 1967a.

______. *Sobre a filosofia da história*. Trad. Edgar de Godoi da Mata Machado. 2. ed. São Paulo: Herder, 1967b.

______. *O camponês do Garona: um velho leigo no Concílio*. Trad. J. de Castelo Branco. Lisboa: União Gráfica, 1967c.

______. *Education at the crossroads*. New Haven/Londres: Yale University Press, c1971.

MARITAIN, Jacques. *Oeuvres* (1912-1939). Escolha, apresentação e notas por Henry Bars. Bruges: Desclée de Brouwer, 1975 (Bibliothèque Européenne).

______. *Christianisme et démocratie* (suivi de Religion et politique em France). Apresentação por René Mougel. Edição pelo Cercle d'Études Jacques et Raïssa Maritain. Paris: Desclée de Brouwer, 1989.

______. *Elementos de filosofia: I - Introdução geral à filosofia*. 18. ed. Rio de Janeiro: Agir, 1998.

______. *Sete lições sobre o ser e os primeiros princípios da razão especulativa*. 3. ed. São Paulo: Loyola, 2005.

______. *Pour une philosophie de l'éducation*. Prefácio de Guy Avanzini. Paris: Parole et Silence, 2012c.

MARITAIN, Raïssa. *As grandes amizades: memórias*. Rio de Janeiro: Agir, 1970.

MARROU, Henri-Irénée. *História da educação na antiguidade*. 4. reimp. São Paulo: EPU; Brasília: INL, 1975.

MARX, Karl. *O Capital*. Rio de Janeiro: Civilização Brasileira, 1968, v. 1.

MARX, Karl; ENGELS, Friedrich. *Manifesto do partido comunista*. 2. ed. Edipro, 2015.

MENDONÇA, Samuel; GALLO, Sílvio (orgs.). *A escola: problema filosófico*. São Paulo: Parábola, 2020.

MEINVIELLE, Julio. *Crítica de la concepción de Maritain sobre la persona humana*. Buenos Aires: Ediciones "Nuestro Tiempo", 1948.

MIZUKAMI, Maria da Graça Nicoletti. *Ensino: as abordagens do processo*. São Paulo: EPU, 1986 (Temas básicos de educação e ensino).

MORENTE, Manuel Garcial. *Filosofia: lições preliminares*. São Paulo: Mestre Jou, 1967.

MOUGEL, René. "Avertissement". *In*: MARITAIN, Jacques. *Christianisme et démocratie: suivi de Religion et politique em France*. Apresentação por René Mougel. Edição pelo Cercle d'Études Jacques et Raïssa Maritain. Paris: Desclée de Brouwer, 1989.

MOURA, Caio. "O advento dos conceitos de cultura e civilização: sua importância para a consolidação da autoimagem do sujeito moderno". *Filosofia Unisinos*, 10 (2): 157-173, mai.-ago. 2009.

NICOLAS, Marie-Joseph. "Jacques Maritain ed il Magistero della Chiesa". *In*: PAPINI, Roberto (cura). *Jacques Maritain e la società contemporanea: Atti del Convegno Internazionale organizzato dall'Istituto Internazionale "Jacques Maritain" e dalla fondazione Giorgio Cini: Venezia 18-20 ottobre 1976*. Milão: Massimo, 1978, p. 36-49.

NOVAIS, Luís Eduardo Duarte. *Escola na contemporaneidade e o sentido humanizador da Educação: concepções da Igreja Católica Apostólica Romana*. 2016. 103 f. Dissertação (Mestrado em Educação: Currículo) – Pontifícia Universidade Católica de São Paulo, 2016.

OLIVEIRA, Therezinha; CAMPOS, Névio de. "Educação liberal em Jacques Maritain". *Educação Unisinos*, 22 (3): 245-254, jul.-set. 2018. Disponível em: <file:///C:/Users/infra/Downloads/15814-Texto%20do%20Artigo-60751430-1-10-20181003.pdf>. Acesso em: 13 set. 2020.

PAIM, Antonio. *História das ideias filosóficas no Brasil*. 4. ed. São Paulo: Convívio, 1987.

PAPINI, Roberto (cura). *Jacques Maritain e la società contemporanea: Atti del Convegno Internazionale organizzato dall'Istituto Internazionale "Jacques Maritain" e dalla fondazione Giorgio Cini* (Veneza, 18-20 out. 1976). Milão: Massimo, 1978.

______. *Jacques Maritain, filósofo de la política*. Conferência ministrada na Universidade Nacional de Córdoba. Argentina, 3 de out. 2008. Disponível em: <http://www.jacquesmaritain.com/pdf/19_DEM/04_DEM_Papini.pdf>. Acesso em: 16 out. 2019.

PAVAN, Antonio. *La formazione del pensiero di J. Maritain*. 2. ed. Padova: Gregoriana, 1985 (Studi Filosofici).

PATTARO, Rita de Cássia Ventura; MACHADO, Vera Lúcia de Carvalho. "Educação integral e a perspectiva histórico-crítica:

aproximações possíveis". *Educação*, 39 (1): 117-128, jan.-abr. 2014 (Santa Maria).

PESTANA, Simone Freire Paes. "Afinal, o que é educação integral?". *Revista Contemporânea de Educação*, 9 (17): 24-40, jan.-jun. 2014.

PETERSON, Patti McGill. "A educação liberal na perspectiva global". *Revista Ensino Superior Unicamp*, (3): 42-44, jun.-set. 2011 (Campinas: Universidade Estadual de Campinas). Disponível em: <https://www.revistaensinosuperior.gr.unicamp.br/artigos/o-que-e-educacao-liberalij>. Acesso em: 05 mar. 2018.

PIRES-O'BRIEN, Jo. "O que é educação liberal". *Mesa Redonda* [blog], 23 nov. 2012. Disponível em: <https://jopiresobrien3.wordpress.com/2012/11/23/o-que-e-educacao-liberal>. Acesso em: 17 out. 2017.

PLATÃO. *Diálogos: O Banquete – Fédon – Sofista – Político*. 2. ed. São Paulo: Abril Cultural, 1983 (Os pensadores).

PLATÃO. *A República*. Trad. Carlos Alberto Nunes. 3. ed. Belém: EDUFPA, 2000.

PLATÃO. *As leis*. Tradução e notas de Edson Bini. 3. ed. São Paulo: Edipro, 2021.

"Políticas Públicas: o que são e para que servem?" *Politize!*, 4 fev. 2016. Disponível em: <https://www.politize.com.br/politicas-publicas/>. Acesso em: 10 jul. 2021.

POSSENTI, Vittorio. *Una filosofia per la transizione: metafisica, persona e politica in J. Maritain*. Milão: Massimo, 1984 (Scienze umane e filosofia, 20).

______. "Persona, progetto di liberazione e filosofia in Maritain e in Marx". *In*: COTTIER, G. *Maritain e Marx: la critica del marxismo in Maritain*. 2. ed. Milão: Massimo, 1979, p. 48-91 (Scienze Umane e Filosofia, 2).

POZZEBON, Paulo Moacir Godoy. *Fundamentos do pensamento democrático de Jacques Maritain*. 179 f. Dissertação (Mestrado em Lógica e Filosofia da Ciência, área de concentração Filosofia Política). Campinas: Universidade Estadual de Campinas, 1996.

POZZEBON, Paulo Moacir Godoy. *Fundamentos do pensamento democrático de Jacques Maritain*. Londrina: UEL, 1998.

______. "Bem comum, sociedade e pessoa humana na filosofia e na Doutrina Social da Igreja". *Cadernos de Fé e Cultura*, 2 (2): 153-173, jul.-dez., 2017 (Campinas).

POZZEBON, Paulo Moacir Godoy; MENDONÇA, Samuel. "Educação integral: ideal acalentado e conceito maltratado". R*evista Sul-Americana de Filosofia e Educação*, (32, 33): 174-200, nov. 2019 -out. 2020 (Brasília: UnB). Disponível em: <https://doi.org/10.26512/resafe.v1i32/33.35121>. Acesso em: 17 jan. 2023.

POZZOLI, Lafayette. "Vida, obra y legado de Jacques Maritain para construir una sociedad fraterna y la paz". *Actas del II Congreso Latinoamericano por la Paz*, (6, 8): 175-191, set. 2017 (Lima Norte: UCSS - Universidad Católica Sedes Sapientiae). Disponível em: <https://www.ucss.edu.pe/images/fondo-editorial/actas-ii-congreso-latinoamericano-por-la-paz/vida-obra-jacques-maritain-construir-sociedad-fraternapaz-lafayette-pozzoli.pdf>. Acesso em: 15 out. 2019.

PRETTO, Nelson de Lucca. "Políticas públicas educacionais no mundo contemporâneo". *Liinc em Revista*, 2 (1): 8-21, mar. 2006. Disponível em: <http://www.ibict.br/liinc>. Acesso em: 27 jun. 2021.

PUSSOLI, Lafaiete; LIMA, Jorge Cunha (orgs.). *Presença de Maritain: testemunhos*. São Paulo: LTr, 1995.

RAEYMAEKER, Louis de. *Introdução à filosofia*. 2. ed. rev. corr. São Paulo: EPU, 1973.

REALE, Giovanni; ANTISERI, Dario. *História da filosofia: antiguidade e idade média – volume I*. 3. ed. São Paulo: Paulus, 1990a (Filosofia).

______. *História da filosofia: do Humanismo a Kant* – volume 2. São Paulo: Paulinas, 1990b.

RODRIGO, Lidia Maria. "A areté como ideal formativo da paideia grega". *Revista Sul-Americana de Filosofia e Educação*, (26): 120-132, mai.-out. 2016 (Brasília: UnB).

RONCORONI, Massimo. "Educazione, persona, verità nella crisi dela civiltà attuale. Il pensiero di Jacques Maritain". *In*: ARMAO *et al. Jacques Maritain protagonista del XX secolo*. Milão: Massimo, 1984, p. 197- 227 (Problemi del nostro tempo, 60).

ROUSSEAU. *Emílio ou da educação*. 3.ed. Rio de Janeiro: Bertrand Brasil, 1995.

SANTAIANA, Rochele da Silva. *A educação integral no Brasil: a emergência do dispositivo de intersetorialidade*. 188 f. Tese (Doutorado em Educação). Porto Alegre: Universidade Federal do Rio Grande do Sul, Faculdade de Educação, 2015.

SANTOS, Ivanaldo Oliveira. "A relação entre o neotomismo e o tomismo analítico". *Ágora Filosófica*, 10, (1): 43-54, jan.-jun. 2010 (Universidade Católica de Pernambuco).

SAVIANI, Dermeval. *Educação: do senso comum à consciência filosófica*. São Paulo: Cortez; Autores Associados, 1980 (Educação Contemporânea).

______. "Epistemologia e teorias da educação no Brasil". *Pro-posições*, 18, n. 1(52), jan.-abr. 2007. Disponível em: <https://periodicos.sbu.unicamp.br/ojs/index.php/proposic/article/view/8643570/11091>. Acesso em: 16 dez. 2018.

SAVIANI, Dermeval. *Pedagogia histórico-crítica: primeiras aproximações*. 7. ed. Campinas: Autores Associados, 2000 (Polêmicas do Nosso Tempo, 40).

______. *Pedagogica histórico-crítica: primeiras aproximações*. 11. ed. rev. Campinas: Autores Associados, 2011 (Educação Contemporânea).

______. "O choque teórico da politecnia". *Trabalho, Educação e Saúde*, 1 (1): 131-152, 2003 (Rio de Janeiro).

SCHNEIDER, Marilda Pasqual. "Pesquisa em política educacional: desafios na consolidação de um campo". *Revista Educação PUC-Campinas*, 19 (1): 5-13, jan.-abr. 2014 (Campinas).

SILVA, Luciene; MATOS DE SOUZA, Maria de Fátima Matos; CUNHA, Célio. "A influência do pensamento pedagógico brasileiro na política de educação integral do século XXI". *Revista HISTEDBR On-line*, (69): 124-139, set. 2016 (Campinas).

SIMARD, Denis. "L'éducation peut-elle être encore une 'éducation libérale'?". *Revue française de pédagogie*, 132, 33-41, jul.-set. 2000 (Institut National de Recherche Pedagogique). Avaliação, acompanhamento pedagógico e portfólio. Disponível em: <http://www.persee.fr/doc/rfp_0556-7807_2000_num_132_1_1031>. Acesso em: 05 mar. 2018.

SLOAN, Miachael. "Aristotle's Nicomachean Ethics as the Original Locus for the Septem Circumstantiae". *Classical Philology*, 105 (3): 236-251, jul. 2010. Disponível em: <https://www.academia.edu/18870422/_Aristotles_Nicomachean_Ethics_as_the_Original_Locus_for_the_Septem_Circumstantiae_Classical_Philology_Vol_105_No_3_July_2010_pp_236_251?auto=download&email_work_card=download-paper>. Acesso em: 08 jul. 2021.

SOUZA, Ângelo Ricardo. "Por que estudar políticas educacionais?". *In*: SOUZA, Angelo Ricardo; GOUVEIA, Andrea Barbosa; TAVARES, Taís Moura (orgs.). *Políticas educacionais: conceitos e debates*. Curitiba: Appris, 2016, p. 13-21.

SOUZA, Celina. "Estado da arte da pesquisa em políticas públicas". *In*: HOCHMAN, Gilberto; ARRETCHE, Marta; MARQUES, Eduardo (orgs.). *Políticas públicas no Brasil*. Rio de Janeiro: FIOCRUZ, 2007, p. 65-86.

SUAREZ, Rosana. "Notas sobre o conceito de Bildung (formação cultural)". *Kriterion*, (112): 191-198, dez. 2005 (Belo Horizonte).

STRAUSS, Leo. "O que é educação liberal?". Revista *Ensino Superior Unicamp*, (3): 73-78, jun./set. 2011 (Campinas: Unicamp). Disponível em: <https://www.revistaensinosuperior.gr.unicamp.br/edicoes/ed03_junho2011/12.pdf>. Acesso em: 17 out. 2017.

TELLO, César; MAINARDES, Jefferson. "La posición epistemológica de los investigadores em Política Educativa: Debates teóricos em torno a las perspectivas neo-marxista, pluralista y pos-estruturalista". *Archivos Analíticos de Políticas Educativas*, 20 (9), 20 mar. 2012.

AQUINO, Tomás de. *Suma teológica*: 1ª parte: Questões 1-49. Trad. Alexandre Correia. 2. ed. Porto Alegre/Caxias do Sul: EST/Sulina/UCS, 1980, vol.1.

______. *Suma teológica*: 1ª parte da 2ª parte: Questões 71-114. Trad. Alexandre Correia. 2. ed. Porto Alegre/Caxias do Sul: EST/Sulina/UCS, 1980. vol. 4.

TRAPANI, John G. (ed.) *Truth matters: essays in honor of Jacques Maritain*. Washington: American Maritain Association, 2004.

TRIFOGLI, Alfredo. "Il pensiero di Maritain nella cultura contemporanea". *In:* ARMAO, G. *et al. Jacques Maritain protagonista del XX secolo*. Curadoria de Rossana Carmagnani e Patrizia Rizzuto. Milão: Massimo, 1984, p. 19-39 (Problemi del nostro tempo, 60).

D'ATHAÏDE, Tristan. "Maritain et l'Amérique Latine". *In*: *Jacques Maritain: son oeuvre philosophique*. Paris: Desclée de Brouwer, 1950, p. 12-17

ACKER, Leonardo van. *O tomismo e o pensamento contemporâneo*. São Paulo: Convívio, 1983.

VALENTINE, Thimothy S. "Truth or consequences? Maritain and Dewey on the Philosophy of Education". *In:* TRAPANI, John G. (ed.). *Truth matters: essays in honor of Jacques Maritain*. Washington: American Maritain Association, 2004, p. 76-87.

VENTIMIGLIA, Giovani. "Gli studi sull'ontologia tomista: status quaestionis". *Aquinas: Rivista Internazionale di Filosofia*, XXXVIII, (1): 63-96, jan.-abr. 1995 (Facoltà di Filosofia della Pontificia Università Lateranense).

VIDAL, Marciano. *Moral de atitudes*. 3. ed. Aparecida: Santuário, 1986, vol. 1 (Moral fundamental).

VIEGAS, Lilian Mara Dela Cruz; OSÓRIO, Alda Maria do Nascimento. "A transformação da educação escolar e sua influência na sociedade contemporânea". *InterMeio: revista do Programa de Pós-Graduação em Educação*, 13 (26): 92-115, jul.-dez. 2007 (Campo Grande).

VIOTTO, Piero. "L'educazione ala libertà in J. Maritain". *In:* ARMAO *et al. Jacques Maritain protagonista del XX secolo.* Milão: Massimo, 1984, p. 167-188 (Problemi del nostro tempo, 60).

WILES, Anne M. "Becoming Oneself: Maritain on Liberal Education". *In:* TRAPANI, John G. (ed.). *Truth matters: essays in honor of Jacques Maritain.* Washington: American Maritain Association, 2004, p. 88-96.

Esta obra foi composta em CTcP
Capa: Supremo 250g – Miolo: Pólen Soft 70g
Impressão e acabamento
Gráfica e Editora Santuário